A MANERA DE ENSAYO

A MANERA DE ENSAYO

SUSAN C. SCHAFFER
University of California—Los Angeles

REBECA ACEVEDO
Loyola Marymount University

HOUGHTON MIFFLIN COMPANY   Boston   New York

Director, Modern Language Programs: E. Kristina Baer

Senior Development Editor: Sharon Alexander

Project Editor: Magdalena Hernandez

Senior Production/Design Coordinator: Jennifer Waddell

Manufacturing Manager: Florence Cadran

Marketing Manager: Elaine Uzan Leary

Cover design: Harold Burch, Harold Burch Design, New York City

Cover image: Harold Burch, Harold Burch Design, New York City

Printed in the U.S.A.

ISBN: 0-669-21999-1

Library of Congress Catalog Card Number: 97-72544

123456789–DH–01 00 99 98 97

ÍNDICE DE MATERIAS

TO THE STUDENT

Writing is not an easy task. Professionals using their native language struggle to catch and sustain their readers' attention. For second language students, the challenge to write effectively is even more daunting. Yet in a world in which the exchange of information, ideas, and products transcends borders, the ability to communicate in more than one language is increasingly coveted. Fortunately, the study of composition affords learners the opportunity to hone their communicative competence. Unlike oral expression, writing gives one the time needed to craft numerous drafts and eventually produce a polished essay.

A manera de ensayo is a composition text designed to help students who have had two or more years of Spanish improve their writing skills. Written entirely in Spanish, the text accomplishes this goal in several ways. First, it exposes you to a wide range of authentic readings. As you analyze them, you will learn to emulate the strategies that Spanish speakers use to express their ideas in writing. Moreover, *A manera de ensayo* views composition as a process. Hence, it takes you step by step through both writing activities and the production of essays. Finally, *A manera de ensayo* is based on the premise that, above all, writing is communication. For this reason, it creates a collaborative learning environment in which you and your classmates function not only as writers but as readers and commentators of each other's prose in Spanish.

TEXT ORGANIZATION

The unique structure of *A manera de ensayo* mirrors the cyclic nature of the writing process. It is divided into a **Capítulo preliminar** and three **Ciclos**. The **Capítulo preliminar** introduces the process approach to writing and the stages involved in the development of an essay. It also contains guidelines for optimizing your efforts to improve your composition skills.

Each **Ciclo** centers on a genre, which is a type of writing with its own purpose, conventions, and characteristics. The three genres you will explore in *A manera de ensayo* are historical narrative, exposition, and argumentation. The **Ciclo** includes the **Introducción al ciclo** and three chapters. At the end of each **Introducción** you will select a topic for an essay based on the suggestions given. Each chapter of the **Ciclo** will then guide you systematically through the composition process.

Introducción al ciclo

The **Introducción al ciclo** acquaints you with the genre to be studied through the presentation and analysis of an authentic model text. You will begin by reading the model text and a brief description of the author's writing techniques. You will then work with your classmates to analyze the model text in depth. Finally, in a section titled **Ensayo**, you will be asked to write an essay based on the same genre as the model text. A purpose and some suggested topics for that essay, as well as a list of objectives, provide you with a starting point. It is advisable that you compose your essays on a computer or word processor because you will have to write numerous drafts.

Chapter Organization

Each chapter of *A manera de ensayo* features a linguistic or discursive function related to the genre of the **Ciclo**. A function may be viewed as a secondary writing task that falls within the parameters of the genre. For example, describing is a function of historical narrative, defining is a function of exposition, and expressing an assertion is a function of argumentation.

Furthermore, each chapter highlights one or more stages in the writing process, such as organizing ideas, adding supporting details and evidence, or writing conclusions. It also presents information about key grammatical structures related to the chapter's function. The chapter concludes with a series of steps designed to guide you in composing a draft of your essay. The chapter divisions are as follows.

Gramática

This section contains succinct explanations of grammatical structures commonly used to express the chapter's function. In particular, it targets those structures that may cause you difficulty. Examples taken from the model texts illustrate the explanations and how the grammar is employed in authentic writing. As you read the model texts, you should look for other examples of the grammar you are studying in this section. Each grammar point is followed by one or more contextualized activities in which you will practice the targeted structure.

Nexos

This section provides a list of the connecting or transition devices that are related to the chapter's function. You should consult this list as you complete the chapter's writing activities and prepare the draft of your essay.

Antes de leer and *Texto modelo*

Texto modelo provides a wide variety of authentic readings to exemplify different aspects of the chapter's targeted function. A brief introduction presents the purpose and general characteristics of each reading. Then, **Antes de leer** activates your background knowledge and helps you explore the central themes of the model text before you begin reading. This section also focuses your attention on some of the stylistic hallmarks of the model text. Each chapter includes at least two **Textos modelo**.

Técnicas de redacción

Técnicas de redacción introduces you to two key strategies or techniques that the author has employed in the model text. These typically correspond to a particular stage in the writing process. For example, they may describe how the author has focused, organized, or developed the model text. The purpose of **Técnicas de redacción** is to familiarize you with strategies you may apply to your own writing.

Actividades de análisis

These activities ask you to analyze critically a similar text, using the techniques you have just studied in the **Técnicas de redacción** section. Working with a partner or in small groups, you will read an excerpt from another authentic text or reread a passage from the model text in the **Introducción al ciclo.** You will then study and discuss specific features of the reading. In this way, you will develop an awareness of the strategies used to write texts successfully.

Actividades de aplicación

This section consists of two activities that require you to apply the strategies presented in **Técnicas de redacción.** These activities are diverse in nature. Some ask you to create a text based on a visual stimulus, graph, or other types of information. In others you will imitate or rephrase a passage. Still others allow for more original production. Regardless of the activity required, you should complete the task using the stages of the writing process: brainstorming, planning, outlining, drafting, editing, then rewriting.

After finishing the activity, your instructor may ask you to comment on the final products. Remember that constructive and positive comments are far more productive than negative ones.

Primer borrador, Segundo borrador, and Versión final

Each of the three chapters of the *Ciclo* ends with a section entitled **Primer borrador, Segundo borrador,** or **Versión final.** This section is a follow-up to the **Ensayo** section found in the **Introducción al ciclo.** It leads you through some of the steps, or **Pasos,** you will follow in producing drafts of your essay. These include brainstorming, gathering information, prewriting, drafting, editing, as well as self and peer review.

Apéndices

A manera de ensayo concludes with three appendixes, one on prepositions, another on recommended dictionaries, and a third on punctuation and capitalization. As you work on the writing activities and prepare drafts of your essays, consult the appendixes whenever you have a question regarding these topics.

ACKNOWLEDGMENTS

Many individuals helped shape the content and organization of *A manera de ensayo.* We would like to express our appreciation to three colleagues without whom this project would not have taken flight: Lisa Gerrard, Juan José Prat Ferrer, and Luis Vicente. Paul Smith, Sylvia Sherno and Chin-Sook Pak deserve special mention for providing ideas and piloting many of the readings and activities in their classes. In addition, we owe an enormous debt to our own students for field testing the manuscript. Laura Radchik played a particularly important role in helping us polish the final version.

We also wish to express gratitude to the following colleagues for the many valuable suggestions they offered in their reviews of the manuscript.

Donald C. Buck, *Auburn University*
Nancy L. Bundy, *Simpson College*
Duane F. Bunker, *Palm Beach Atlantic College*
Aristófanes Cedeño, *Marquette University*
David H. Darst, *Florida State University*
Jennifer B. K. Eddy, *Drew University*
Rosa M. Fernández, *The University of New Mexico*
Diana Frantzen, *Indiana University*
Jorge A. Giró, *Towson State University*
Quina Hoskisson, *Brigham Young University*
Robert M. Johnson, *Northern Arizona University*
María-Odília Leal-McBride, *Southern Illinois University*
Esther L. Levine, *College of the Holy Cross*
Darci L. Strother, *California State University at San Marcos*
Richard V. Teschner, *University of Texas at El Paso*
Mirtha Toledo, *Valparaiso University*

We are indebted to our families who provided love and support throughout the many years it took to develop this book. Specifically, we would like to thank our husbands Richard Rust and Salvador Velazco, and Rebeca's daughter Daniela.

We are also very grateful to the following people who made the publication of this book possible. Vincent Duggan and Denise St. Jean were responsible for recognizing the potential of the project. As Senior Development Editor, Sharon Alexander provided insightful editorial comments and Elizabeth Lantz, with her keen eye for detail, helped refine the final version of the manuscript.

A MANERA DE ENSAYO

CAPÍTULO
preliminar

El proceso de escribir

- La comunicación oral y escrita
- La reacción del lector
- El proceso de la redacción
- El planeamiento
- El uso de borradores
- La escritura libre
- El lector como comentarista
- El uso del diccionario

El ser humano, al usar su imaginación, ha creado distintas maneras de expresarse. La pintura, la arquitectura, la música, el cine, y hasta la moda y la cocina, le permiten comunicar sus ideas más abstractas y sus sentimientos más íntimos. La máxima expresión de la comunicación humana, sin embargo, es el lenguaje. Octavio Paz afirma esto en la siguiente cita de *El arco y la lira:*

"La palabra es el hombre mismo. Estamos hechos de palabras. Ellas son nuestra única realidad, o al menos, el único testimonio de nuestra realidad. No hay pensamiento sin lenguaje, ni tampoco objeto de conocimiento: lo primero que hace el hombre frente a una realidad desconocida es nombrarla, bautizarla".

Es decir, la palabra es el puente que ayuda al ser humano a enlazar su mundo interior con la realidad exterior.

La comunicación oral y escrita

Para comunicarse, el ser humano usa el lenguaje de dos maneras: oralmente y por escrito. Ambas formas de expresión verbal comparten tres elementos: la persona que transmite información (el emisor), la que recibe información (el receptor) y el mensaje que se transmite. Sin embargo, existen diferencias entre el mensaje oral y el escrito. Una de éstas tiene que ver con el papel del receptor. En una conversación, el receptor (o interlocutor)

Comunicación oral

¿Y tú? ¿Qué piensas?

mensaje

hablante   interlocutora

interlocutora presente
negociación directa
acto colaborador

Comunicación escrita

mensaje

Tesis doctoral

escritora   lector

lector ausente
negociación indirecta
acto solitario

está presente. Se entabla una relación directa entre los participantes, lo cual facilita la comunicación del mensaje correcto. Si un interlocutor no entiende una idea, puede pedir una clarificación.

En cambio, el acto de escribir no es una colaboración directa entre dos o más personas, sino un acto solitario. Cuando un autor (o emisor) escribe un mensaje, el lector (o receptor) está ausente. Por ello, para transmitir sus ideas con éxito, es esencial que el autor anticipe cómo va a reaccionar el lector ante su mensaje.

La reacción del lector

La mejor forma de anticipar la reacción del lector es tener en cuenta lo que espera una persona cuando lee un texto. La siguiente lista enumera estas expectativas.

- **Información**   El texto debe tener la información suficiente para que le permita al lector comprender el tema y mantener el interés.
- **Enfoque**   Es necesario que el texto tenga una idea principal o tesis. Esta idea debe ser interesante y reflejar compromiso y sinceridad por parte del escritor.
- **Organización**   El texto debe presentar las ideas de un modo organizado y lógico.
- **Desarrollo**   El texto debe mostrar ideas concretas con detalles, ejemplos y datos.
- **Estilo**   El estilo necesita ser directo y claro con toques originales de manera que "se oiga" la voz del autor.
- **Gramática**   La redacción debe seguir las reglas gramaticales sin errores mecánicos.

Para cumplir con estas expectativas, el autor necesita ponerse en el lugar del lector e intentar leer su propia redacción con objetividad varias veces durante la escritura.

El proceso de la redacción

Una composición no se escribe de golpe. Todo buen escritor invierte mucho tiempo y energía en el proceso de la redacción. Miguel Angel Asturias es un ejemplo de esto. Aunque los críticos alabaron la naturalidad del estilo de su obra maestra, *El señor presidente,* Asturias confesó que la novela "había sido corregida una infinidad de veces, abandonada en más de una ocasión y revisada de punta a punta un total de diecinueve veces". (Luis Harss, *Los nuestros*)

La composición no es un acto automático. Al contrario, es un proceso que requiere mucha revisión. A su vez, la revisión no consiste exclusivamente en el uso correcto de la gramática, sino que abarca también un tratamiento cuidadoso de la formación del contenido y la corrección del estilo. El escritor que se empeña en transmitir bien un mensaje tiene que estar dispuesto a cambiar no sólo la forma sino el fondo de sus ideas varias veces durante la redacción.

El planeamiento

Durante el proceso de escribir, sobre todo al principio, hay que planear mucho. El planeamiento generalmente se lleva a cabo en dos etapas. En la primera, antes de empezar a escribir, se debe investigar a fondo el tema global, acumular información, tomar apuntes y buscar un enfoque adecuado para el ensayo. La lluvia de ideas puede ayudar a generar ideas. Para iniciar una lluvia de ideas, sólo hace falta dejar volar la imaginación, a solas o en grupo, y anotar en una lista aquellas ideas relacionadas con el tema global de la composición. Luego, se omiten de la lista las ideas que no se ajusten al tema, mientras que las que tengan algo en común se recopilan. Al terminar este proceso de agrupación y eliminación de ideas, el autor puede delimitar el enfoque del ensayo con más facilidad.

La segunda etapa del planeamiento básicamente consiste en dos pasos. Primero, se expresa la idea principal del ensayo con la mayor concisión posible. Es preferible que la tesis conste de una sola oración. Luego, se empieza a dar forma a las ideas que van a apoyar la idea principal mediante la elaboración de un bosquejo. El bosquejo puede estructurarse según varios modelos, como los que se ilustran a continuación.

Arbol de ideas

Idea principal

idea de apoyo # 1   *idea de apoyo # 2*   *idea de apoyo # 3*

detalle   *detalle*   *detalle*   *detalle*   *detalle* *detalle*   *detalle*

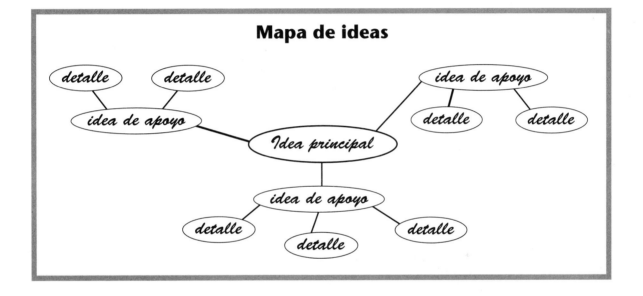

Mapa de ideas

detalle   *detalle*

idea de apoyo

idea de apoyo

detalle   *detalle*

Idea principal

idea de apoyo

detalle

detalle

detalle

Bosquejo formal

I.   Idea principal

   A. Idea de apoyo #1
      1. detalle
      2. detalle
      3. detalle
   B. Idea de apoyo #2
      1. detalle
      2. detalle
   C. Idea de apoyo #3
      1. detalle
      2. detalle
      3. detalle

A veces, al escribir el primer borrador del ensayo, se descubre que hay que modificar la idea principal o hacer ajustes al bosquejo. Si esto ocurre, es importante no empezar a redactar el segundo borrador hasta que se hayan hecho estos cambios.

El uso de borradores

Al escribir una composición, hay que revisar mucho. Sin embargo, no todos los aspectos pueden tratarse al mismo tiempo. La revisión casi siempre se lleva a cabo en borradores. El uso de borradores ayuda a enfocarse en uno o dos aspectos del ensayo por separado. De esta manera, se puede mejorar el contenido del ensayo antes de empezar a perfeccionar la expresión de las ideas.

En este libro de texto el proceso de escribir se divide en tres etapas que coinciden con las expectativas del lector y con la creación de tres borradores principales.

- **Primera etapa**   Se investiga el tema y se descubre el enfoque. Además, se usan estrategias para acumular y ordenar información, y para formular una tesis y varias ideas de apoyo.
- **Segunda etapa**   Se organizan y se desarrollan las ideas. También se emplean técnicas para estructurar, profundizar y apoyar las ideas.
- **Tercera etapa**   Se enfatiza la expresión clara de las ideas y el cultivo de un estilo ameno. Además, se presta atención a los aspectos mecánicos, como la gramática, la ortografía y la puntuación.

Es importante notar que la división del proceso de escribir en tres borradores es arbitraria. A veces, para dar la forma más adecuada a las ideas, es necesario elaborar más de tres borradores. Además, se recomienda que los borradores, así como las actividades de aplicación, se redacten en una computadora o procesador de palabras. La computadora favorece la buena redacción porque le permite al escritor añadir, omitir, reorganizar y corregir las ideas a medida que vaya elaborando el escrito.

La escritura libre

Después de haber trabajado sobre una idea principal y un bosquejo, una buena manera de empezar a redactar el ensayo es a través de la escritura libre. La escritura libre consiste en escribir lo que venga a mente durante un tiempo breve (de cinco a quince minutos) sin parar y sin corregir lo escrito. Esta estrategia es eficaz, ante todo, en la primera etapa de la redacción porque permite exteriorizar ideas. Al ver las ideas plasmadas en la pantalla de la computadora o en la hoja en blanco, el escritor puede determinar con más facilidad si son valiosas o no. La escritura libre también ayuda a escribir sin censurar o revisar ideas, lo cual promueve la fluidez de los pensamientos. Por último, es una técnica que sirve para vencer los bloqueos que puedan paralizar al escritor cuando busca prematuramente la corrección y la claridad. La escritura libre es, en resumen, una manera de calentamiento que facilita el inicio del proceso de escribir.

El lector como comentarista

En una clase de composición el profesor servirá de lector crítico y asesor de los escritos durante el curso, pero no será la única persona capaz de aportar ideas y opiniones. Los compañeros de clase también pueden ser excelentes comentaristas de los borradores. Por ello, se recomienda que los estudiantes compartan sus ensayos unos con otros durante el proceso de escribir. En la primera etapa de la elaboración de un ensayo, los comentarios deben centrarse en aspectos relacionados con el contenido: el uso de información, el enfoque, y la organización y el desarrollo de ideas. En etapas más avanzadas, se debe comentar más sobre la expresión de ideas y los elementos mecánicos.

En todo caso, al opinar sobre los borradores de otros, hay que recordar que los comentarios positivos estimulan mientras que los negativos producen el efecto contrario. Por ejemplo, el comentarista podría iniciar su evaluación de un borrador expresando lo que más le gustó o le llamó la atención. Luego, podría señalar las partes del ensayo que, en su opinión, requieren revisión. Es importante que las críticas se expresen de un modo constructivo. Se debe evitar generalizaciones negativas como "No me gusta el tema de la composición" o "No entiendo nada en este párrafo". En cambio, una pregunta específica, expresada con delicadeza, será más eficaz: "¿No te parece que esta idea sería más impresionante si elaboraras sobre... ?" Al trabajar en parejas o en grupos, un ambiente de apoyo mutuo y el buen compañerismo son provechosos para todos.

El uso del diccionario

El diccionario es una herramienta fundamental para el escritor. Ayuda a la buena ortografía, a identificar ciertas funciones gramaticales básicas de las palabras, a evitar redundancias, así como a enriquecer el repertorio de palabras y expresiones en español. Conviene usar distintos tipos de diccionarios al mismo tiempo. El diccionario bilingüe, por ejemplo, ofrece diferentes definiciones de palabras tanto en inglés como en español. Para escoger el término más apropiado, hace falta consultar ambas definiciones en inglés y español. El diccionario exclusivamente en español o el diccionario ilustrado son otras fuentes de información para buscar el uso apropiado de diferentes términos. Por último, el diccionario de sinónimos y antónimos permite recordar palabras afines para ampliar el vocabulario del ensayo, precisar el significado de una idea o evitar repeticiones. Al consultar cualquier diccionario, es importante familiarizarse con las abreviaturas empleadas para proporcionar información sobre el origen de la palabra, la función gramatical (si la palabra es masculina o femenina, transitiva o reflexiva, adjetivo o adverbio, etc.) o la peculiaridad dialectal (si se usa, por ejemplo, en Costa Rica, Uruguay, España o Cuba). Estas abreviaturas casi siempre se describen en las primeras páginas del diccionario.

La elección de una palabra o expresión debe corresponder con el contexto en el que va a aparecer. Generalmente, la redacción académica o profesional exige más formalidad que la comunicación oral. Por ejemplo, en una conversación entre amigos (o aun en una carta amistosa) es común el uso de la palabra "borracho" para referirse a una persona bajo la influencia del consumo excesivo de alcohol, pero en un periódico o ensayo analítico es más apropiado "ebrio", "embriagado" o la forma culta "beodo".

A veces es contraproducente consultar un diccionario en las primeras etapas de la redacción. Si el escritor se excede en el uso del diccionario antes de tener el contenido de un ensayo bien determinado, se interrumpe el flujo de ideas. Sin embargo, en las últimas etapas de la composición, se debe consultar el diccionario con frecuencia para buscar la palabra exacta y evitar el uso reiterativo de ciertos vocablos y expresiones. Asimismo, antes de pasar en limpio la versión final de un ensayo, el diccionario debe usarse para perfeccionar el estilo y los aspectos mecánicos. Por todo ello, se recomienda que el estudiante consulte en la biblioteca diccionarios tanto bilingües como monolingües y que adquiera un buen diccionario para su uso personal.

Actividades de aplicación

1. *Busque en un diccionario de sinónimos las siguientes palabras:* aventura, expedición, reto, revolución *y* contagio. *Con otro/a estudiante discuta los contextos en los que sería apropiado el uso de los diferentes sinónimos. Luego busque la palabra* revolución *y una de sus palabras sinónimas en un diccionario abreviado y en otro completo. Compare las semejanzas y diferencias de las definiciones.*

2. *Escriba una anécdota breve sobre el momento más alarmante o sorprendente de su vida. Al elaborar la anécdota, use las siguientes estrategias:* la lluvia de ideas, un bosquejo, la escritura libre, dos o más borradores y los comentarios de dos o más estudiantes.

CICLO

I

El relato histórico

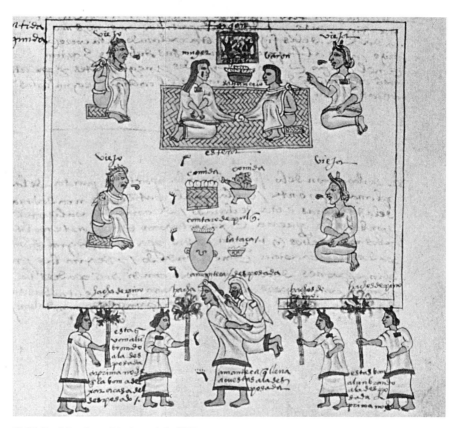

El Códice Mendoza, Mexico, siglo XVI.

Desde la antigüedad el ser humano ha relatado sus experiencias, verdaderas o imaginarias. Testimonio de ello son las pinturas en las cuevas de Altamira en España y las pictografías de los códices en América. El invento de la escritura ha permitido que se mantenga un registro detallado de sucesos históricos. Uno de los estilos que comúnmente se emplea para transmitir esos sucesos es el relato histórico.

En el relato histórico se sintetizan dos géneros principales: la narración y la descripción. El objetivo de la narración es comunicar acción y marcar el paso del tiempo. Para ayudar al lector a visualizar la escena y los personajes, la narración se complementa con detalles descriptivos. Tanto la narración como la descripción, sin embargo, no están exentas de la intención del autor. Por más objetivo que sea, el relato histórico siempre refleja un punto de vista.

Antes de leer

1. *Descríbale a otro/a estudiante el aspecto físico de las dos figuras en el cuadro* Las dos Fridas, *que se encuentra a continuación.*

2. *En un grupo de tres o cuatro estudiantes, dé su opinión sobre el punto de vista que proyecta Kahlo en sus autorretratos* Las dos Fridas *y* Autorretrato dedicado a León Trotski *(en las páginas 11 y 14). ¿Qué ideas o emociones expresa sobre su vida?*

El relato histórico a continuación traza los momentos clave en la vida de la pintora mexicana Frida Kahlo. Al leerlo, fíjese en las diferentes técnicas que se usan para describir, narrar y expresar un punto de vista.

▣ TEXTO MODELO

Frida Kahlo: una historia, una época

El saber y poder expresar ideas libremente, la facultad de votar, de elegir una profesión, de trabajar, son algunas de las tantas cosas apasionantes que la mujer de hoy en día puede realizar libremente, haciendo su vida más fácil que algunas décadas atrás. Desde principios de siglo hubo mujeres que lucharon por

Las dos Fridas, Frida Kahlo, 1939.

estas causas pasando a la historia de México, dejando huella inquebrantable° en la sociedad: una de ellas es la pintora Frida Kahlo.

marca indeleble

2   Proveniente de una familia de clase media, Frida nace en la Ciudad de México a principios de siglo (1907).[...] "De la agonía sin fin que ha sido mi vida, diré: he sido como un pájaro que quiso volar y no pudo", se refirió alguna vez relatando su infancia. Desde muy pequeña comenzó su tragedia física. Enfermó de poliomielitis, quedándole una pierna más corta que otra. Después de esta enfermedad, Frida fue objeto de burla por parte de los otros niños. El hecho sirvió para que endureciera su carácter a temprana edad, luchando así con más ahínco° para ser una persona normal.[...]

esfuerzo

El accidente

3   La tarde del 17 de septiembre de 1925, aparentemente común y corriente, marcaría para siempre su vida. Regresaba a su casa cuando el tranvía en que viajaba del Zócalo a Coyoacán fue embestido por° un camión; el resultado de este accidente para ella, sería: fractura de la tercera y cuarta vértebras lumbares, tres de la pelvis, once en el pie derecho, luxación° del codo izquierdo, herida profunda en el abdomen.[...]

chocó contra

dislocación

La pintura

4   Antes del accidente Frida quería estudiar medicina; sin embargo, las horas y meses de tedio, postrada en la cama, hicieron que se refugiara en un espejo, verdugo° de sus días y noches; es, pues, bajo este espejo, cuando nació en ella el deseo de dibujar. Tenía tiempo no sólo para pintar líneas, sino para infundirles° sentido, forma, contenido; comprenderlas, forjarlas, retorcerlas, desligarlas,° reunirlas, llenarlas. Al modo clásico, utilizó un modelo: ella misma. No tenía elección, esa fue la razón fundamental de su permanencia dentro de su yo-sujeto en su obra.[...]

cosa que atormenta
darles
separarlas

La influencia de Rivera

5   Diego Rivera, uno de los mejores muralistas mexicanos del siglo, conoció a Frida Kahlo en una de tantas reuniones de intelectuales de los años 20. Después de unos meses de amistad, contrajeron matrimonio el 21 de agosto de 1929: ella tenía 22, él estaba por cumplir 43 años.

6   Fue tanto el amor de Frida por Rivera, que por agradarlo y retenerlo decidió cambiar sus ropas de obrera, su aire de muchacha frustrada, por la imagen de la mujer mexicana con enaguas de puntilla,° faldas largas, vestidos de colores, peinados con cintas, joyas pesadas y, sobre todo, el rebozo.°[...]

falda interior tejida
capa

7   En los años 30 la señora Rivera era ya conocida y estimada en México por su talento y no por su relación con Diego Rivera. Como producto de su amistad con León Trotski, realiza un autorretrato. En él se encuentra de pie y tiene un aire de dignidad. Su falda larga de color rosa y blusa roja, los hombros bien cubiertos con un rebozo color ocre. A ambos lados de la figura se abren cortinas blancas, como si estuviera en una representación oficial, en una entrega de premios. Tiene en una mano un ramillete de flores y en la otra una hoja de papel en que se lee: "A León Trotski, con todo cariño, dedico esta pintura el 7 de noviembre de 1937. Frida Kahlo, San Angel, México".

8   ...[D]espués de una larga estancia en Nueva York, Frida realizaría un gran cuadro titulado *Las dos Fridas*, de tamaño natural: una Frida en buen estado junto a una segunda Frida herida, perdiendo sangre... Una amada, otra no.

9   *Las dos Fridas* es, quizá, la pintura más grande, en cuanto a dimensiones. En ella hay una Frida con blusa y falda de tehuana,° tiene en la mano un meda-   *de Tehuantepec, México*
llón con una fotografía de Diego en su niñez; la otra lleva un vestido blanco, de cuello alto, con encajes, como una novia del siglo pasado, que trata de detener con una pinza quirúrgica la hemorragia que brota de su corazón abierto. Pero el mal está hecho y deja huellas. La pinza no consigue detener la sangre que mana° del cuerpo de Frida; el vestido blanco está manchado.   *sale*

10   Deshecha por su separación de Diego Rivera, se refugió en la pintura. Los inviernos de 1939 y 1940 fueron fructíferos para la artista; sus pinturas, *Autorretrato con mono*, *Autorretrato de pelona*, *Autorretrato con collar de espinas y colibrí*°... pertenecen a este período. Los cuadros se suceden° hasta los años 50,   *pájaro siguen*
bellos, dolorosos. La pintora muere en 1954 a la edad de 47 años.

11   Sin embargo, en 1990, Frida continúa siendo noticia. En los primeros días del mes de mayo un óleo de la pintora mexicana, estimado en un millón de dólares, fue el más cotizado° de entre más de 550 obras de arte de América   *valorado*
Latina, que la casa de arte Sothebys y Christies subastó en Nueva York. Fue vendido en más de 20 millones de pesos.

12   El cuadro de Kahlo, pintado en México en 1949, es un autorretrato de la artista que incorpora en su frente la imagen de Diego Rivera.

13   La obra de Kahlo aparece con rostro triste y lágrimas que ruedan por sus mejillas. Fue pintado por la artista en la época en que Rivera, con el que aún estaba casada, era vinculado° sentimentalmente (por la prensa mexicana) con la   *relacionado*
artista María Félix.

14   Frida Kahlo es, quizá, en la historia del arte mexicano, la primera mujer que expresó con total sinceridad, descarnada y sutilmente feroz, los hechos generales y particulares que conciernen exclusivamente a la mujer. Frida Kahlo, un ser humano como cualquier otro, con defectos y virtudes pero, ante todo, una mujer, una historia, una época.

Rosalba Alonso, Nación

TÉCNICAS DE REDACCIÓN

La narración

Un resumen de la acción del relato sobre Kahlo proporciona los siguientes pasos.

Nacimiento:	Kahlo nace en la Ciudad de México (1907).
Enfermedad:	Enferma de poliomielitis.
Resultado de la enfermedad:	Es objeto de burla.
Accidente:	Es gravemente herida en un choque (1925).

La presentación se basa en el orden cronológico. Cada paso está marcado por un verbo, que es el núcleo alrededor del cual se ordena el resto del segmento.

Actividad de análisis

Escriba los pasos de la acción en el segmento "La pintura" siguiendo el modelo anterior y comente el orden de estas acciones. ¿Por qué cree usted que la autora enfatiza el detalle del espejo?

La descripción

A continuación, en el segmento "La influencia de Rivera" se encuentra una sinópsis de la información sobre el autorretrato que pintó Kahlo para León Trotski.

Autorretrato dedicado a León Trotski, Frida Kahlo, 1937.

Postura:	de pie
Ropa:	falda larga rosa, blusa roja, rebozo ocre
Escenario:	cortinas blancas
Objetos:	ramillete de flores, hoja de papel escrita

En ese párrafo, los adjetivos crean una imagen visual. Como se trata de un retrato, la narradora pone mucha importancia en la descripción de la figura central. Primero describe con detalle el colorido de su vestuario. Luego describe los objetos secundarios, como el ramillete de flores y la hoja de papel escrita, enfatizando los que reflejan el carácter de la figura principal. Por último, describe lo que se ve en el fondo del cuadro. Esta ordenación es, claramente, espacial.

Actividad de análisis

Analice la descripción del cuadro Las dos Fridas. *Cambie el orden en que la autora presenta los detalles. Identifique las palabras clave y sustitúyalas por sinónimos menos impresionantes. Compare su descripción con la original. Luego, con otro/a estudiante comente las diferencias entre las dos versiones.*

El punto de vista

El artículo sobre Kahlo abre y cierra con la opinión personal de la escritora. Desde el título la autora anuncia el punto de vista que va a asumir: presentará a Kahlo en un contexto histórico y luego señalará su importancia respecto a una época. En la primera oración no habla de Kahlo sino de las ventajas de que goza la mujer actual en comparación con la mujer de hace unas décadas. Pasa después a decir que hay una mujer—Kahlo—que ha dejado huella en la sociedad. Puesto que este relato pretende trazar la historia de la vida de Kahlo, la autora elige un tono imparcial, evitando el uso del "yo".

Actividad de análisis

¿Cual es el tono del último párrafo del ensayo? Señale los elementos que ilustran su punto de vista. ¿Cuáles son algunos detalles dentro del ensayo que defienden la conclusión que Frida Kahlo es "ante todo, una mujer, una historia, una época"?

▩ ENSAYO PARA CICLO I EL RELATO HISTÓRICO

Al estudiar los tres capítulos del Ciclo I, usted estará elaborando un relato histórico. El tema global del relato es: Imagine que usted es un/a investigador/a y que la revista *Gente hispana* le ha pedido un artículo de dos a tres páginas a máquina sobre una aventura en particular de un personaje hispano. Podría escribir, por ejemplo, sobre Isabel I de Castilla y la creación de un imperio, La Malinche y la conquista de México, Simón Bolívar y el panamericanismo, Evita o Juan Perón y el movimiento obrero argentino,

El rey Juan Carlos I y la nueva democracia española, Salvador Allende y el golpe de estado en Chile, César Chávez y el movimiento sindicalista del campesino, o Rigoberta Menchú y la lucha por los derechos indígenas.

La información y las actividades en cada capítulo del Ciclo I le prepararán para escribir el relato histórico. Además, al final de cada capítulo, habrá una serie de pasos a seguir para ayudarlo/la a redactar sus borradores. Estos pasos incluyen lo siguiente.

■ **CAPÍTULO 1: El primer borrador**

Investigación y recopilación de datos, delimitación del enfoque y orden de datos

■ **CAPÍTULO 2: El segundo borrador**

Desarrollo del relato y orden de detalles narrativos y descriptivos

■ **CAPÍTULO 3: La versión final**

Perspectiva adecuada, expresión coherente de ideas y uso correcto de la gramática

La narración

El arte de narrar consiste, ante todo, en enumerar acontecimientos de forma llamativa, concisa y ordenada. En "Frida Kahlo: una historia, una época", el estilo narrativo llama principalmente la atención por la brevedad con que se relatan los sucesos. La autora se limita a contar sólo los acontecimientos y detalles más importantes. Evita adornos que pudieran distraer de la idea principal. Además, se vale hábilmente de dos elementos fundamentales de la narración: el orden de las acciones y el tiempo en que se sitúan. Estos elementos no son independientes; la idea de orden conlleva la de sucesión en el tiempo. Para no confundir al lector, la autora relata lo que sucede en orden cronológico y sitúa la acción en un tiempo preciso.

▣ GRAMÁTICA

En una narración, el escritor relata una serie de acontecimientos que le interesa comunicar. Para narrar bien, necesita poner estos sucesos en un tiempo y un orden determinados. Así, el lector podrá identificar las acciones que coexisten con el acto de escribir (el presente), las que sucedieron antes del momento de la escritura (el pasado) y las posteriores (el futuro). En esta sección se analiza el uso de los tiempos verbales en el pasado.

Tiempos simples del pasado: el pretérito y el imperfecto

El pasado está representado por dos tiempos simples de indicativo. Tanto los verbos del pretérito como los del imperfecto representan sucesos anteriores o pasados. Los dos tiempos verbales se distinguen solamente por la manera en que el escritor percibe esos sucesos.

El pretérito

Los inviernos de 1939 y 1940 *fueron* fructíferos.

El verbo *ser,* conjugado en pretérito en este ejemplo, expresa un suceso completo y terminado. La escritora percibe la acción del verbo en su totalidad. Generalmente, el tiempo pretérito va acompañado por marcadores de tiempo y puede referirse a acciones pasadas independientes de cualquier otra acción.

Asimismo, como lo ejemplifican las siguientes oraciones, el pretérito se emplea para referirse al principio o término de una acción.

Desde muy pequeña *comenzó* su tragedia física.

La casa de arte Sothebys y Christies *subastó* un cuadro suyo.

El imperfecto

Frida *regresaba* a su casa cuando el tranvía en que *viajaba* del Zócalo a Coyoacán fue embestido por un camión.

En este ejemplo, los verbos *regresar* y *viajar* se encuentran en imperfecto para expresar un pasado en desarrollo. A diferencia del pretérito, el imperfecto se refiere a acciones o estados continuos cuyo principio o término no importa; permanece indeterminado. Es un tiempo relativo que indica la coexistencia con otra acción pasada. Esto es, las acciones *regresar* y *viajar* ya existían en el momento del accidente.

El imperfecto también se emplea para expresar acciones repetidas o habituales en el pasado.

Cuando Frida Kahlo *vivía* en Coyoacán, *pintaba* todos los días.

Tanto el pretérito como el imperfecto son tiempos pasados, la diferencia entre ellos radica en el aspecto: en pretérito se expresan las acciones en un primer plano, es decir, aquellas que determinan el avance del relato. Por su parte, las acciones que sirven de fondo o escenario se expresan mediante el imperfecto.

Después de unos meses de amistad, *contrajeron* matrimonio...

Ella *tenía* 22, él *estaba* por cumplir 43 años.

Actividad

El texto a continuación se encuentra en tiempo presente. Vuelva a escribirlo, cambiando los verbos al pasado.

Los Estados Unidos adquiere la mitad del territorio nacional mexicano después de la guerra de 1846–1848. Con el Tratado de Guadalupe Hidalgo que pone fin al combate, los pobladores de esa región tienen la oportunidad de permanecer en su tierra natal bajo el gobierno norteamericano o de mudarse hacia el sur a tierras mexicanas. A los que deciden quedarse se les ofrece en un principio mucha protección, ya que entre las garantías del Tratado se considera el respeto a su lengua, su cultura y sus propiedades. Ese momento histórico marca la aparición de la comunidad chicana como minoría dentro de los Estados Unidos.

Con la llegada de los angloamericanos al nuevo territorio, las garantías no siempre son respetadas y la comunidad mexicana empieza a ser víctima de múltiples violaciones. Por ejemplo, entre las violaciones más frecuentes están aquellas en que los mexicanos pierden los derechos sobre sus tierras debido a un nuevo sistema jurídico que les exige diferentes formas de legalización o que les impone impuestos muy elevados que no alcanzan a pagar.

Al perder fuerza económica, la comunidad mexicana pierde también poder político y pasa a ocupar una posición de subordinación frente a los anglos. Los que en un principio son dueños y señores de su territorio, se convierten en pocos años en ciudadanos de segunda clase.

Tiempos compuestos del pasado: el pretérito perfecto y el pluscuamperfecto

Los tiempos compuestos empleados para narrar acciones pasadas son el pretérito perfecto y el pluscuamperfecto. Expresan acciones realizadas antes

que otras y conservan una relación estrecha con los tiempos simples corres-
pondientes. Indican tiempos relativos que dependen siempre de otro momento posterior.

El pretérito perfecto

> De la agonía sin fin que *ha sido* mi vida, diré: *he sido* como un pájaro
> que quiso volar y no pudo.

En este ejemplo, las acciones en cursiva indican un tiempo que empezó en
el pasado, pero cuya acción llega hasta el presente. El pretérito perfecto también puede referirse al resultado o estado presente de una acción pasada.

> *¿Has leído* el artículo sobre Frida Kahlo?

En ciertos dialectos expresa también el pasado inmediato.

El pluscuamperfecto

> Cuando Frida *pintó* el cuadro *Henry Ford Hospital,* ya *había tenido* dos
> abortos.

La acción de *tener abortos* es anterior a la acción de *pintar* y ambas acciones
están relacionadas entre sí.

Los tiempos compuestos permiten establecer con exactitud la situación
temporal de las acciones narradas. Indican cuáles acciones son anteriores y
el tipo de relación que establecen con las acciones referentes. Los tiempos
verbales del pasado, empleados con precisión en las narraciones transmiten
al lector imágenes completas.

Actividad

1. *Lea la siguiente cronología sobre César Chávez.*

1927   César Chávez nace el 31 de marzo, en un pequeño rancho cerca de
       Yuma, Arizona.
1939   Sus padres pierden el rancho durante la Depresión y se convierten
       en trabajadores migratorios.
1965   Se forma legalmente el Sindicato de Trabajadores Campesinos
       Unidos. El sindicato se pone en huelga para apoyar a los campesinos
       que se dedican al cultivo de la uva en Delano, California.
1968   Chávez se declara en huelga de hambre el día 15 de febrero.
—   El 11 de marzo, después de veinticinco días de ayuno, Chávez ter-
       mina su huelga.
1983   La comunidad chicana seleccionó a César Chávez como el líder his-
       pano más popular de los Estados Unidos.
1988   Chávez entra nuevamente en huelga de hambre en protesta contra
       el uso de pesticidas agrícolas. Esta huelga afecta gravemente su salud.
1993   El 23 de abril muere Chávez en San Luis, Arizona, muy cerca del lu-
       gar de su nacimiento.

En diciembre de 1965 César Chávez encabeza la marcha del Sindicato de Trabajadores Campesinos Unidos en Delano, California.

2. *Basándose en esta información, complete los espacios en blanco de las oraciones a continuación. Seleccione los tiempos pasados apropiados.*

> **EJEMPLO** Una larga huelga de hambre *había afectado* gravemente la salud de César Chávez cinco años antes de su muerte. (afectar)

a. Cuando la familia Chávez _____ su rancho en 1939, César ya _____ doce años.   (perder / cumplir)

b. Ya _____ legalmente el Sindicato de Trabajadores Campesinos Unidos la primera vez que Chávez _____ en huelga de hambre. (formarse / declararse)

c. Tan pronto como _____ el sindicato, sus miembros _____ en huelga para apoyar a los campesinos de Delano.   (legalizarse / ponerse)

d. Ya _____ veinte años de la primera huelga de hambre cuando César Chávez _____ una segunda huelga de hambre.   (pasar / comenzar)

e. Diez años antes de la muerte de César Chávez, la comunidad latina ya lo _____ como el líder hispano más popular de los Estados Unidos.   (seleccionar)

f. Aunque ya _____ varios años desde la muerte de César Chávez, los problemas de los trabajadores agrícolas no se _____ todavía. (pasar / solucionar)

g. No se podrá borrar fácilmente la influencia que César Chávez _____ hasta nuestros días en la comunidad latina de los Estados Unidos. (ejercer)

El presente histórico

Aunque el nacimiento de Frida Kahlo ocurrió en el pasado (1907), en la siguiente oración se puede observar el verbo conjugado en presente.

Frida *nace* en la ciudad de México a principios de siglo.

En este ejemplo la autora utiliza el tiempo presente del verbo *nacer* para referirse a una acción pasada. Este uso es común en español; se le llama presente histórico. El presente histórico emplea el tiempo presente con valor de pretérito porque actualiza la acción.

El presente histórico es un recurso estilístico que sirve para narrar sucesos de importancia. Por ejemplo, se puede observar su uso en la siguiente narración sobre la famosa novela de Gabriel García Márquez, *Cien años de soledad*.

En el momento en que *va* a ser fusilado el coronel Aureliano Buendía *recuerda* el día en que su padre lo *lleva* a conocer el gran invento del siglo: el hielo. Los gitanos aparecieron por Macondo para mostrar este invento y los Buendía se *preparan* para ir a verlo.

Actividad

Con un/a compañero/a narre una escena de su película o novela favorita, empleando el presente histórico.

▨ NEXOS TEMPORALES

Al escribir una narración en el pasado, es muy importante establecer el orden en que se suceden las acciones. A continuación se ofrece una lista de expresiones empleadas comúnmente en la narración para este propósito.

Nexos para indicar el orden cronológico

a los pocos días	*a few days later*
al día (mes, año) siguiente	*the next day (month, year)*
al final	*in the end*
antes (de)	*before*

desde entonces	since then
después (de)	after, then, next
en el año...	in the year . . .
en un principio, al principio	at first
en una (aquella) ocasión	on one (that) occasion
entonces, luego	then
finalmente, por último, por fin	finally
hasta	until
más tarde	later
mientras	while
primero	first
pronto	soon

Nexos para indicar el orden de importancia

además, asimismo, también	in addition, also
el primero de + *sustantivo*	the first of + noun
el/la más importante	the most important
en primer (segundo, tercer) lugar	in the first (second, third) place
es más	moreover
más importante	more important
primeramente	first of all

La narración periodística

Antes de narrar un suceso, es necesario investigarlo bien y elegir la información más adecuada. Luego, los datos tienen que ordenarse lógicamente. Conviene estudiar la narración periodística porque es un estilo en el que se proporcionan muchos datos sobre un suceso de una manera concisa y ordenada.

Antes de leer *Piense en un accidente o desastre que haya ocurrido últimamente. Anote en orden cronológico los eventos principales, utilizando algunos términos de Nexos temporales. Luego narre el suceso de la forma más concisa posible a otro/a estudiante.*

☒ TEXTO MODELO

Lea el siguiente artículo sobre el incendio de un hospital. Preste atención a la información que se da y a su ordenación.

Un incendio arrasa° el edificio de consultas
del Hospital Puerta de Hierro, en Madrid

destruye

Tres plantas del edificio destinado a almacén y consultas médicas del Hospital Puerta de Hierro, en Madrid, resultaron completamente destruidas por un

Un bombero intenta apagar las llamas de un incendio.

incendio originado a las dos de la madrugada del domingo. Ningún paciente resultó herido, aunque cuatro bomberos, que acudieron° a sofocar el siniestro,° tuvieron que ser atendidos a causa de la inhalación de humo. Los sistemas detectores de incendios del centro hospitalario no funcionaron.

fueron   incendio

2   El fallo en los detectores de incendios se debió a que, simplemente, no existían, según indicó José María Pérez, Subinspector de Plana Mayor del Cuerpo Municipal de Bomberos de Madrid. "El edificio carecía de sistemas de detección automática, bocas de agua, compartimiento de salas y separaciones ignífugas,°" explicó Pérez.[...]

contra incendio

3   El incendio comenzó en torno a las dos de la madrugada en el segundo sótano° del edificio, una zona destinada a almacén y archivo de material reprográfico. Un cortocircuito o una colilla° mal apagada lograron que en menos de una hora el fuego se extendiese por las plantas superiores.[...]

parte subterránea
punta de cigarrillo

4   Los bomberos, avisados a las tres de la madrugada, sólo pudieron impedir que el fuego se propagase a edificios anexos y a la sección donde dormían los pacientes.[...]

Vicente G. Olaya, *El país*

 **TÉCNICAS DE REDACCIÓN**

La recopilación y el orden de datos

Los periodistas usan la siguiente lista de preguntas para facilitar la investigación y ordenación de datos sobre un suceso.

Núcleo (idea principal)

Acción:	¿Qué pasó?
Agente:	¿Quién lo hizo?
Recipiente:	¿A quién se hizo?

Detalles

Causa:	¿Por qué pasó esto?
Efecto:	¿Qué consecuencias tuvo esta acción?
Instrumento:	¿Con qué se hizo esto?
Intención:	¿Para qué se hizo esto?
Lugar:	¿Dónde pasó esto?
Modo:	¿Cómo se hizo esto?
Tiempo:	¿Cuándo pasó esto?

Según esta lista, el primer párrafo del artículo sobre el incendio ofrece la siguiente información en orden de aparición.

Efecto:	la destrucción de tres plantas de un hospital
Lugar:	el Hospital Puerta de Hierro en Madrid
Causa primaria:	un incendio
Tiempo:	a las dos de la madrugada del domingo
Recipientes:	cuatro bomberos sufrieron asfixia
Causa secundaria:	no existían sistemas detectores

En la primera oración del artículo abunda información presentada de forma concisa; el lector sólo tiene que leer la primera oración para saber los elementos más importantes del suceso. Si le interesa el tema, podrá encontrar más detalles después del resumen inicial. En una narración periodística, el corresponsal no sólo tiene que buscar el orden más informativo sino elegir los datos más relevantes.

Actividad de análisis

Derrumbes[1] sepultan a 6 personas en Guatemala

En las últimas veinticuatro horas seis personas fueron sepultadas por derrumbes causados por las copiosas e incesantes lluvias que han afectado casi todo el territorio nacional.

Un matrimonio y una hija de cinco años quedaron sepultados en la llamada colonia Sausalito en la periferia norte, y las otras víctimas fueron encontradas en la colonia Santa Isabel y el barrio El Gallito, al oeste capitalino.

[1]desprendimientos de tierra

El Nuevo Herald

1. *Lea el artículo sobre los derrumbes en Guatemala y luego complete este cuadro basándose en la información del artículo. Escriba una 0 si la información no aparece.*

Acción: _____

Agente: _____

Recipiente: _____

Causa: _____

Efecto: _____

Instrumento: _____

Intención: _____

Lugar: _____

Modo: _____

Tiempo: _____

2. *Señale el orden en que aparece esta información.*

3. *Explique por qué el corresponsal incluyó los datos que se encuentran en la primera oración y dejó otros para más adelante.*

El enfoque

En la narración periodística el enfoque de un artículo casi siempre coincide con el titular, donde se sintetizan los datos esenciales. El lector sólo tiene que echarle un vistazo al titular para saber el enfoque y decidir si quiere leer más. En el artículo sobre el incendio, por ejemplo, el titular le informa al lector sobre la acción y el lugar del acontecimiento. Estos datos aparecen en primer plano porque se consideran los más relevantes. El titular además debe llamar la atención. Por ello, el estilo necesita ser dinámico y conciso al mismo tiempo. En el texto modelo, se comunica este dinamismo mediante el verbo *arrasa*. Aunque la tesis del artículo se expresa en el titular, es importante recordar que el titular—al igual que el título de cualquier ensayo—no se define hasta que se haya redactado el cuerpo del texto.

Actividad de análisis

Estudie el siguiente titular que encabeza otro artículo de El país *sobre una venta pública de arte. Con otro/a estudiante identifique los datos sobre la venta que figuran en el titular. Dé su opinión sobre el énfasis en estos detalles y explique la función del verbo* revitalizar. *En su opinión, ¿cuál será el enfoque del artículo?*

**La magia de Picasso revitaliza el mercado del arte en Nueva York
88 trabajos del artista, vendidos por 4.000 millones de pesetas**

Juan Cavestany, *El país*

Actividades de aplicación

1. *Imagine que usted es un/a crítico/a de arte que escribe para un periódico. El jefe de redacción le pide que escriba un artículo corto anunciando la venta de* Diego y yo, *de Frida Kahlo, 1949, en una subasta de Sothebys y Christies. Haga una lista de los tres datos más notables sobre el suceso usando la infor-*

mación que aparece en las páginas 11–13. Luego escriba un titular adecuado que comunique la idea principal. Sea sucinto/a en el uso de palabras.

2. *Con otro/a estudiante, haga una lista de la información más importante que representa lo que ha ocurrido en el dibujo a continuación. Ponga los datos en orden de importancia. Luego redacten un artículo breve siguiendo este orden. Termine con un titular apropiado.*

La narración histórica

El relato histórico comparte algunos rasgos con la narración periodística. Ambos géneros, por ejemplo, sitúan el tiempo y los lugares en una realidad verificable y elaboran a fondo los sucesos y los personajes principales. Sin embargo, el relato histórico no ordena la información de la misma manera. Para narrar anécdotas históricas, se mezcla comúnmente el orden cronológico con el orden de importancia.

Antes de leer *El mapa a continuación traza la ruta del tercer viaje del conquistador español Francisco Pizarro y sus tropas por la costa de lo que es hoy en día el Perú. Basándose en el mapa y en su propia imaginación, narre a otro/a estudiante la progresión de Pizarro desde Tumbes hasta Cusco. Use los tiempos pasados de los verbos.*

En la siguiente anécdota se relata cómo el conquistador español Francisco Pizarro aprovechó la guerra civil entre el emperador Huáscar y su hermano Atahualpa para conquistar el imperio incaico. Al leerla, fíjese en el orden de los datos, así como en el dinamismo de los tiempos verbales.

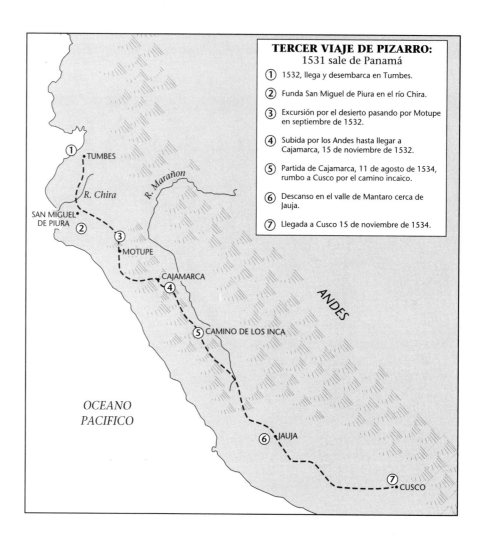

TERCER VIAJE DE PIZARRO:
1531 sale de Panamá

① 1532, llega y desembarca en Tumbes.

② Funda San Miguel de Piura en el río Chira.

③ Excursión por el desierto pasando por Motupe en septiembre de 1532.

④ Subida por los Andes hasta llegar a Cajamarca, 15 de noviembre de 1532.

⑤ Partida de Cajamarca, 11 de agosto de 1534, rumbo a Cusco por el camino incaico.

⑥ Descanso en el valle de Mantaro cerca de Jauja.

⑦ Llegada a Cusco 15 de noviembre de 1534.

TEXTO MODELO

Pizarro en Cajamarca: prisión de Atahualpa

En Piura [Pizarro] recibió nuevos informes sobre la guerra civil que había surgido entre Huáscar y Atahualpa, [...] y consideró que era el momento oportuno de actuar, porque cuando un país está dividido, la defensa de la nacionalidad se encuentra debilitada. Se enteró de que Atahualpa se encontraba en Cajamarca y había hecho prisionero a Huáscar. A fines de setiembre de ese año de 1532, [...] tomó camino a Cajamarca, internándose en los Andes.

2   Después de dos meses de una marcha llena de penalidades, los españoles llegaron a Cajamarca.[...]

3   Esa misma tarde mandó a Hernando de Soto al frente de 20 jinetes° acompañado de su hermano Hernando, para que invitara a Atahualpa que se encontraba en los baños termales que existen cerca de la ciudad. Atahualpa respondió que lo visitaría al día siguiente. En la tarde del 16 de noviembre de 1532, Atahualpa ingresaba acompañado de su séquito° imperial y de buena parte de su ejército a la ciudad de Cajamarca, llegando a su gran plaza sin encontrar ningún español....

soldados de a caballo

sirvientes

4   A una señal convenida, los españoles que se encontraban ocultos° en los edificios en torno a la gran plaza, atacaron sorpresivamente a los soldados atahualpistas.[...] Cogidos de sorpresa y ante la tremenda desigualdad de armamento, el ejército incaico se desbandó en medio de la más tremenda confusión. Varios españoles se lanzaron sobre la litera° de Atahualpa.[...] En el tumulto la litera se ladeó°. Fue entonces cuando intervino Pizarro cogiendo de un brazo al Inca y amenazando dar muerte al que tocara a Atahualpa, se apoderó de su persona y lo condujo a un aposento° en la plaza. La matanza fue grande. Murieron varios miles de indios y no se tiene noticia de los heridos. Por parte de los españoles el único herido fue Pizarro al tratar de salvar a Atahualpa.[...]

escondidos

plataforma

volteó

habitación

Gustavo Pons Muzzo, *Compendio de Historia del Perú*

TÉCNICAS DE REDACCIÓN

El enfoque y el orden de datos

El relato histórico señala la ejemplaridad de un protagonista o un suceso histórico. El enfoque de "Pizarro en Cajamarca" ilustra esto: Pizarro fue muy listo en su aproximación a la conquista del imperio incaico. Todos los datos del texto refuerzan esta tesis, pero los dos más sobresalientes son la decisión de Pizarro de aprovecharse de la guerra civil entre los hermanos y la de no matar en seguida a Atahualpa. Este último hecho se reitera al final: entre los españoles, sólo Pizarro fue herido tratando de proteger a Atahualpa.

El orden de información de una anécdota tiene dos funciones principales: resaltar la idea principal y crear suspenso. El suspenso se acentúa ordenando la acción del relato según los siguientes tres momentos clave.

Comienzo:	¿Qué moviliza la acción?
Complicación:	¿Qué ocurre para complicar la acción?
Desenlace:	¿Cómo se resuelve la complicación?

La narración del conflicto entre Pizarro y Atahualpa ilustra este orden.

Comienzo:	La guerra civil entre Huáscar y su hermano motiva a Pizarro a ir en busca de Atahualpa.

Complicación:	Pizarro pone una trampa para capturar a Atahualpa en la gran plaza de Cajamarca.
Desenlace:	Los españoles atacan sorpresivamente a los incas y toman preso a su jefe.

Esta ordenación permite mezclar la cronología y el orden de importancia. Se centra en los sucesos que más aportan al momento decisivo de la anécdota: la captura de Atahualpa. En cambio, se mencionan sólo de paso los detalles menos significativos, como "las penalidades" que sufrieron los españoles en la marcha hacia Cajamarca. El uso de la cronología también contribuye al suspenso. El detalle de la llegada de Atahualpa "a su gran plaza sin encontrar ningún español" prepara el terreno para la complicación y el desenlace.

Actividad de análisis

Vuelva a leer "Frida Kahlo: una historia, una época" (páginas 11–13) fijándose en los primeros seis párrafos dedicados a "La influencia de Rivera" (páginas 12–13). Apunte los detalles que sugieren el comienzo, la complicación y el desenlace de la relación entre Kahlo y Rivera. Con otro/a estudiante discuta la progresión y la importancia de estos detalles. ¿Cómo refuerzan la idea principal del ensayo? Note que en estos párrafos la autora no ofrece muchos datos específicos sobre lo que pasó entre Kahlo y Rivera. El lector tiene que inferir cierta información.

El dinamismo verbal y los marcadores de tiempo y de espacio

La narración histórica debe caracterizarse por la expresión concisa y dinámica. El narrador anima el relato al usar verbos que enfatizan las acciones principales del suceso. En el relato sobre Pizarro y Atahualpa destaca el dinamismo, gracias a la elección de verbos activos y llamativos. En el último párrafo, por ejemplo, la cadena de verbos conjugados en el pretérito contribuye al flujo acelerado de los hechos: *atacaron, se desbandó, se lanzaron, se ladeó, intervino* y *se apoderó*. Sólo uno de estos verbos se modifica con un adverbio ("atacaron *sorpresivamente*") y esta modificación acentúa el dinamismo; no distrae. Los pocos verbos estáticos, que se conjugan en el imperfecto ("*era* el momento oportuno", *se encontraban* en Cajamarca", "los españoles... *se encontraban* ocultos"), sirven para añadir información de fondo.

Otra característica de la narración histórica es el uso de expresiones de tiempo y de espacio para marcar la relación entre sucesos. Estos marcadores abundan en los primeros tres párrafos del artículo sobre Pizarro y ayudan a mantener la claridad con respecto a la secuencia de sucesos.

	Marcador temporal	**Marcador espacial**
Párrafo 1	a fines de setiembre de 1532	Piura los Andes Cajamarca
Párrafo 2	después de dos meses de marcha	Cajamarca
Párrafo 3	esa misma tarde al día siguiente la tarde del 16 de noviembre	Cajamarca su gran plaza

Asimismo, estas expresiones ayudan al lector a poner el suceso clave del último párrafo en un contexto temporal y espacial adecuado. En este caso, se nota un movimiento de lo general a lo específico, una técnica que orienta la atención del lector al desenlace.

Actividad de análisis

Haga el siguiente análisis basándose en los primeros tres párrafos del segmento "La influencia de Rivera" del artículo sobre Frida Kahlo (página 12).

1. Anote en orden de aparición todos los verbos. Marque los verbos en pretérito y en imperfecto. ¿Cuáles son los verbos que más contribuyen al dinamismo de estos párrafos?
2. En el tercer párrafo, la autora deja el pasado y usa el presente histórico. En su opinión, ¿por qué hace este cambio temporal en medio del fragmento?
3. Subraye los nexos que marcan el paso del tiempo en estos tres párrafos. Luego lea el fragmento en voz alta sin estos nexos. ¿Se entiende bien la relación entre los sucesos sin estos indicadores?

Actividades de aplicación

1. *Usando los datos adicionales a continuación, relate por escrito, de una manera breve y dinámica, la muerte de Atahualpa. Use los tiempos pasados y los marcadores de tiempo y de espacio necesarios.*

Suceso	Tiempo	Espacio
Comienzo		
Atahualpa es tomado preso.	16 de noviembre de 1532	Cajamarca
Atahualpa promete un rescate de oro y plata.		
Los españoles lo tratan con consideración.		
Complicación		
Atahualpa manda matar a Huáscar.		desde la prisión
Los generales de Atahualpa preparan un contraataque para liberar a Atahualpa.	22 de noviembre al 23 de julio	fuera de Cajamarca
Pizarro se entera del complot.		
Se reparte el botín que ha hecho mandar Atahualpa.	julio de 1533	Cajamarca
Desenlace		
Se juzga a Atahualpa.	25 de julio de 1533	Cajamarca
Se le encuentra culpable de traición, regicidio, inmoralidad y herejía.		
Pizarro no quiere matarlo, pero los otros españoles deciden hacerlo.		
Atahualpa es quemado vivo.	al anochecer, 26 de julio	la gran plaza

2. *Lea la cronología de la vida de José Martí, el Apóstol de la Independencia de Cuba. Luego, con otro/a estudiante, haga una redacción breve usando estos datos y siguiendo la guía a continuación.*

> Yo soy un hombre sincero
> de donde crece la palma;
> y antes de morirme quiero
> echar mis versos del alma.
>
> José Martí, *Versos sencillos*

1853 José Martí nace en La Habana.

1868 Estalla la Guerra de los Diez Años contra España para la independencia de Cuba. Martí se reúne con un grupo de revolucionarios y es encarcelado.

1869 Redacta el periódico *La patria libre,* que protesta contra la dominación española; es deportado por sus actividades revolucionarias.

1871–1874 Vive en España; se recibe de doctor en Derecho y doctor en Filosofía y Letras.

1875–1877 Vive exiliado en México, luego en Guatemala.

1878 Termina la Guerra de los Diez Años y Martí vuelve a Cuba para reiniciar la conspiración. Lo deportan de la isla nuevamente.

1878–1881 Vive exiliado en España, y luego en Venezuela.

1882 Se muda a Nueva York. Colabora con varios periódicos norteamericanos, mexicanos y argentinos; gana fama internacional como poeta, ensayista, periodista y crítico.

1892 Funda el Partido Revolucionario Cubano; publica *Versos sencillos,* su colección de poemas más famosa.

1895 Estalla la guerra por la independencia cubana; Martí vuelve a Cuba y muere en la Batalla de Dos Ríos.

a. Señale los sucesos más importantes. ¿Qué aspecto de la vida de Martí le parece más adecuado para la idea principal? Anote la tesis del ensayo.

b. Apunte los demás datos que, en su opinión, merezcan atención en el escrito. ¿Cuáles hay que enfatizar? ¿Cuáles se pueden mencionar de paso? ¿Cuáles se pueden omitir?

c. Elabore un borrador siguiendo el orden cronológico pero, al mismo tiempo, ponga énfasis en los acontecimientos que más apoyen la tesis.

d. Lea en voz alta el borrador. ¿Hay suficiente información para apoyar la idea principal? ¿Fluyen lógicamente todos los sucesos?

e. Haga las correcciones necesarias, déle un título adecuado y pase en limpio la versión final.

▨ EL PRIMER BORRADOR DEL RELATO HISTÓRICO

PASO 1 *La investigación y recopilación de datos* El primer paso en la elaboración de un relato histórico es la investigación. Antes de redactar el primer borrador, hay que investigar a fondo el tema y recoger suficientes datos. Se recomienda que consulte una enciclopedia en español para obtener una idea general sobre el tema. Luego, delimite el tema y céntrese en los sucesos clave en la vida del individuo que piensa tratar. Consulte libros de historia y/o revistas, de ser posible en español. Los datos siempre deben anotarse en forma abreviada para evitar el plagio (el robo de ideas ajenas).

PASO 2 *La lluvia de ideas* Con base en el tema escogido, responda detalladamente a las siguientes preguntas que se relacionen con él.

Acción:	¿Cuáles son los sucesos que forman parte de esta historia?
Agente:	¿Quién es el protagonista de la historia? ¿Cómo es? ¿Por qué es importante o interesante la persona?
Recipiente:	¿A quién o quiénes se hizo?
Causa:	¿Por qué ocurrió esto? ¿Qué causas motivaron esta historia?
Efecto:	¿Qué consecuencias tuvo esta historia?
Instrumento:	¿Con qué se hizo o se logró esta historia?
Intención:	¿Para qué se realizó?
Lugar:	¿Dónde se hizo o se logró esto?
Modo:	¿Cómo se hizo o se logró esta historia?
Tiempo:	¿Cuándo se realizó esta historia?

Cuando haya respondido lo mejor que pueda al cuestionario, añada a la lista cualquier otro detalle que tenga sobre el tema. Luego agrupe las ideas que tengan algún elemento en común y tache las que no interesen o no apoyen bien el tema.

PASO 3 *La escritura libre* Repase la lista de la lluvia de ideas y elija los dos o tres elementos más importantes. Luego use la técnica de la escritura libre para escribir todo lo que sepa sobre el personaje histórico de su relato histórico. Empiece su escritura enfocándose desde el punto de vista de los elementos que acaba de elegir. Luego intente explicar por qué, en su opinión, este individuo merece la atención del lector.

PASO 4 *La delimitación de la idea principal* Para que el lector entienda el propósito del relato histórico, es esencial identificar y delimitar bien el enfoque. La gráfica de "Frida Kahlo: una historia, una época" ejemplifica cómo se puede delimitar un tema.

```
                        Frida Kahlo
                            │
                            ▼
            Kahlo fue un caso ejemplar de su época
                            │
                            ▼
        Kahlo fue un caso ejemplar de su época porque superó su
        condición de mujer y sus problemas médicos y llegó a ser
                        una gran pintora.
```

Estudie los apuntes que ha anotado sobre su tema y haga una gráfica para delimitarlo. ¿Es válida la última oración de su gráfica para el enfoque de su relato? ¿Es lo suficientemente específica, cautivadora y significativa para atraer al lector?

PASO 5 *El orden* Haga una lista de todos los sucesos de su narración en orden cronológico. Por el momento, no se preocupe por conectar los sucesos o describirlos. Céntrese en las acciones. Cuando tenga la lista hecha, ponga una estrella al lado de los sucesos más importantes y tache cualquier acción que sea repetitiva o superflua. Relate su anécdota en voz alta a otro/a estudiante. Incluya las acciones más interesantes, sin olvidar otros detalles necesarios para que su compañero/a entienda bien el relato. Luego, pregúntele qué elementos de la narración le llamaron más la atención, cuáles le aburrieron, y si se perdió o se confundió en algún momento. Anote esta información.

Un relato histórico puede presentar los sucesos cronológicamente, en orden de importancia o en una manera en que se mezclen los dos. Para determinar el orden más apropiado para su relato, ponga la lista cronológica de sucesos que acaba de hacer conforme a su importancia. Ahora, compare las dos listas. ¿Se puede combinar ciertos elementos para mejorar el orden? Elija la jerarquía más lógica y apropiada.

PASO 6 *Primer borrador* Use la información recopilada en las actividades anteriores para hacer un bosquejo. Empiece con la idea principal, luego ponga los puntos de apoyo en orden lógico. Use el bosquejo para elaborar un primer borrador de página y media o de dos páginas. Recuerde los siguientes objetivos principales.

- la expresión bien enfocada de la idea principal
- la elaboración de una anécdota interesante
- la ordenación lógica de los sucesos más importantes

No se preocupe en este momento por los detalles descriptivos ni por el estilo. Estos aspectos se tratarán en los Capítulos 2 y 3. Si en cualquier momento se le dificulta expresar sus ideas, se recomienda que haga otra escritura libre.

CAPÍTULO

2

La descripción

En el relato histórico, la descripción le permite al narrador detener la acción para plasmar su idea de la realidad. Presenta una visión clara y específica de los personajes, lugares y objetos que pueblan el relato. Por ello, la descripción sirve como una fotografía o una pintura realista que apoya la narración. En "Frida Kahlo: una historia, una época" (Introducción al Ciclo I), la autora suspende la acción para describir algunos cuadros de la artista. Su descripción verbal del autorretrato para León Trotski, por ejemplo, se enfoca en Kahlo misma. La autora ordena los detalles de tal forma que el "ojo" del lector se fija en el primer plano del cuadro: la figura de Frida. Luego pasa a contemplar el entorno en el que se encuentra la figura: las cortinas blancas. Para ayudar al lector a visualizar el cuadro, los detalles son muy concretos y apelan a los sentidos. Además, el uso de frases nominales como "aire de dignidad" y "entrega de premios" respalda el enfoque del relato: el noble carácter de Frida Kahlo.

▣ GRAMÁTICA

El primer párrafo de la novela *Historia de Mayta*, de Mario Vargas Llosa, ilustra bien algunas características de la descripción. A diferencia de la narración, la descripción detiene el tiempo para señalar *qué hay* y *cómo es*.

Un limeño corre por el malecón al amanecer.

Correr en las mañanas por el *Malecón°de Barranco,* cuando la humedad de la *noche* todavía impregna el aire y tiene a las *veredas°* resbaladizas° y brillosas, es una buena manera de comenzar el día. El *cielo* está gris, aun en el verano, pues el sol jamás aparece sobre el barrio antes de las diez, y la *neblina* imprecisa la frontera de las cosas, el perfil de las *gaviotas,* el *alcatraz* que cruza volando la quebradiza línea del *acantilado.°* El *mar* se ve plomizo [...]

muelle

sendas, caminos angostos

que caen lentamente, que se deslizan

costa formada por una roca vertical

En este fragmento, las respuestas a *¿qué hay?* y *¿cómo es?* se identifican claramente: durante la mañana hay un malecón que es húmedo, con veredas resbaladizas y brillosas.

Una descripción busca reflejar por escrito imágenes claras y completas. Para lograr este objetivo, el empleo cuidadoso de los puntos gramaticales presentados en esta sección puede ser de gran utilidad: el uso de modificadores y los verbos de estado.

El uso de modificadores

El elemento más característico de la descripción es la frase nominal. Las frases nominales son unidades formadas por un núcleo (un sustantivo) y modificadores que limitan su significado (artículos, adjetivos y frases preposicionales).

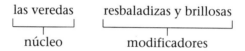

La concordancia

Los sustantivos y sus modificadores son palabras variables que indican en su terminación el número y el género al que pertenecen. Cuando se combinan la palabra nuclear y sus modificadores, se debe mantener la concordancia entre sí.

las vered*as* resbaladiz*as* y brillos*as*

Si se sustituye *veredas* por *camino* en el ejemplo, los modificadores deberán concordar con la nueva palabra nuclear.

el camino resbaladiz*o* y brillos*o*

Cuando un solo adjetivo modifica dos o más sustantivos, hay que recordar dos principios.

- El género masculino domina sobre el femenino.

    pis*os,* puert*as* y ventan*as* destartalad*os*

- El número del adjetivo, al modificar sustantivos singulares, está determinado por su posición en la frase. El adjetivo es plural si va después de dos o más sustantivos singulares. Si se refiere al último sustantivo, el adjetivo es singular.

fuerza de voluntad y talento enorm*e*

fuerza de voluntad y talento enorm*es*

valor e inteligencia indiscutib*les*

También es singular si se antepone a dos o más sustantivos singulares.

enorm*e* voluntad y talento

indiscutib*le* valor e inteligencia

Actividad

Vuelva a escribir el párrafo de Historia de Mayta *(página 37), sustituyendo las palabras en cursiva por las de la lista a continuación. Preste atención a la concordancia, tanto de las frases nominales como de los verbos. Si tiene duda sobre el género de los sustantivos, consulte un diccionario.*

1. calles de mi pueblo
2. banquetas
3. asfalto
4. casas
5. polvo
6. transeúntes
7. pajaritos
8. torre
9. tejados

La posición de los modificadores

Los modificadores en la frase nominal pueden encontrarse delante de o detrás de la palabra nuclear a la que califican. No existen reglas estrictas que determinen la posición de los modificadores del sustantivo. Sin embargo, se puede observar las siguientes tendencias.

Generalmente las palabras determinativas (artículos, demostrativos, posesivos, numerales, indefinidos) se anteponen al sustantivo.

el malecón, *mi* aventura, *esa* experiencia

tercera y cuarta vértebras lumbares

mis tres amigos, *su segundo* aborto

Excepciones

- Los posesivos y demostrativos se colocan después del sustantivo cuando hay un artículo, un posesivo o un demostrativo delante del sustantivo. Después del sustantivo, el uso del demostrativo adquiere un carácter despectivo.

  esa experiencia *tuya*

  la mujer *esa*

  el lugar *aquel*

- Los números ordinales se colocan después del sustantivo cuando indican sucesión de reyes o de papas.

  Carlos V (Quinto), Juan Pablo II (Segundo)

- Los números cardinales se colocan después del sustantivo cuando implican orden.

> el día *30*, el siglo *XXI*

El adjetivo calificativo va generalmente a la derecha de la palabra nuclear. Se puede calificar al sustantivo con un solo adjetivo o con varios adjetivos en cadena. Cuando son varios los adjetivos, se unen por medio de comas o por otro tipo de enlace, siendo la interjección *y* la más común.

> un paisaje *bello, tranquilo, indescriptible*

Cuando se coloca el adjetivo calificativo delante del nombre, se le da una función valorativa y/o enfática. Por ejemplo, en la frase *la **quebradiza** línea del acantilado*, el adjetivo enfatiza la cualidad, pero en la frase *la línea **quebradiza** del acantilado,* el adjetivo distingue al nombre. Al anteponer el adjetivo calificativo al sustantivo, se le está dando mayor atención a la calidad que al nombre mismo.

> una *buena* manera, un *terrible* acontecimiento

Hay que tener cuidado con la anteposición del adjetivo calificativo; ésta no es muy común fuera de la obra literaria. No puede colocarse cualquier adjetivo delante del sustantivo ya que, por su característica enfática, el adjetivo antepuesto debe ser inherente al sustantivo que califica.

> la *blanca* nieve, el *astuto* animal

Resulta incorrecto decir: **el **estomacal** malestar,* ya que no es exclusivo de un malestar el ser estomacal. Lo correcto es *el malestar **estomacal.***
Existe la tendencia de colocar al final el elemento más largo.

> un *noble* sentimiento, una fiesta *inolvidable*

Las frases preposicionales se posponen al sustantivo y modifican la palabra nuclear de manera indirecta por medio de una preposición. Estos modificadores no requieren concordancia con el núcleo.

> el mar *con manchas de espuma*, la frontera *de las cosas*

> un medallón *con una fotografía de Diego en su niñez*

Actividad

Con otro/a estudiante, traduzca al español el siguiente párrafo usando las palabras entre paréntesis como guía. Ponga atención a la colocación de los modificadores. Al terminar, compare su traducción con las de sus compañeros.

These two opposing *(opuestos)* systems of internal *(interior)* colonization demonstrate one of the most important differences between the developmental *(de desarrollo)* models of the United States and Latin America. Why is the North rich and the South poor? The Río Grande *(Bravo)* marks much more than a geographical border. The profound inequality *(desequilibrio/hondo)* of our days, which seems to confirm Hegel's prophecy about the inevitable war between the two Americas *(entre una y otra América),* was it born of the imperialist expansion of the United States, or does it have older *(antiguas)* roots? In reality, to the North and to the South, already in the colonial womb *(matriz),* societies very dissimilar *(muy poco parecidas),* and at the service of goals *(fines)* that were not the same, had been generated.

Verbos de estado

Si se compara el siguiente párrafo de *Descubrimiento y dominación española del Caribe,* por Carl Ortwin Sauer, con el primer párrafo de *Historia de Mayta,* página 37, se puede identificar una selección diferente de verbos y tiempos verbales.

> En 1519 estaba tomando forma un nuevo mapa de las Indias.[...] Empezó con[...] la conquista de México por Hernán Cortés. Antón de Alaminos llevó la noticia de Veracruz a España, siguiendo la Corriente del Golfo, y estableció así el futuro curso de navegación hacia España, desde México y el Caribe[...] Magallanes partió de España en 1519 para descubrir el paso hacia el Mar del Sur por el estrecho que lleva su nombre, y dar a España título a las Indias del Lejano Oriente. Y en 1519, Carlos V creó el Consejo de Indias para encargarse de los asuntos ultramarinos de España.

En este fragmento, una cadena de verbos dinámicos, conjugados principalmente en el pretérito (*empezó, llevó, estableció, partió*), señala las acciones de los protagonistas de la dominación del Caribe. El uso de verbos de movimiento coloca el texto dentro del género de la narración. En cambio, Vargas Llosa abre su novela histórica *(Historia de Mayta)* con una descripción, en la cual lo característico de los verbos es que buscan detener la acción. Expresan una unión entre el sujeto y su predicado. Es decir, en oraciones descriptivas el predicado, más que referirse al verbo, califica al sujeto.

Los verbos de estado son aquéllos que se construyen con un predicado que tenga concordancia con el sujeto.

> Las campanas se quedaron calladas.   =   las campanas calladas

Los verbos de estado más comunes son *ser, estar, dejar, encontrarse, parecer, permanecer, quedarse, sentirse, venir, verse* y *volver.*

Cuando se escribe una descripción, se debe tratar de evitar los verbos de acción. Si es necesario usar verbos dinámicos en una descripción, conviene conjugarlos en tiempo presente, imperfecto o futuro de indicativo.

> Un golpe de viento *aparta/apartaba* las nubes.

Otra opción es usarlos en oraciones subordinadas.

> el alcatraz *que cruza/cruzaba volando* la quebradiza línea del acantilado

Lo importante es no permitir que corra el tiempo.

Actividad

Lea el fragmento a continuación de Nada, *una novela de la escritora española Carmen Laforet. En la descripción que hace Laforet una joven entra por primera vez en la casa de su abuela.*

> Lo que estaba delante de mí era un recibidor alumbrado por la única y débil bombilla que quedaba sujeta a uno de los brazos de la lámpara, magnífica y sucia de telarañas, que colgaba del techo. Un fondo oscuro de muebles colocados unos sobre otros como en las mudanzas. Y en primer término la mancha blanquinegra de una viejecita decrépita, en camisón, con una toquilla echada sobre los hombros. Quise pensar que me había equivocado de piso, pero aquella infeliz viejecilla conservaba una sonrisa de bondad tan dulce, que tuve la seguridad de que era mi abuela.

Ahora, escriba una descripción de uno de los lugares a continuación imitando el estilo del párrafo anterior. Empiece su párrafo con las palabras introductorias de Laforet: "Lo que estaba delante de mí era[...]" Incluya una descripción de lo que usted veía en ese lugar y de un personaje (como la abuela) que estaba en el centro de ese sitio.

1. la sala de una casa encantada y un fantasma
2. la jaula de un zoológico y un gorila
3. la sala de operaciones y una cirujana
4. el salón principal de un viejo museo y el guarda que lo cuida
5. una panadería y su alegre panadero

NEXOS ESPACIALES

Al escribir una descripción, puede ser útil determinar el espacio preciso que ocupan los elementos más importantes y su relación con el referente. A continuación se ofrece una lista de expresiones que pueden resultar útiles para lograr ese objetivo.

Nexos para indicar lugar

a la derecha/izquierda (de)	*to the right/left (of)*
abajo	*below*
(a)dentro (de)	*inside (of)*
(a)fuera (de)	*outside (of)*
al otro lado (de)	*on the other side (of)*
allá	*over there*
allí	*there*
alrededor (de)	*around*
aquí	*here*

arriba	*above*
atrás (de)	*behind*
cerca (de)	*near*
debajo (de)	*under*
en el fondo (de)	*at the back (of)*
en la parte más alta (de)	*on top (of)*
en + *lugar*	*in* + place
encima (de)	*on top (of)*
enfrente (de)	*opposite, in front (of)*
lejos (de)	*far (from)*
más allá (de)	*beyond*

El retrato

El retrato verbal puede encerrar los rasgos físicos o emotivos de un individuo, o una mezcla de ambos, según el objetivo de la descripción. Si el autor quiere que el lector conozca solamente una faceta del personaje, limitará su retrato a desarrollar las características particulares de esa faceta. En cambio, si pretende que el lector descubra el verdadero carácter de la persona retratada, los detalles descriptivos, aun cuando traten del físico, serán espejo de su vida interior.

Antes de leer   *Al mirar la fotografía de Pancho Villa a continuación, haga una lista de los rasgos físicos más sobresalientes del revolucionario mexicano. Luego apunte algunos detalles de su carácter, basándose no sólo en la foto sino también en cualquier conocimiento que usted tenga de Villa. Con otro/a estudiante, comente la relación entre los rasgos físicos y emotivos que sugiere la fotografía.*

El retrato a continuación manifiesta cómo Martín Luis Guzmán, un renombrado corresponsal de la Revolución Mexicana, reaccionó cuando conoció a Villa en una casa humilde de Ciudad Juárez. Al leerlo, note cómo la descripción de lo físico revela ciertos aspectos del carácter del general.

TEXTO MODELO

Primer vislumbre° de Pancho Villa   impresión

Estaba Villa recostado en un catre° y cubierto con una frazada cuyos pliegues°
le subían hasta la cintura. Para recibirnos se había enderezado° ligeramente.
Uno de los brazos, apoyado por el codo, le servía de puntal° entre la cama y
el busto. El otro, el derecho, lo tenía extendido hacia los pies: era un brazo
larguísimo.[...]

cama pequeña   partes
    dobladas   levantado
apoyo

Pancho Villa (1873–1923), caudillo de la Revolución Mexicana.

2   Era evidente que Villa se había metido en la cama con ánimo de reposar sólo un rato: tenía puesto el sombrero, puesta la chaqueta y puestos también, a juzgar por algunos de sus movimientos, la pistola y el cinto con los cartuchos. Los rayos de la lámpara venían a darle de lleno y a sacar de sus facciones° brillos de cobre en torno de los fulgores° claros del blanco de los ojos y del esmalte de la dentadura. El pelo, rizoso, se le encrespaba° entre el sombrero y la frente, grande y comba;° el bigote, de guías cortas, azafranadas,° le movía, al hablar, sombras sobre los labios.

rasgos del rostro
brillos, luces intensas
rizaba el cabello
curva, arqueada   amarillen-
tas, rojizas

3 Su postura, sus gestos, su mirada de ojos constantemente en zozobra° de-
notaban un no sé qué de fiera° en el cubil;° pero de fiera que se defiende, no
de fiera que ataca; de fiera que empezase a cobrar confianza sin estar aún muy
segura de que otra fiera no la acometiese° de pronto queriéndola devorar.

temor, intranquilidad
animal salvaje   cueva

atacase

Martín Luis Guzmán, El águila y la serpiente

TÉCNICAS DE REDACCIÓN

El enfoque y el lenguaje figurado

Un retrato debe ser más que una lista de detalles interesantes. Ha de tener
un enfoque que apoye los propósitos de la narración. En el retrato de Villa
la tesis es fácil de captar porque la palabra clave, *fiera*, aparece cinco veces
en el último párrafo. Todos los elementos descriptivos fortalecen la comparación entre Villa y una fiera. Se puede interpretar éstos, por ejemplo, de
la siguiente manera.

Villa	=	una fiera
su cuarto	=	su cubil
el brazo extendido	=	una pata alargada
Aún cuando descansa, tiene el sombrero y la chaqueta puestos, la pistola y los cartuchos listos.	=	Siempre está en estado de alerta.
el brillo de sus facciones	=	la mirada feroz

El fenómeno que permite la comparación entre el general y un animal
salvaje es el lenguaje figurado. A diferencia del lenguaje literal, el figurado
sirve para relacionar cosas que generalmente tienen poco en común. Popular en escritos literarios, el lenguaje figurado se usa también en estilos como
el relato histórico, pues ayuda a visualizar lo abstracto, a intensificar una descripción, o como en el caso de "Primer vislumbre de Pancho Villa", a enfocar un retrato.

Los dos tipos de lenguaje figurado más comunes son el símil y la metáfora. El símil consta de un término real y de un término de comparación in-
troducido por uno de los siguientes nexos.

como	El anciano caminaba *como* un elefante cansado.
más que/menos que	El científico sabía *más que* Aristóteles y Einstein juntos.
igual que	El niño se sentía solo, *igual que* un barco en alta mar.
parecer que	Rigoberta tenía la cara radiante; *parecía que* se la había lavado con alegría y buen humor.
semejante a/parecido a	Las orejas eran *semejantes* a dos hojas de palmera.

La metáfora se usa para designar una cosa con el nombre de otra. A
diferencia del símil, no utiliza nexo alguno. La metáfora tiene dos formas
principales: la sencilla y la extensa.

Sencilla:

La habitación era un mar de tranquilidad.

Extensa:

En la casa había un bosque de muebles y libros en una habitación; en la otra, un desierto; en la última, un mar de tranquilidad. Y en el centro de ese mar, la capitana, que soñaba con otros mundos que conquistar.

El último párrafo del texto modelo ofrece una metáfora extensa en la que nuevamente Villa se compara a una fiera. Esta analogía refuerza el enfoque del retrato: el revolucionario, al igual que un animal salvaje, no sólo es perseguido sino muy peligroso.

Actividad de análisis

Lea el retrato que sigue de Rigoberta Menchú Tum, activista guatemalteca y ganadora del Premio Nóbel de la Paz en 1992. Luego con otro/a estudiante haga las actividades a continuación.

Llegó a mi casa una tarde de enero de 1982. Llevaba su vestido tradicional: un huipil[1] multicolor con bordados gruesos y diversos.[...] Una falda (de la que más tarde supe que ella llamaba *corte*) multicolor, de tela espesa, visiblemente tejida a mano, le caía hasta los tobillos.[...] Le cubría la cabeza una tela fucsia y roja, anudada[2] por detrás del cuello, que ella me regaló en el momento de marcharse de París.[...] Alrededor del cuello lucía un enorme collar de cuentas rojas y monedas antiguas de plata, al cabo del cual colgaba una cruz pesada.[...] Me acuerdo que era una noche particularmente fría; creo que incluso nevaba. Rigoberta no llevaba ni medias ni abrigo. Sus brazos asomaban desnudos de su huipil.[...] Lo que me sorprendió a primera vista fue su sonrisa franca y casi infantil. Su cara redonda tenía forma de luna llena. Su mirada franca era la de un niño, con labios siempre dispuestos a sonreír. Despedía una asombrosa juventud. Más tarde pude darme cuenta de que aquel aire de juventud se empañaba[3] de repente, cuando le tocaba hablar de los acontecimientos dramáticos acaecidos[4] a su familia. En aquel momento, un sufrimiento profundo afloraba del fondo de sus ojos; perdían el brillo de la juventud para convertirse en los de una mujer madura que ya ha conocido el dolor.

Elizabeth Burgos, *Me llamo Rigoberta Menchú y así me nació la conciencia*

[1] tipo de camisa tradicional sin mangas   [2] unida   [3] oscurecía   [4] ocurridos

1. *En la primera mitad se describe la forma de vestir de Menchú. Comente lo que podrían revelar estos detalles de su carácter.*

2. *En la segunda mitad se señala que, a pesar de su sonrisa juvenil, Menchú es una mujer madura. Comente el significado de esta contradicción.*

3. *La autora compara la cara redonda de Menchú con una luna llena. Invente tres símiles o metáforas más que podrían usarse para describir a la guatemalteca.*

Rigoberta Menchú Tum (n. 1959), defensora de los derechos de los amerindios.

La elección y el orden de detalles

En "Primer vislumbre de Pancho Villa", Guzmán elige y ordena cuidadosamente los detalles a fin de profundizar en el carácter enigmático de Villa. La siguiente sinopsis resume el proceso del autor.

Párrafo 1: Comienza con una descripción general del revolucionario: se encuentra recostado en un catre. A primera vista Villa se ve insignificante, pero más tarde el párrafo menciona un símbolo de su poder: "un brazo larguísimo".

Párrafo 2: Se da una descripción más detallada del físico de Villa. Resalta lo que lleva puesto (sombrero, chaqueta, pistola y cinto con cartuchos) y las facciones de la cara (el blanco de los ojos y de los dientes, el pelo, la frente, el bigote y los labios). Se concluye con una referencia al bigote y a la boca, los rasgos físicos con los que el público más asocia a Villa.

Párrafo 3:   La descripción se vuelve más general, pero más metafórica. Se cristaliza en pocas palabras la descripción anterior (su postura, sus gestos, su mirada) y luego se compara a Villa con una fiera.

En resumen, Guzmán ordena la información de la siguiente manera:

general $\longrightarrow$ específica $\longrightarrow$ general.

Actividad de análisis

Vuelva a leer el retrato de Rigoberta Menchú, prestando atención a la elección y el orden de detalles. Luego, con otro/a estudiante, haga las siguientes actividades.

1. *La autora presenta la descripción de Menchú en el orden que sigue. En los espacios en blanco, anote un detalle específico que corresponde a cada aspecto de la descripción. Luego, justifique por qué la autora incluye este detalle.*

    ropa   _____

    joyas   _____

    brazos   _____

    sonrisa _____

    dolor   _____

2. *La progresión de detalles va desde lo superficial hasta lo más profundo del carácter de Menchú. ¿Por qué la autora ordena los detalles de esta manera?*

3. *Basándose en el conjunto de detalles, anote tres rasgos emotivos de Menchú.*

Actividades de aplicación

1. *Con otro/a estudiante, redacte un retrato de uno de los personajes históricos que se ven en las fotografías que siguen (Fidel Castro y Eva Perón). Use el vocabulario y la guía a continuación.*

    a. *Describa al personaje físicamente (5–7 líneas).*

    b. *Use la imaginación para describir el carácter del personaje (5–7 líneas).*

    c. *Elija los detalles más importantes de cada descripción y haga una síntesis de los elementos físicos y emotivos.*

    d. *Centre el retrato en una idea (o rasgo) principal y ordene los detalles lógicamente según esta idea. Omita los detalles superfluos (aproximadamente 12 líneas).*

2. *Use la imaginación para anotar símiles y metáforas comparando el personaje que usted retrató en la primera actividad con dos o tres términos a continuación: un animal, un color, un fenómeno meteorológico, un estado de ánimo, un sonido, un vegetal. Compare sus resultados con los de otro/a estudiante. Luego, elija la analogía que le parezca más eficaz e intégrela al retrato que acaba de escribir.*

Fidel Castro (n. 1927), líder de la Revolución Cubana y actual presidente de la isla.

Evita Perón (1919–1952), primera dama de la Argentina, ejerció fuerte influencia política en el país.

RASGOS FÍSICOS

Piel:	suave, fuerte, seca, grasosa, lisa, arrugada
Cara:	redonda, ovalada, rectangular, delgada, larga, angulosa
Frente:	ancha, estrecha
Cejas:	pobladas, finas, unidas, separadas, rectas, arqueadas
Ojos:	grandes, pequeños, hundidos, saltones, redondos, rasgados, almendrados
Nariz:	aguileña, recta, afilada, chata, ancha, pequeña
Mejillas:	hundidas, carnosas, coloradas, sonrosadas, pálidas
Orejas:	grandes, pequeñas, pegadas, separadas, puntiagudas, redondeadas
Barba:	poblada, lampiña, partida, prominente, pequeña
Labios:	carnosos, delgados
Cabeza:	grande, pequeña, redonda, alargada, cuadrada
Cabello:	largo, corto, rizado, ensortijado, lacio, castaño, negro, rubio, pelirrojo, cano
Cuello:	largo, corto, ancho, estrecho

La descripción de un lugar

La descripción de un lugar refuerza la narración de varias maneras. Ayuda a ubicar una acción o un personaje en un espacio determinado. También, puede resaltar algún aspecto importante del personaje que habita el lugar descrito.

Antes de leer *Descríbale en detalle a otro/a estudiante la casa, el departamento o el cuarto en el que usted vive. Escoja los detalles que mejor indiquen su opinión de la vivienda y cómo refleja (o no) su propia personalidad.*

En el siguiente texto modelo se describe una de las casas de Salvador Dalí. El pintor surrealista se mudó a esta casa, el castillo de Púbol, después de la muerte de su amante Gala. Al leer la descripción, intente ver cómo los detalles reflejan el carácter del pintor.

🔀 TEXTO MODELO

El castillo de Púbol de Salvador Dalí

Antigua fortaleza medieval, Dalí compró el castillo en 1969 por millón y medio de pesetas con todas sus dependencias: cocheras, establos, un huerto y varios terrenos. El propio Dalí se encargó personalmente de la restauración y decoración con la intención de regalárselo a Gala, regalo que aceptó con la condición de que Dalí le pidiese permiso por escrito cada vez que quisiese visitarla. La antigua cocinera, que ahora está al cuidado de la casa, asegura que este requisito no se cumplió. Sin embargo, "el señor nunca durmió aquí viviendo la señora", si se exceptúan las largas siestas que seguían a las comidas. El castillo se convirtió así en el lugar de encuentro de Gala con sus jóvenes amantes y en un escenario donde Dalí colmaba° sus infinitas ansias de *voyeur*.   satisfacía un deseo

2 En el jardín del castillo, Dalí hizo colocar esculturas clásicas junto a otras de elefantes de patas alargadas. En el patio, una estancia alberga° un caballo dise-   protege
cado, el mismo que en su día subió al quinto piso del hotel *Ritz*. A la entrada, el recibidor convertido en "sala de pinturas", presidida por un trono y paredes con *trompe-l'oeils*°. Desde aquí se pasa al comedor, que se proyecta sobre una   estilo de pintura francesa
galería. Al otro lado quedan los dormitorios, de color granate o turquesa.

3 En agosto de 1984 un incendio en el dormitorio, producido por un corto-circuito, ocasionó a Dalí diversas quemaduras. La habitación, que había sido de Gala, fue reconstruida, pero Dalí, anciano y enfermo, decidió trasladarse a Torre Galatea, su tercera y última residencia.

María Echevarría, *Casa Vogue*

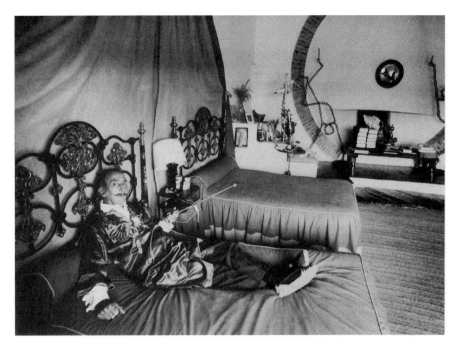

Salvador Dalí en uno de las recámaras de su casa.

El orden de detalles narrativos y descriptivos

En este texto modelo la descripción del castillo fortalece la narración y destaca el tema principal del relato: la excentricidad de Dalí. La relación entre los detalles narrativos y descriptivos se analiza a continuación.

> **Párrafo 1:** Predomina la narración. Cronológicamente se relata cómo el castillo influyó en la vida del pintor: el año en que Dalí compró la casa, su restauración y decoración del castillo y su motivación para comprar la casa.

> **Párrafo 2:** Se da una descripción física de la casa. Sigue un orden desde lo exterior hasta lo interior, lo íntimo: jardín> patio> entrada> recibidor> comedor> galería> dormitorios.

> **Párrafo 3:** Se vuelve a la narración cronológica para dar cierre a la historia de la casa en la vida de Dalí.

En resumen, hay una alternación clara entre detalles narrativos y descriptivos.

Actividad de análisis

Lea la siguiente descripción de un cuarto y luego haga el análisis a continuación.

Amplio es el cuarto, y alto, aunque desolado. Anchas, al norte, las ventanas. Abajo, el suburbio en hormigueo.[...][1] Las paredes dadas de cal, con sombras de polvo, leves. Pisos, puertas y ventanas destartalados.[...][2] Al centro, la tarima[3] para modelos. A un lado, hacia el norte, se levanta el caballete[4]. Asientos heterogéneos, en dispersión. Una mesa redonda, de estilo, desvencijada[5], cubierta de objetos desordenados: libros, revistas, papeles, trapos, utensilios de cocina, una cafetera, paletas, colores, pinceles. Hacinamiento[6] de cuadros contra las paredes.[...] Tan amplio es el cuarto, que sobre su aglomeración parece vacío.

Agustín Yáñez, *La creación*

[1]movimiento constante [2]desordenado [3]plataforma [4]soporte para los cuadros mientras se pintan [5]rota [6]acumulación

1. *Aunque la descripción presenta un inventario de objetos, tiene un enfoque específico. En su opinión, ¿cuál es?*
2. *Señale los detalles que le ayudaron a identificar este enfoque.*

Detalles que animan la narración y apoyan el enfoque

En "El castillo de Púbol" los detalles descriptivos son los elementos que animan el relato y divulgan algo sobre la personalidad de Dalí. El primer párrafo ofrece un ejemplo. Los datos biográficos en sí no interesan mucho: Dalí compra la casa en 1969 y se ocupa él mismo de la restauración y decoración. La autora despierta la curiosidad desviándose de esta narración para profundizar en la relación que existía entre Dalí y Gala. Pormenores como los amantes de Gala y el voyeurismo de Dalí llaman la atención al lector. La narración de sucesos, entonces, sirve como un trampolín para informar sobre la vida privada de Dalí.

El tipo de detalles que complementan el relato de Dalí y su casa respalda el enfoque del artículo. En el segundo párrafo, por ejemplo, los objetos descritos (elefantes de patas alargadas, un caballo disecado, un trono y paredes con *trompe-l'oeils*, dormitorios pintados con colores llamativos) no son comunes. La extravagancia de los pormenores apoya la idea principal: Dalí fue un hombre excéntrico.

Actividad de análisis

Con otro/a estudiante, haga el siguiente análisis de la descripción del cuarto que está presentada en esta página.

1. *A pesar del lenguaje conciso, el autor pinta un cuadro completo del cuarto. Anote los verbos, adjetivos, sustantivos y nexos que se usan en este fragmento. Luego comente las técnicas empleadas para lograr el máximo de detalles con el mínimo de palabras.*
2. *La descripción del cuarto parece objetiva, pero se intuyen cosas sobre el individuo que lo habita. ¿Quién es la persona? ¿A qué se dedica? ¿Cómo es física, intelectual y emocionalmente?*

Actividades de aplicación

1. *Con otro/a estudiante, imagine que usted es un detective encargado de investigar un asesinato cometido en Caracas, Venezuela. Su deber es describir detalladamente el exterior del edificio y el interior del apartamento donde se cometió el delito. La descripción debe basarse en los dibujos que siguen. Hágala ordenadamente, empezando con los detalles que más llamen la atención por su posible relación con el asesinato. Termine con un análisis del significado de los detalles.*

2. *Con otro/a estudiante, imagine que tiene que hacer una descripción del cuadro a continuación para un folleto turístico del Museo del Prado. Use los datos indicados, tiempos pasados (cuando sea posible) y una mezcla de narración y descripción en su párrafo.*

Pintor: Francisco de Goya y Lucientes (español 1746–1828) fue pintor de la corte de Carlos IV; se le considera maestro del estilo claroscuro (uso de contrastes de luz y oscuridad).

Cuadro: Pintado en 1814, mide 266 × 345 cm.

Tema: Se trata del poder destructivo de la guerra.

Historia: En 1808 el rey Carlos IV abdica y las fuerzas francesas bajo Napoleón ocupan Madrid. Napoleón pone a su hermano José Bonaparte en el trono. El 2 de mayo, que aún se celebra, los madrileños pelean contra los fusiles franceses con cuchillos y palos. Al día siguiente los soldados franceses fusilan a los rebeldes españoles en la colina Príncipe Pío.

3 de mayo de 1808 en Madrid: los fusilamientos en Príncipe Pío, Francisco de Goya y Lucientes, 1808.

🕮 EL SEGUNDO BORRADOR DEL RELATO HISTÓRICO

PASO 1 **La autoevaluación del primer borrador** Haga una evaluación del primer borrador. Sea honesto y objetivo al responder al siguiente cuestionario.

- Anote la idea principal de su relato. ¿Coinciden los demás elementos del ensayo con esta idea? ¿Tiene suficiente interés y enfoque esta idea? No redacte el segundo borrador hasta que la idea principal le satisfaga.
- ¿Qué tipo de orden siguió al hacer la narración? ¿Hay algún suceso fuera de orden? ¿Ha puesto suficiente énfasis en los sucesos más importantes o interesantes?
- Subraye los elementos descriptivos en su narración. ¿Cuáles requieren más elaboración? En su opinión, ¿dónde podría usted animar la narración con más detalle descriptivo?

PASO 2 **Los detalles descriptivos** Elija una persona o un lugar que quiera describir en el segundo borrador. En un párrafo corto describa a esta persona o lugar según los distintos contextos a continuación.

- Usted es científico/a y tiene que describir esto para una investigación académica. Sea analítico/a y objetivo/a.
- Usted tiene que describir esto a un ciego. Apele a todos los sentidos, menos al de la vista.

- Usted le tiene mucho miedo a esto. Descríbalo indicando su repugnancia, horror y deseo de nunca volver a verlo.
- Usted le tiene mucho cariño a esto. Descríbalo como si fuera su persona o lugar favorito.

PASO 3 **El análisis de la descripción** Elija la descripción que más le guste del Paso 2. Use este párrafo para hacer las siguientes actividades.

- Subraye los siguientes verbos: *ser, estar, hacer, haber* y *tener.* Si abundan estos verbos, anime su texto sustituyéndolos por otros verbos más activos.
- Ponga un círculo alrededor de todos los adjetivos y frases descriptivas. ¿Expresan bien estos adjetivos su impresión del objeto descrito o puede encontrar otros más imaginativos o precisos? ¿Hay elementos contradictorios o confusos? Vuelva a escribir el párrafo experimentando con otros detalles descriptivos. Luego, léale el párrafo original y el nuevo a otro/a estudiante. ¿Cuál le gusta más y por qué?
- Elija uno o dos elementos específicos y trate de mejorarlos usando una analogía (símil o metáfora).
- Lea por última vez la descripción buscando elementos superfluos. Omita las palabras innecesarias.
- Si el nuevo párrafo descriptivo es adecuado, intégrelo al relato histórico en el lugar apropiado.

PASO 4 **El desarrollo de su relato histórico** Repita las actividades del Paso 3 usando una o varias partes de la narración que ya tiene en su primer borrador. Después de hacer la revisión, léale la versión original y la nueva a otro/a estudiante. ¿Cuál le gusta más y por qué?

PASO 5 **El segundo borrador** Use la información reunida en los pasos anteriores para escribir el segundo borrador del relato histórico. Esta versión debe constar de dos o tres páginas escritas a máquina a doble espacio. Recuerde los siguientes dos objetivos principales.

- el desarrollo de los detalles narrativos para animar el relato
- el uso de detalles descriptivos, ejemplos y analogías que apoyen la idea principal

Al elaborar el borrador, preste atención al uso correcto de los tiempos verbales. Pase en limpio el borrador y déle un título provisional.

CAPÍTULO

3

El punto de vista

- **Gramática**

  La síntesis entre la narración y la
    descripción

  Características sintácticas del relato
- **Nexos de relación**
- **La perspectiva en la narración**

  Técnicas de redacción

   El enfoque y el punto de vista narrativo

   La elección y la omisión de detalles
- **La perspectiva en la descripción**

  Técnicas de redacción

   El enfoque y el tono

   La elección de detalles

 La versión final del relato histórico

Por más que se intente mantener la neutralidad, es imposible escribir sin reflejar un punto de vista. En la Introducción al Ciclo I, se observó que Rosalba Alonso se esfuerza en escribir con objetividad sobre la vida de Frida Kahlo. Sin embargo, la autora manifiesta su opinión a través de la manera en que enfoca el relato. Otro ejemplo se encuentra en la narración de la captura de Atahualpa por Francisco Pizarro (Capítulo 1); claramente el historiador de este relato favoreció al conquistador español. En cambio, los sucesos habrían sido narrados de modo distinto si un defensor de los indígenas, como Fray Bartolomé de Las Casas, los hubiera redactado. En su obra *Brevísima relación de la destrucción de las Indias,* Las Casas describe a los indios como "ovejas mansas" y víctimas de la ambición desenfrenada de los españoles. El fraile jamás hubiera apoyado una visión heroica de Pizarro. Puesto que un autor no puede ser totalmente imparcial, debe esforzarse por asumir una perspectiva que coincida con la intención del relato. Si ésta es informar al lector, el punto de vista tendrá que ser lo más objetivo posible.

GRAMÁTICA

El punto de vista en un escrito es resultado no sólo de las ideas seleccionadas, sino también de la estructura en que éstas se presentan. Es importante que, además de elegir cuidadosamente el vocabulario, el autor reconozca el efecto que provoca en los lectores el orden sintáctico seleccionado y el empleo de determinado género retórico.

En los capítulos anteriores se han presentado la narración y la descripción de manera independiente. Sin embargo, en un relato generalmente se encuentran combinados ambos estilos, porque a la vez que se narran ciertos sucesos, se describen también las circunstancias que los rodean. En esta sección se analizan dos características del relato: la síntesis entre la narración y la descripción, y las características sintácticas del relato.

La síntesis entre la narración y la descripción

Hay dos maneras de iniciar un relato. Puede comenzar con la descripción del lugar en que sucede un acontecimiento o con la del protagonista de dicho acontecimiento, para proseguir con la narración de los hechos. La otra manera es comenzar con una enumeración de acontecimientos que narran lo sucedido en el transcurso del tiempo, y detenerse en un momento específico para describir situaciones o imágenes.

Lea el siguiente fragmento de *Historia de Mayta.* ¿Cómo logra combinar los dos estilos Vargas Llosa en este fragmento?

> Es un hombre delgado y habla con desenvoltura. Viste con elegancia, en sus cabellos enrulados abundan las canas, fuma con boquilla[...] Escribe con corrección, para ser un político. Esa fue la llave que le abrió las altas esferas del régimen militar del general Velasco[...] El inventó buena parte de los estribillos[1] con los que la dictadura se granjeó[2] la aureola de progresista.

[1] palabras o frases repetidas   [2] adquirió, ganó

En este ejemplo Vargas Llosa empieza con la descripción del personaje (delgado, elegante, buen escritor, político) antes de narrar su participación en el relato. La transición entre la descripción y la narración la hace a partir de una característica de la descripción: "escribe con corrección". Aunque no siempre resulta fácil o claro reconocer la transición de estilos en un relato, existen algunos elementos clave que pueden ayudar a distinguir la narración de la descripción.

Narración	Descripción
Expone acontecimientos.	Produce una imagen.
Enfatiza la acción.	Enfatiza el objeto.
Usa verbos de acción.	Usa verbos de estado.
Marca acciones momentáneas.	Marca acciones en progreso.

Actividad

El siguiente relato de Eduardo Galeano en *Las venas abiertas de América Latina* empieza con una narración sobre el nacimiento de la industria del caucho en el Brasil durante el siglo pasado. Lea el fragmento y luego continúe usted el relato con una descripción imaginativa de cómo podría haber sido la vida lujosa de los "nuevos ricos de la selva".

A fines de siglo surgió la industria del automóvil en Estados Unidos y en Europa, y con ella nació el consumo de neumáticos en grandes cantidades. La demanda mundial de caucho creció verticalmente.[...] Brasil disponía de la casi totalidad de las reservas mundiales de goma [...] Los magnates del caucho edificaron allí sus mansiones [...] Estos nuevos ricos de la selva[...]

Características sintácticas del relato

Los principales elementos sintácticos del relato son el sujeto y el verbo. El sujeto representa a los personajes de la historia; las acciones que éstos realizan se describen por medio del verbo. Debido a la importancia de estos elementos sintácticos, un buen estilo en el relato depende mucho de la clara identificación de los sujetos y su relación con las acciones que éstos representan.

El español se caracteriza por la flexibilidad en la posición de los elementos sintácticos de la oración. Esta flexibilidad se debe a lo que se llama la concordancia verbal, un término que denomina la relación entre el sujeto y el verbo: a cada sujeto le corresponde una terminación verbal específica. La flexibilidad contribuye a la variedad sintáctica del español, lo que puede influir mucho en el estilo de un relato.

El orden de las palabras en la oración

Analice los siguientes ejemplos que identifican el orden básico de una oración en español.

Frida nace en la ciudad de México.
Vino al mundo en una época de transición.
Su padre decide mandar a Frida a una escuela mixta.

Sujeto	+	*Verbo(s)*	+	*Complemento(s)*
Frida		nace		en la ciudad de México.
(Frida)		vino		al mundo en una época de transición.
Su padre		decide mandar		a Frida a una escuela mixta.

Este orden, sin embargo, no es el único posible y se puede modificar con frecuencia. Observe las diferentes posiciones que puede ocupar el sujeto dentro de una oración.

Al principio: *El general Farrell* me mandó llamar a la residencia presidencial.

Al final: Al salir al balcón realmente me impresionó *la multitud.*

En medio: Alojado desde la madrugada en el undécimo piso del hospital militar *el coronel*, en pantuflas y vestido con pijama de seda azul y un pañuelo al cuello, recibía la visita de sus amigos.

Es posible colocar el sujeto libremente gracias a la concordancia que existe con el verbo. Esta concordancia permite identificar la relación entre sujeto y verbo sin necesidad de que el sujeto preceda inmediatamente al verbo. Además, una vez identificado el personaje del pasaje, no es necesario repetirlo en cada una de las oraciones. Analice el siguiente ejemplo.

Miles de personas se situaron frente a mi improvisada residencia gritando por mi liberación. Cometieron diversos actos de violencia.

Aquí el sujeto de la segunda oración, citado con anticipación, se identifica claramente mediante la terminación verbal. Por otra parte, en un relato de primera o segunda persona singular o plural, no es necesario escribir el nombre propio o el pronombre personal (*yo, nosotros/as, tú, vosotros/as*) ya que su uso resultaría redundante.

Me acuerdo que era una noche particularmente fría. Creo que incluso nevaba.

El nombre o pronombre personal sólo se emplea como recurso estilístico para poner énfasis sobre la persona que realiza la acción. Sin embargo, no sucede lo mismo en los casos de referencia múltiple, cuando una misma terminación verbal corresponde a dos o más sujetos:

- Terceras personas ⎰ él / ella / Usted ⎱ tiene
- Primera y tercera persona imperfecto de ⎰ indicativo / subjuntivo ⎱
  - yo ⎰ comía
  - él ⎱ comiera
- Primera y tercera persona presente de subjuntivo
  - yo ⎰ coma
  - él ⎱

Cuando puede existir confusión, la presencia del sujeto es indispensable.

La multitud entonó el himno nacional y luego habló *Perón.*

En esta oración la misma terminación verbal *ó* corresponde a dos sujetos distintos: *la multitud* y *Perón,* de modo que es necesario incluir los dos sujetos. En los casos en que la repetición de los sujetos parezca excesiva, se recomienda cambiar el orden de la oración o usar los referentes *éste/aquél, el primero/el último.*

Por ejemplo, en la oración a continuación, no se sabe quién pronunció el discurso. ¿Fue Farrell o Perón?

El general Farrell mandó llamar a Perón antes de que pronunciara su discurso.

Se puede cambiar la oración de las siguientes maneras para hacer más claro el sentido.

Antes de que Perón pronunciara su discurso, el general Farrell lo mandó llamar.

El general Farrell mandó llamar a Perón antes de que éste pronunciara su discurso.

Actividad

Las siguientes oraciones presentan problemas con el uso de los sujetos. Cambie cada oración buscando mayor claridad y concisión.

EJEMPLO Cuando Cortés conoció a la Malinche, ya tenía un hijo.
Cuando Cortés conoció a la Malinche, *él* ya tenía un hijo.

1. Los ciudadanos confían en que los políticos reconocerán que de la misma forma en que los eligieron los pueden quitar.
2. Cuando Frida conoció a Diego Rivera, ya había sufrido el accidente.
3. De la agonía sin fin que ha sido mi vida, yo diré: yo he sido como un pájaro que quiso volar y él no pudo.
4. Esperan que inviten a sus amigas a la fiesta de la fraternidad.
5. Simón Bolívar agitaba incesantemente los brazos; él tenía frecuentes arrebatos de ira, y entonces se ponía él como loco.

El cambio sintáctico: factores determinantes

El uso de diferentes secuencias en la formación de oraciones, ayuda a crear un relato variado y ameno. Tres factores que determinan el orden de las palabras de una oración son el énfasis, el contenido semántico y el ritmo.

El énfasis

Generalmente el escritor coloca en primer término el elemento que quiere enfatizar. Puede ordenar de diferentes maneras las palabras dentro de una misma oración según el aspecto que desee resaltar. Las variaciones en los siguientes ejemplos, tomados de la obra de Eduardo Galeano, muestran cómo se puede cambiar el énfasis de una oración. Los elementos en cursiva son los que reciben mayor fuerza expresiva.

A fines del siglo surgió la industria del automóvil en Estados Unidos.
En Estados Unidos surgió la industria del automóvil a fines del siglo.
La industria del automóvil surgió a fines del siglo en Estados Unidos.
Surgió en Estados Unidos la industria del automóvil a fines del siglo.

El contenido semántico

Para escribir relatos claros, se debe ordenar las oraciones considerando el contenido semántico de las palabras. Esto es posible poniendo al principio de la oración la información conocida—ya sea por haber sido citada con anterioridad en el texto, o por ser familiar al lector. Al final, se colocará la información nueva que puede sorprender al lector. En el siguiente ejemplo, el nombre del personaje histórico es el elemento conocido y el título del cuadro el elemento nuevo.

Frida realizaría un gran cuadro titulado *Las dos Fridas.*

Al seguir este criterio se puede crear mayor unidad en el texto al conectar el último elemento de una oración con el primer elemento de la oración que le sigue.

Poco a poco pasó del dibujo *al color. El color* se volvió indispensable.

El ritmo

Un tercer factor que interviene en el orden de los elementos de la oración es el ritmo. Para obtener un buen ritmo en el relato, se debe considerar no sólo la variedad de colocación sino también la extensión de los elementos en la oración. Existe la tendencia de colocar los elementos más cortos al principio de la oración y dejar los más largos hacia el final.

Diego Rivera conoció a Frida Kahlo *en una de tantas reuniones de intelectuales de los años 20.*

Actividad

Haga los posibles cambios de orden en las siguientes oraciones. Mantenga el sentido de la oración original.

1. Una delegación de obreros ferroviarios logró ingresar hasta su habitación.
2. La multitud entonó el himno nacional.
3. El coronel recibía la visita de sus amigos en el hospital.
4. Al salir al balcón realmente me impresionó la multitud.

5. Correr en las mañanas por el Malecón de Barranco es una buena manera de comenzar el día.

El orden de las palabras y sus reglas

Al modificar el orden de la oración, se persiguen varios objetivos. Los principales son: evitar la monotonía, enfatizar la información que se anticipa y crear mejor conexión entre las oraciones. Para lograr estos objetivos, es necesario tomar en cuenta ciertas reglas generales.

- Una oración se dificulta cuando el sujeto se coloca lejos del verbo. En el siguiente ejemplo el distanciamiento entre sujeto y verbo exige mayor participación del lector para recordar el sujeto al que se refiere un verbo tan alejado.

     El coronel, alojado desde la madrugada en el undécimo piso del hospital militar, en pantuflas y vestido con el pijama de seda que le había regalado su mujer, *recibía* la visita de sus amigos.

- El complemento directo sólo puede anteponerse al sujeto cuando no exista la posibilidad de confusión entre ambos. En el ejemplo a continuación, resulta claro que *mi papá* es el sujeto, ya que el complemento directo *lugares* no puede realizar la acción.

     Sólo *tres buenos lugares para el concierto* nos pudo conseguir mi papá.

- Cuando la oración consta de tres o más elementos sintácticos (frase nominal, objeto, frase verbal), el verbo nunca debe ir al final.

     La multitud entonó el himno nacional y luego *habló* Perón.

- Al mover un elemento sintáctico de su posición original, se debe mover con él todos sus modificadores.

     Más de una hora se prolongaron *los hosannas de un pueblo en epifanía*.

Actividad

El siguiente párrafo suena muy monótono porque mantiene el mismo orden de palabras en todas sus oraciones. Con un/a compañero/a modifique el orden de los elementos de las oraciones con el fin de darle más variedad al texto.

Frida sufrió un accidente cuando era muy joven. Ella quería estudiar medicina antes de su accidente. La necesidad de estar en cama durante varios meses hizo que se refugiara en un espejo. El deseo de dibujar nació bajo este espejo. Ella misma era su modelo. Frida no tuvo otra opción. La razón fundamental de su permanencia dentro de su yo-sujeto en su obra fue ésa. Su primer cuadro fue para su primer amor. El contenido de su pintura fue cara y busto esencialmente.

◈ NEXOS DE RELACIÓN

Al escribir un relato, no se puede lograr la unidad del texto si las oraciones no se relacionan entre sí de una manera lógica. A continuación se ofrece una lista de nexos de relación que pueden resultar útiles para lograr ese objetivo.

Nexos para introducir otra idea

otro/a + *sustantivo*	*another* + noun
por otra parte	*on the other hand*
un/a + *sustantivo* + más y	*an additional* + noun *and*

Nexos para indicar distribución

a ratos..., a ratos	*one moment . . ., the next*
no sólo..., sino también	*not only . . ., but also*
ora..., ora	*now . . ., now*
por un lado..., por el otro	*on the one hand . . ., on the other*
tanto/a..., como	*both . . . and . . ., . . . as well as . . ., as much . . . as*
unas veces..., otras veces	*sometimes . . ., other times*

La perspectiva en la narración

El punto de vista del autor puede influir mucho en cómo se narra una serie de sucesos. Una manera de examinar el papel del punto de vista en la narración es comparando dos versiones distintas del mismo suceso histórico.

Antes de leer *Piense en un suceso histórico que haya provocado controversia. Anote brevemente dos perspectivas distintas que se tengan sobre el mismo suceso. Por ejemplo, el programa de la exploración del espacio de los Estados Unidos puede entenderse, por un lado, como un avance científico que beneficia a la humanidad o, por otro, como un derroche de fondos gubernamentales. Luego, relate el suceso en voz alta a otro/a estudiante desde ambas perspectivas.*

A continuación se presentan dos textos modelo que son versiones distintas de la toma del poder de la Argentina por Juan Domingo Perón. La primera versión es de Perón mismo; la segunda es de un historiador argentino. Ambas anécdotas resumen lo ocurrido el 17 de octubre de 1945, cuando los trabajadores argentinos marcharon hacia la Casa Rosada (la casa del Presidente de la República) para exigir que el General Farrell pusiera en libertad a Perón.

La toma del poder de Perón: Versión A

Al llegar a Buenos Aires me trasladaron a una habitación en el quinto piso del Hospital Militar. Apenas lo supo el pueblo, varios miles de personas se situaron frente a mi improvisada residencia gritando por mi liberación. Cometieron diversos actos de violencia.[...]

2   Mientras yo recibía[...] visitas, nadie me comunicó si yo estaba detenido o en libertad.[...]

3   A media tarde, el general Farrell me mandó llamar a la residencia presidencial[...] Se decidió que nos trasladáramos todos a la Casa Rosada para tratar de hablar y calmar al pueblo.

4   Cuando llegué a la Casa Rosada, la Plaza de Mayo estaba que ardía. Toda la insistencia del presidente, de los ministros y los jefes militares era que yo hablara a la gente.[...] Confieso que al salir al balcón realmente me impresionó la multitud. "¿Dónde estuviste?" me preguntaban. Cuando hice un gesto con las manos para pedirles silencio, se levantó un clamor en toda la plaza.[...] Entonces me acerqué al micrófono y grité: "¡Muchachos, vamos a empezar por cantar el himno nacional!" Con esto gané diez minutos más o menos para armonizar algunas ideas y preparar el discurso. En momentos así parece que hay una fuerza exterior que le inspira a uno y, posiblemente, fue el mejor discurso que he pronunciado en toda mi carrera política.

Juan Domingo Perón, *Yo, Juan Domingo Perón: Relato autobiográfico*

Juan Perón (1895–1974), presidente de la Argentina, pronuncia un discurso desde el balcón de la Casa Rosada.

La toma del poder de Perón: Versión B

Sin ser agresiva, esa marea humana que circundaba la Plaza de Mayo era vagamente amenazante como un río caudaloso° en trance de desbordarse y arrasar con cuanto se opusiera a sus aguas.[...]

de mucha agua

2   Alojado desde la madrugada en el undécimo piso del Hospital Militar[...] el coronel, en pantuflas y vestido con un pijama de seda azul y un pañuelo al cuello, recibía la visita de sus amigos.[...]

3   Al mediodía, cuando una delegación de obreros ferroviarios logró ingresar hasta su habitación, lo sorprendió almorzando plácidamente y no pudo persuadirle de que se dirigiese a la Casa Rosada. "Dicen que estoy en libertad, pero no me dejan salir", masculló° a guisa de excusa. Nadie ignoraba que estaba libre.[...]

habló entre dientes, sin claridad

4   [Por fin] partió en automóvil a entrevistarse con Farrell.[...]

5   Unos minutos después de las once, los reflectores de la plaza concentraron sus haces° de luz en el balcón principal de la Casa Rosada. Súbito, como un fogonazo,° surgió Perón, trémulo, sonriente y agitando jubilosamente los brazos.[...]

rayos

llama que aparece después de un disparo   gritos

6   Al cabo de diez minutos de algarabía,° la multitud entonó el himno nacional y luego habló Perón[...]

7   Más de una hora se prolongaron los hosannas de un pueblo en epifanía; luego la gente fue dispersándose con parsimonia, como ansiosa de saborear al máximo esa jornada exaltante.[...]

8   Alboreaba° una nueva era en la Argentina. ¿O era, por el contrario, la lividez° de un crepúsculo?

amanecía

palidez, falta de color

A. Crespo, *Evita, viva o muerta*

🔳 TÉCNICAS DE REDACCIÓN

El enfoque y el punto de vista narrativo

¿Cuál es la verdadera historia sobre cómo el coronel Perón llegó a ser el máximo líder de la Argentina? Tanto Perón como el historiador Crespo pretenden mantener la objetividad al relatar la misma secuencia de eventos. Sin embargo, el punto de vista narrativo que asume cada autor ayuda a poner en relieve su juicio de lo sucedido.

En una autobiografía, el *yo* comúnmente muestra que el autor ha sido el agente de un acontecimiento. En el texto de Perón, sin embargo, se vale de la primera persona con otra intención: el autor quiere señalar que el destino mismo le obligó a aceptar las riendas del gobierno. Perón empieza por recordar su estado de prisionero. Por ello, acude al uso de formas impersonales ("me trasladaron" y "se decidió") y se representa a sí mismo como confundido, sorprendido y hasta impotente ("nadie me comunicó si yo estaba detenido o en libertad"). Luego, resalta las acciones de la multitud ("miles de personas se situaron" y "cometieron") para sugerir que el pueblo era responsable por su ascenso al poder. Según Perón, sólo aceptó su nuevo papel, y la fuerza de la primera persona ("hice un gesto", "me acerqué al micrófono", "grité"), cuando supo que fue la voluntad de los obreros. El coronel refuerza esta idea al final cuando indica que algo sobrenatural ("una fuerza exterior") le inspiró a encontrar las palabras adecuadas para movilizar al público.

La versión del segundo autor presenta un enfoque muy distinto al de Perón. El historiador narra en tercera persona y da a entender que Perón fue la fuerza motriz de la toma de poder. El Perón de Crespo es como el río caudaloso de la primera imagen: el coronel se adueñó totalmente de la situación y no había manera de "oponerse" a la fuerza de "sus aguas". En lugar de representarlo como prisionero, el historiador muestra a Perón como si ya se considerara presidente de la Argentina. La delegación de obreros, por ejemplo, "no pudo persuadirle" a abandonar su almuerzo para dirigirse a la Casa Rosada. El biógrafo aun sugiere que Perón hizo esperar al general Farrell para que las masas se agitaran más e insistieran en el cambio de gobierno. El juego de palabras con el que concluye—¿significa esta toma de poder un amanecer o un crepúsculo?—realza su opinión que Perón fue más un tirano que un líder democrático. A pesar del uso de un punto de vista omnisciente, la narración del historiador refleja claramente su juicio personal.

Actividad de análisis

Lea el siguiente fragmento del diario de Frida Kahlo que ofrece una versión auto-biográfica del accidente que sufrió.

Fragmento del diario de Frida Kahlo

Los camiones de mi época eran absolutamente endebles;[1] comenzaban a circular y tenían mucho éxito; los tranvías andaban vacíos. Subí al camión con Alejandro Gómez Arias.[...] Momentos después el camión chocó con un tren de la línea Xochimilco.[...] Fue un choque extraño; no fue violento, sino sordo, lento y maltrató a todos. Y a mí mucho más.[...]

Antes habíamos tomado otro camión; pero a mí se me había perdido una sombrillita; nos bajamos a buscarla, y fue así que vinimos a subir a aquel camión, que me destrozó. El accidente ocurrió en una esquina, frente al mercado de San Juan, exactamente enfrente.[...]

Mentiras que uno se da cuenta del choque, mentiras que se llora. En mí no hubo lágrimas. El choque nos brincó[2] hacia adelante y a mí el pasamano me atravesó como la espada a un toro.[...]

Raquel Tibol, *Frida Kahlo: crónica, testimonios y aproximaciones*

[1] poco resistentes, débiles   [2] arrojó

Compare esta versión con "El accidente", la versión de Alonso en "Frida Kahlo: una historia, una época" en la Introducción al Ciclo I. Luego complete el siguiente cuestionario.

1. *En su opinión, ¿qué texto conmueve más al lector, el diario de Kahlo o el relato de Alonso? Justifique su opinión.*

2. *¿Cuál es el enfoque y la intención de cada texto?*

3. *¿Cuál es el punto de vista narrativo de cada fragmento? En su opinión, ¿cómo resalta el punto de vista la intención de ambos textos?*

La elección y la omisión de detalles

Tanto el texto de Perón como el del biógrafo Crespo relatan básicamente los mismos eventos en el mismo orden.

- Perón está alojado provisionalmente en el Hospital Militar.
- Allí el coronel recibe visitas.
- El general Farrell lo manda trasladar a la Casa Rosada.
- Todos insisten en que Perón dirija la palabra a la multitud.
- Cuando Perón sale al balcón, se canta el himno nacional.
- Perón pronuncia un discurso y gana la simpatía del pueblo argentino.

No obstante, el manejo de los detalles en cada texto produce dos resultados diametralmente opuestos.

En la primera mitad de su relato, Perón narra sin lujo de detalles. Su estilo es sucinto y desprovisto de modificadores. Perón quiere mostrarse capaz de relatar objetivamente para que el lector acepte su versión de lo sucedido. En la segunda parte de la narración, Perón da más detalles, sobre todo, en cuanto a su estado de ánimo. Su intención aquí es crear más cercanía con el lector. Por eso, confiesa sus sentimientos más íntimos. Empieza describiendo la urgencia de la situación ("la Plaza de Mayo estaba que ardía"). Luego comparte su angustia y su maravilla frente a la cantidad de gente que pide escucharlo. Los detalles de cómo y por qué se le ocurre instar al público a cantar el himno nacional hacen creer que Perón actuó como un hombre listo, pero común y corriente. Sólo las circunstancias, y la ayuda de una fuerza sobrenatural, lo impulsaron a asumir el poder.

El estilo con el que narra Crespo es mucho más elaborado y poético que el de Perón. El historiador utiliza detalles concretos y metafóricos para ayudar a visualizar la escena. Al mismo tiempo la elección de detalles permite ver el juicio del autor. Por ejemplo, a diferencia de la versión autobiográfica, la de Crespo pone énfasis en la descripción física de Perón. Detalles como el pijama de seda y las pantuflas que tenía puestos el coronel en el hospital militar hacen que el lector se pregunte si realmente estaba preso. Asimismo, el uso del adverbio *plácidamente* para modificar el acto de almorzar y del verbo *masculló* para describir cómo respondió al pedido de los obreros, desmienten la idea de Perón como miedoso e impotente. En vez de salir humildemente al balcón para dirigirse a la multitud, el Perón de Crespo se lanza "como un fogonazo[...] trémulo, sonriente y agitando jubilosamente los brazos.[...]" Por último, el uso sarcástico de palabras asociadas con la experiencia religiosa ("hosannas", "epifanía", "exaltante") muestra a Perón como hipócrita y charlatán. Crespo construye en su fragmento una visión del coronel semejante a la de un megalómano seductor y todopoderoso.

Actividad de análisis

Vuelva a leer las dos versiones del accidente de Frida Kahlo (páginas 62 y 66).
Luego comente con otro/a estudiante lo siguiente.

1. los datos que se incluyen y que se omiten en ambas versiones

2. los tipos de detalles—emotivos, íntimos, impersonales, objetivos y subjetivos—que se incluyen en cada versión

Basándose en este análisis, explique cómo los detalles contribuyen a la intención de cada autora.

Actividades de aplicación

1. Lea la siguiente lista de sucesos sobre Fidel Castro y la Revolución Cubana.

1952–1959	Fulgencio Batista es dictador de Cuba.
26 julio 1953	Un grupo de universitarios, encabezado por Castro, ataca el Cuartel Militar en Santiago.
1 agosto 1953	Toman preso a Castro durante once meses, después de los que se va a México.
2 diciembre 1956	Castro vuelve a Cuba con un grupo de aliados. Se esconden en la Sierra Maestra. Allí empiezan su lucha guerrillera para derrocar a Batista.
abril 1958	Castro convoca una huelga nacional contra Batista.
1 enero 1959	Batista huye de Cuba con su familia y Castro asume el poder.

Fidel Castro durante su lucha guerrillera en la Sierra Maestra de Cuba en 1957.

Con otro/a estudiante, use la información presentada en la lista para escribir dos versiones breves de la Revolución Cubana. Uno/a de ustedes debe redactar una versión subjetiva; el/la otro/a, una objetiva. Para ambas versiones, elija un punto de vista y detalles que coincidan con lo siguiente.

Versión subjetiva: Relate los acontecimientos desde la perspectiva de Castro o de Batista. Use su imaginación, pero no tome demasiadas libertades con la lógica.

Versión objetiva: Relate los sucesos desde la perspectiva de un historiador. Usted puede reflejar sutilmente su opinión sobre la revolución (a favor de o en contra de Castro), pero esto no debe ser el enfoque del relato. Al terminar su versión, compárela con la de su compañero/a.

2. *Lea "El fantasma de Rosita", un relato folklórico.*

El fantasma de Rosita

Dicen que allá por Tejas en el siglo pasado había una chica, llamada Rosita, que si era hermosa también era mala con los suyos. Todos los chicos se enamoraban de ella, pero Rosita, después de haber jugado con sus sentimientos, los abandonaba y no permitía que la volvieran a visitar.

El día del santo patrón del pueblo se solía organizar un gran baile en la plaza del pueblo, con banda de música y farolas.[1] A Rosita le encantaba ir al baile, porque todos los chicos se peleaban por bailar con ella. Pero la noche anterior a la fiesta, su madre tuvo un mal sueño, un presentimiento de que algo malo le iba a ocurrir y le rogó que se quedara en casa. Rosita le dijo a su madre que no fuera tan cobarde y que se preparara a ir con ella.

Rosita bailó con quien quiso hasta cansarse. Por fin apareció el hombre más poderoso del pueblo y le dijo que bailara con él. Rosita se negó diciendo que estaba muy cansada, pero en realidad a Rosita no le gustaba este hombre porque era bajo y gordo. El hombre no dijo nada y se retiró. Rosita se puso a bailar con un joven, y el hombre al que antes había rechazado se acercó y los separó. Rosita, enojada, le dió una bofetada delante de todos. El hombre sacó la pistola y le pegó tres tiros a Rosita.

Desde entonces cada vez que los pobladores intentaban celebrar la fiesta del santo patrón se veía a una mujer vestida de blanco y muy pálida caminar flotando por el aire llorando y dando gritos. Hoy en día el pueblo está abandonado, todo por culpa de la vanidad de Rosita.

[1]linternas

Vuelva a escribir "El fantasma de Rosita". Use la primera persona para narrar desde el punto de vista de Rosita. Haga los cambios necesarios para reflejar la perspectiva de la joven, quien insiste en su inocencia. Por ejemplo, la muchacha no se va a calificar de "mala". Intente narrar de tal forma que el lector simpatice con Rosita. Tenga cuidado al relatar en primera persona la muerte de Rosita al final. ¡Use la imaginación!

La perspectiva en la descripción

Al describir una persona, un lugar o un objeto, el autor puede distorsionar la realidad si se centra exclusivamente en los detalles que apoyan su punto de vista. Para mantener un enfoque equilibrado, es importante evitar descripciones exageradas o incompletas.

Antes de leer *Anote los rasgos principales de cada una de las tres imágenes visuales de Simón Bolívar en la página 71. ¿En qué se diferencian? Con otro/a estudiante, comente las diferencias así como el punto de vista de cada imagen. Intente explicar a qué se deben las distintas perspectivas.*

A continuación se presentan dos descripciones de Simón Bolívar. La primera es del escritor español Miguel de Unamuno; la segunda, de un general que sirvió bajo el mando de Bolívar. En ellas se puede observar cómo los dos autores expresan las diferentes impresiones que tienen del Libertador.

TEXTOS MODELO

Retrato de Bolívar de Miguel de Unamuno

Era un hombre, todo un hombre, un hombre entero y verdadero, que vale más que ser sobrehombre, que ser semidiós[...]; era un hombre este maestro en el arte de la guerra, en el de crear patrias y en el de hablar al corazón de sus hermanos[...] Era un Hombre; era el Hombre encarnado.° Tenía un alma y su alma   mismo
era de todos y su alma creó patrias y enriquecieron el alma española, el alma eterna de la España inmortal, y de la Humanidad con ella.

Eugenio Florit y Beatrice P. Patt, *Retratos de Hispanoamérica*

Retrato de Bolívar del general Ducoudray-Holstein

Simón Bolívar mide cinco pies y cuatro pulgadas de estatura, su rostro es enjuto,° de mejillas hundidas, y su tez pardusca° y lívida;° los ojos, ni grandes ni   flaco   más o menos oscura
pequeños, se hunden profundamente en las órbitas; su cabello es ralo.° El bi-   pálida   poco abundante
gote le da un aspecto sombrío y feroz, particularmente cuando se irrita. Todo su cuerpo es flaco y descarnado.[...] Al caminar agita incesantemente los brazos.[...] Tiene frecuentes y súbitos arrebatos de ira, y entonces se pone como loco, se arroja en la hamaca y se desata en improperios y maldiciones contra cuantos le rodean.

Karl Marx, "Bolívar y Ponte", *Universidad Querétaro*

Retrato juvenil.

El libertador de América.

Estatua de Bolívar en la Plaza Bolívar de Caracas, Venezuela.

Gabriel García Márquez describe la metamorfosis de la imagen de Simón Bolívar (1783–1830) a continuación: "En los retratos juveniles se ve el hilo de sangre africana que tenía Bolívar y que iba desapareciendo de los siguientes, con un criterio evidentemente racista, a medida que iba ganando glorias. Y termina en la estatua de Tenerani, que lo hizo con el perfil romano que tiene en las monedas".

TÉCNICAS DE REDACCIÓN

El enfoque y el tono

Tanto el retrato de Unamuno como el de Ducoudray–Holstein permiten ver los prejuicios de cada autor sobre Simón Bolívar. El tono de ambos textos es altamente subjetivo y refleja la ideología del emisor. Miguel de Unamuno, un español, intenta fortalecer los lazos que existen entre Bolívar y España, pese a que el Libertador luchó contra España en las guerras de independencia. La última oración de su retrato hace referencia dos veces a España, como si el espíritu de Bolívar brotara directamente de su sangre española. En cambio, Karl Marx cita el retrato negativo de Ducoudray–Holstein para sustentar su opinión de Bolívar como un oportunista por excelencia. Según Marx, el venezolano abogó por la unificación de las Américas solo por beneficio propio.

Actividad de análisis

A continuación hay tres descripciones más de Simón Bolívar. Léalas y luego haga la siguiente actividad.

Retrato de Bolívar: Versión A

Político, militar, héroe, orador y poeta.
Y en todo, grande. Como las tierras libertadas por él.
Por él, que no nació hijo de patria alguna,
sino que muchas patrias nacieron hijas de él.
Tenía la valentía del que lleva una espada.
Tenía la cortesía del que lleva una flor.
Y entrando en los salones, arrojaba[1] la espada.
Y entrando en los combates, arrojaba la flor.[...]

Luis Lloréns Torres, *Obras completas, Tomo I: Poesías*

[1]tiraba

Retrato de Bolívar: Versión B

Bolívar era pequeño de cuerpo. Los ojos le relampagueaban, y las palabras se le salían de los labios. Parecía como si estuviera esperando siempre la hora de montar a caballo.[...] Ganó batallas sublimes con soldados descalzos y medio desnudos. Todo se estremecía[1] y se llenaba de luz a su alrededor. Los generales peleaban a su lado con valor sobrenatural.

José Martí, "Tres héroes", *La edad de oro, Tomo V*

[1]temblaba

Retrato de Bolívar: Versión C

[Miranda Lindsay] había de recordarlo siempre como un hombre que parecía mucho mayor de sus treinta y dos años, óseo[1] y pálido, con patillas y bigotes ásperos de mulato, y el cabello largo hasta los hombros. Estaba vestido a la inglesa, como los jóvenes de la aristocracia criolla, con corbata blanca y una casaca[2] demasiado gruesa para el clima, y la gardenia de los románticos en el ojal.[3]

Gabriel García Márquez, *El general en su laberinto*

[1] huesudo, duro   [2] prenda de vestir masculina usada como uniforme   [3] abertura en la solapa del saco

De los siguientes modificadores, ¿cuáles describen mejor cada uno de los tres retratos anteriores? Escriba una A, B y/o C al lado del modificador, según sea apropiado. Luego decida qué imagen visual de Bolívar (página 71) corresponde mejor a cada retrato verbal.

imparcial _____   favorable _____

subjetivo _____   desfavorable _____

histórico _____   emotivo _____

mitificado _____   moral _____

físico _____

Compare sus resultados con los de otro/a estudiante. En el caso de una diferencia de opinión, justifique su selección.

La elección de detalles

La elección de detalles—lo que se incluye y se excluye—ayuda a crear la perspectiva de una descripción. Un análisis de los dos retratos de Bolívar escritos por Unamuno y el general Ducoudray–Holstein demuestra cómo la presencia o ausencia de ciertos detalles contribuye al efecto global.

Unamuno inicia su retrato de Bolívar identificándolo tres veces como un hombre. Sin embargo, no proporciona ninguna información sobre el aspecto físico del Libertador. El objetivo de Unamuno es alabar las hazañas y las altas aspiraciones de Bolívar. Por lo tanto, destaca los detalles éticos y morales, evitando toda referencia a Bolívar como un ser de carne y hueso. Al trazar la secuencia de los sustantivos que usa Unamuno para caracterizar a Bolívar, se nota una evolución desde un hombre común hasta un ser extraordinario que enriqueció el alma de la raza humana. Esta representación de un "ser semidiós" idealiza al Libertador.

Ducoudray–Holstein, en cambio, no ve a Bolívar como un héroe sino que se fija en las flaquezas humanas del Libertador. Pasa por alto las acciones y el pensamiento de Bolívar a favor de una descripción pormenorizada de su físico, su conducta y su carácter. Empieza con una lista de detalles que resaltan la fealdad de Bolívar: es de rostro esquelético, cabello ralo, y mejillas y ojos hundidos. Esta descripción física sirve como punto de partida para describir el comportamiento y por extensión el carácter, igualmente desagradables, del Libertador. La elección de verbos como "irritar", "agitar" y "arrebatar", junto con ejemplos del infantilismo y locura de Bolívar, ponen de manifiesto la actitud negativa del autor hacia el venezolano. Esta descripción, el polo opuesto a la de Unamuno, termina siendo tan exagerada como la primera.

Actividad de análisis

Vuelva a leer los tres retratos de Bolívar de la Actividad de análisis (páginas 72–73). Al hacerlo, haga una lista de las palabras clave de cada descripción. Analizando estas palabras como un conjunto, ¿cuál es el común denominador de cada lista? ¿Qué palabras habría que sustituir en cada lista para cambiar la perspectiva del autor?

Actividades de aplicación

1. *Imite la descripción de Bolívar que hizo Ducoudray–Holstein, cambiando los detalles necesarios para crear un retrato positivo. Tenga cuidado de no alterar los datos concretos como, por ejemplo, el de su estatura.*

2. *Imagine los muchos puntos de vista desde los que puede describirse el jardín siguiente.*

Escoja el punto de vista de una de estas entidades: el jardinero, uno de los enamorados, la anciana, el perro o la estatua de la ninfa. Escriba una breve descripción del jardín que coincida con la perspectiva de esta entidad. Compare su descripción con la de otros/as estudiantes.

PASO 1   **La opinión del lector**   Déle a otro/a estudiante el segundo borrador de su relato histórico y pídale que responda con honestidad al siguiente cuestionario.

- ¿Qué partes (párrafos, oraciones, detalles) del borrador le llaman más la atención? ¿Por qué?
- ¿Le parece lógica la organización o cree que hay algo fuera de lugar?
- ¿Le gustaría tener más información, detalles, ejemplos o evidencia sobre algún aspecto del borrador? ¿Sobre cuál?
- ¿Hay algo que no entienda bien o que le confunda?

Cuando su compañero/a termine este cuestionario, vuelva a leer su segundo borrador de acuerdo con sus comentarios y haga las modificaciones que usted estime necesarias.

PASO 2   **Perspectiva adecuada**   El editorial a continuación fue publicado poco después de la muerte violenta de Ernesto "Che" Guevara en las selvas de Bolivia. En la primera parte, el autor presenta los dos puntos de vista más extremos que se mantenían del guerrillero: fue héroe para algunos, villano para otros. En la segunda, encuentra un término medio entre estos extremos. Vuelva a escribir el texto sustituyendo su personaje histórico por Guevara. Al hacer la imitación, conserve como mínimo las palabras en cursiva.

La muerte del "Che"

Para sus partidarios, Guevara *fue* el ejemplo perfecto del caudillo. *Su condición* dual *de* teorizante y activista de primera barricada *le daban* ese crédito, sobre todo, *ante los ojos de* esos jóvenes barbudos que han hecho de la montaña su campo de batalla y del fusil su razón de ser vital.

   Empero para el resto del mundo—o al menos una importante parte de la humanidad—el "Che" *no era más que* un bandido disfrazado de guerrero que insurgía criminalmente contra el orden establecido por la tradición, la historia y la civilización. *En todo caso, visto desde cualquier ángulo el personaje resulta* cautivante. *Sobre todo por la forma que tuvo de* morir: de frente, arma en mano, consecuente con su voluntad de luchar, con sus ideas y con ese sentido honradamente rebelde de situarse ante la existencia. *Por eso,* al menos, *merece* nuestro respeto.

   José Félix Rivero, "La muerte del Che", *El mundo*

Luego de terminar la actividad, compare las tres posturas del personaje (los dos extremos y el término medio) plasmadas en la imitación con la perspectiva que usted mantiene en su relato histórico. Preste atención a los siguientes elementos.

- la información narrativa y descriptiva que usted enfatiza más
- la información que usted ha omitido
- el vocabulario que ha elegido

Si la expresión de su opinión personal le parece demasiado marcada, haga las modificaciones necesarias para que la perspectiva esté más equilibrada. Quizás valga la pena, por ejemplo, incluir ciertos detalles que reflejen la opinión contraria a la suya.

PASO 3   **Nexos**   Un nexo es una palabra o expresión que sirve para conectar o mostrar la relación entre ideas. Haga lo siguiente al leer su segundo borrador.

- Subraye todas las palabras y expresiones transicionales que indiquen el paso del tiempo. ¿Marcan claramente la relación temporal entre los acontecimientos?
- Ponga un círculo alrededor de todos los nexos que no indiquen tiempo. ¿Qué función desempeñan? ¿Marcan alguna relación espacial, como lo hacen los nexos presentados en el Capítulo 2? ¿Indican una relación entre ideas, como lo hacen los nexos presentados en este capítulo?

Analice estas transiciones cuidadosamente. Si encuentra un nexo impreciso, contradictorio o mal expresado, cámbielo por otro más apropiado. Si necesita marcar mejor la relación entre ciertas ideas, añada un nexo adecuado.

PASO 4   **La expresión clara de ideas**   Use el cuestionario a continuación para identificar algunas de las fuerzas y debilidades estilísticas del segundo borrador.

- **La extensión de las oraciones** ¿Hay suficiente variedad en la extensión de las oraciones? Si tiende a escribir oraciones cortas, trate de combinar algunas. Si tiene demasiadas oraciones largas, divida o acorte algunas.
- **La claridad** ¿Puede el lector seguir el hilo de las ideas fácilmente? Si usted tiene una duda respecto a la claridad de ciertas oraciones, pida una reacción de varios/as compañeros/as de clase.
- **La fluidez** ¿Hay suficiente transición entre las ideas, o empiezan y terminan las oraciones y los párrafos abruptamente?

PASO 5   **La gramática y aspectos mecánicos**   Los errores gramaticales y ortográficos estorban la comprensión de las ideas y causan mala impresión. Use las siguientes preguntas como guía para ayudarse a evitar errores gramaticales o mecánicos.

- ¿Usa bien los tiempos verbales? (Si no está seguro/a, vuelva a leer la sección de gramática del Capítulo 1.)

- ¿Concuerdan correctamente todos los verbos con los sujetos? ¿Los adjetivos con los sustantivos? ¿Usa los modificadores más adecuados? (Consulte la sección de gramática del Capítulo 2, en caso de duda.)
- ¿Usa el orden de palabras más adecuado? ¿Emplea los pronombres apropiados para evitar la redundancia o para enfatizar los detalles más importantes? (Si tiene una duda, vuelva a leer la sección de gramática del Capítulo 3.)
- ¿Ha escrito bien todas las palabras? ¿Están los acentos bien puestos? ¿Usa correctamente la puntuación? Si tiene alguna duda sobre la gramática, o la ortografía, consulte un libro de gramática o un diccionario. Si tiene alguna duda sobre la puntuación, consulte el Apéndice 3.

PASO 6 **La versión final** Use la información recopilada en los pasos anteriores para escribir la versión final de su relato histórico. Debe constar de aproximadamente tres páginas escritas a máquina a doble espacio. Recuerde los siguientes tres objetivos principales de la versión final.

- el relato de los sucesos desde una perspectiva adecuada
- la expresión coherente de ideas
- el uso correcto de la gramática, la ortografía y la puntuación

Al pasar en limpio el relato, revíselo bien buscando errores, repeticiones u omisiones. Por último, no olvide darle un título definitivo.

La exposición

Un científico hace uso de los avances en la era presente de la informática.

Nuestra época histórica, la era de la información, se caracteriza por la explosión de datos que se difunden mediante mecanismos como la computadora, el fax y el teléfono celular. Para sobresalir en la revolución tecnológica, es imprescindible saber transmitir información con claridad y confianza. En la redacción, el género que permite explicar ideas e informar es la exposición. Su objetivo principal es responder a preguntas como: *¿qué es X?, ¿cómo se diferencia X de Y?,* o *¿cuáles son las causas y los efectos de X?* La exposición, como cualquier tipo de escritura académica, requiere un enfoque bien delimitado, una organización sistemática y un estilo claro. Además, exige una serie de características propias. El desarrollo de ideas, por ejemplo, tiene que basarse en el análisis científico y llevar al lector a una conclusión lógica. Otros rasgos son el empleo de datos y estadísticas concretos, así como el uso de un vocabulario técnico. La exposición, ante todo, obliga al escritor a mantener la objetividad en el punto de vista.

Antes de leer

Antes de leer el texto modelo sobre el problema del ozono, haga las siguientes actividades.

1. *Piense en un problema ecológico que le preocupe y anote una lista de datos relacionados con este problema. Use la lista para explicarle el problema a otro/a estudiante. Evite la opinión personal en su explicación.*

2. *En el texto modelo a continuación, "El ozono: de capa caída", la destrucción del ozono se compara con la contaminación de los océanos. Piense en un fenómeno que se parezca al problema ecológico que usted haya escogido. Luego explíquele su comparación a otro/a estudiante.*

3. *"De capa caída" significa "en malas condiciones". En su opinión, ¿por qué incluye el autor esta expresión en el título? ¿Qué le indica al lector sobre el enfoque y el punto de vista de la exposición?*

La exposición a continuación analiza el ozono para señalar cómo el descuido de la atmósfera amenaza con cambiar para siempre la vida en este planeta. Al leerla, fíjese en las técnicas que se usan para crear una exposición clara e informativa.

⊠ TEXTO MODELO

El ozono: de capa caída

Desde la antigüedad, el hombre siempre se ha maravillado con los habitantes de las profundidades marinas. Su medio ambiente, hostil para los seres humanos y misterioso, [...] ha ejercido siempre un mágico influjo. Lo que no podemos olvidar ni por un momento es que el ser humano habita en un océano de más de 500 kilómetros de profundidad, mientras que las fosas° marinas escasamente alcanzan los 11 kilómetros. Desde este punto de vista, es la humanidad quien realmente vive en las profundidades.

cavidades

La Tierra desde el espacio.

2   Los estudios demuestran que la permanencia media del oxígeno en nuestra atmósfera es de aproximadamente 3.800 años. Es decir, que el gas que respiramos nos acompaña desde hace casi 40 siglos. Los ciclos de la naturaleza han permitido la purificación y renovación del fluido, así como de los otros tantos que componen el aire, ese inmenso océano invisible en el que nacemos y morimos.[...]

3   Toda función anatómica requiere la presencia del aire.[...] Con todo y esto, el más "inteligente" de los inquilinos° del planeta Tierra pareciera empeñarse° en acabar con su benefactor invisible.[...] Progresivamente, el aire se ha ido deteriorando: la utilización de recursos energéticos mediante la combustión de materias primas fósiles, como el petróleo y el carbón, elevan constantemente la cantidad presente en el aire del nocivo° dióxido de carbono.

      habitantes   esforzarse

      que causa daño

4   Otros gases perjudiciales° para los estratos atmosféricos son liberados por lacas,° pinturas, materiales de construcción, impregnantes° para maderas, pegamentos y artículos de limpieza. La civilización arrasa con todo en la alocada° carrera de la tecnificación.[...]

      que causan daño
      barnices   humectantes

      loca

Escudo protector

5   El ozono es un gas de color azul y olor penetrante producido por las plantas verdes así como por las descargas eléctricas y las reacciones químicas que liberan oxígeno en frío. Aunque el hombre lo ha empleado para diversos fines, que van desde el tratamiento del reumatismo hasta la maduración del vino, su verdadera función [...] es bastante diferente. En alturas superiores a los 15 kilómetros y menores a 50, se encuentra la mayor densidad de este gas en nuestra atmósfera. Esta es la llamada capa de ozono. Ella filtra los poderosos rayos del sol y garantiza la existencia de las criaturas vivientes al absorber los dañinos rayos ultravioleta. Si ella no existiera, estos rayos acabarían con la vegetación y los ciclos alimenticios, lo que, a fin de cuentas, conduciría a la desaparición de la vida sobre la superficie del planeta.

6   Los expertos aseguran que muchas prácticas humanas están contribuyendo al rápido deterioro de la capa. El uso, por ejemplo, del fluoruro de carbono en las áreas de refrigeración e impulsión de aerosoles, es tal vez el factor determinante. La popularidad de este gas radica° no sólo en sus bajos costos sino en el hecho de ser químicamente estable, de fácil manejo y distribución, lento al reaccionar y no tóxico. Su consistencia química le permite desplazarse° sin dificultades a las altas capas atmosféricas, donde la desclorización que produce destruye los escudos de ozono.

      consiste

      moverse

7   A principios de los años cincuenta, los hombres de ciencia tomaron interés por el problema, y las campañas para la conservación del fluido empezaban tímidamente a librar una batalla que se mantiene hasta el día de hoy. Pero estas iniciativas no han dado resultados significativos. La capa de ozono disminuye anualmente cada vez más, y llega actualmente al escandaloso 40%. Los estudios también revelan una verdad aterradora: los más afectados con el agujero en el manto° son los países ecuatoriales. Se ha concluido que las naciones localizadas dentro de latitudes de 0 a 15 grados—Colombia, Ecuador, Bolivia, Brasil, Etiopía, Malasia, etc.—poseen una capa de ozono más delgada que la del resto del planeta.[...]

      capa

Década de transformaciones

8 El hombre toma cada día más conciencia de la magnitud del problema.[...] Una de las iniciativas más encomiables° fue la propuesta en la Conferencia Internacional de Londres, consistente en la eliminación total de los fluoruros de carbono industriales en un plazo° no inferior a diez años.

que merecen elogio

límite de tiempo

9 Los delegados de Australia, República Federal Alemana, Canadá, Austria y nueve países más se mostraron partidarios de prescindir° definitivamente de estos elementos antes de siete años. Sin embargo, Japón, Estados Unidos y la Unión Soviética sugirieron que el plazo se extendiera hasta el año 2000. La conferencia[...] determinó que el 50% del fluororo de carbono dejará de usarse para 1995, el 85% en 1997 y la erradicación total será en el año 2000.

eliminar

10 El problema más grave radica en que los llamados países tercermundistas no poseen los recursos necesarios para cumplir con los objetivos trazados.°[...] La solución a este inconveniente fue la creación de un fondo económico, cuyos recursos se destinarán exclusivamente a aliviar la carga de estos países.[...] Lo que se teme es que estos buenos propósitos de las naciones industrializadas se queden, como casi siempre ocurre, "en el aire".

delineados

11 La raza humana enfrenta un gran reto,° en el cual no están en juego el poder, el dinero o la gloria, sino la más valiosa de sus pertenencias: su propia existencia. Irónicamente, la avanzada tecnología responsable del elevado nivel de vida del hombre podría, sin proponérselo, ser la causante del fin de su artífice.° En nuestras manos está el tomar una decisión muy simple: la de si queremos vivir o morir.

desafío

autor

Gustavo Gómez Córdoba, *Cromos*

TÉCNICAS DE REDACCIÓN

El enfoque

El título de este ensayo ofrece una pista sobre su enfoque. "El ozono" expone el tema global. Luego, "de capa caída" lo delimita: se tratará específicamente del deterioro del ozono. Los cuatro párrafos que comprenden la introducción refuerzan el enfoque. Un análisis del párrafo 3 ilustra cómo el contenido y la estructura de la introducción apoyan la idea principal.

Párrafo 3

Contenido

Oración 1: Explica que todo ser vivo depende del oxígeno.

Oración 2: Mantiene que el ser humano está acabando con este recurso indispensable.

Oración 3: Proporciona información sobre la disminución del oxígeno y el aumento del dióxido de carbono.

Estructura

Oración 1:	Sienta la base científica.
Oración 2:	Reitera el enfoque: el hombre es culpable de la destrucción del ozono.
Oración 3:	Proporciona las pruebas para esta afirmación.

Actividad de análisis

El párrafo 1 presenta la idea principal a través de una analogía: el ozono se parece al océano. Con otro/a estudiante analice el contenido y la estructura del primer párrafo para explicar cómo el autor refuerza el enfoque.

El desarrollo

En "Escudo protector," el autor informa al lector sobre la base científica del ozono y su deterioro. Empieza con una definición del fenómeno en el primer párrafo. Luego, en los párrafos 2 y 3 desarrolla la idea principal mediante dos tipos de análisis. Primero, expone las causas y los efectos del ozono, así como del uso de ciertos químicos (como el fluoruro de carbono) que dañan el ozono. Segundo, se vale de una comparación de datos químicos y geográficos para indicar las zonas más afectadas por esta crisis. Para llevar a cabo el análisis, el autor usa tres tipos de evidencia concreta.

- **Hechos:** Por ejemplo, las naciones más afectadas se encuentran "dentro de latitudes de 0 a 15 grados".
- **Estadísticas:** Por ejemplo, la disminución del ozono llega al 40%.
- **Autoridades:** Cita a "los hombres de ciencia" para señalar que él mismo no es el único que piensa que el ozono corre peligro.

Actividad de análisis

Con otro/a estudiante, anote los hechos, estadísticas y autoridades que se mencionan en el párrafo 9 (que se encuentra en "Década de transformaciones").

El punto de vista científico

El autor nunca se expresa en primera persona. No obstante, su exposición tiene un enfoque que se revela mediante el uso de giros como "de capa caída" y "la humanidad[...] vive en las profundidades". Aun así, los toques estilísticos no subvierten el tono científico. El autor muestra su dominio del tema mediante tecnicismos ("fluido", "rayos ultravioleta", "ciclos alimenticios", "elementos tóxicos") y oraciones enunciativas (no exclamativas, interrogativas o dubitativas). Además, se vale de investigaciones científicas para apoyar sus dos conclusiones principales.

- **Primera conclusión:** El ozono sufre un proceso de desintegración.
- **Segunda conclusión:** Las naciones industrializadas tienen que comprometerse a combatir este problema.

Actividad de análisis

En su ensayo "La otra voz", Octavio Paz está de acuerdo con el autor de "El ozono: de capa caída" en cuanto a su teoría sobre la destrucción del medio ambiente. Sin embargo, usa otro estilo para expresar la idea. Anote los elementos del párrafo de Paz a continuación que no *coinciden con las características de la exposición.*

> [...E]s claro que el inmenso, estúpido y suicida derroche de los recursos naturales tiene que cesar pronto, si es que los hombres quieren sobrevivir sobre la tierra. La causa de este gigantesco desperdicio de riquezas—vida presente y futura—es el proceso circular del mercado. Es una actividad de alta eficacia pero sin dirección y cuyo único fin es producir más y más para consumir más y más. La obtusa política de la mayoría de los gobiernos de los países subdesarrollados, tanto en América Latina como en Asia y Africa, ha contribuido también a la universal destrucción y contaminación de lagos, ríos, mares, valles, selvas y montañas. Ninguna civilización había estado regida por una fatalidad tan ciega, mecánica y destructiva.

ENSAYO PARA CICLO II LA EXPOSICIÓN

Al estudiar el Ciclo II, usted estará elaborando una exposición basada en el siguiente tema: imagine que usted es un experto en la ecología, la medicina, la sociología o la tecnología. Una revista de interés general le ha pedido un artículo de aproximadamente tres páginas sobre un tema relacionado con su especialización. Considere las siguientes sugerencias.

- **Ecología:** el efecto invernadero; la deforestación; las lluvias ácidas; la contaminación del agua; la emisión de contaminantes por el transporte; animales en peligro de extinción
- **Medicina:** los efectos del consumo de cigarrillos, el alcohol o la cocaína; el SIDA; algún tipo de cáncer; el mal de Alzheimer; la ingeniería genética; la diabetes; los clones
- **Sociología:** la deserción escolar; el cuidado de los niños en guarderías; las pandillas urbanas; el desempleo; el analfabetismo
- **Tecnología:** el teléfono celular; la red de computación internacional (el Internet); usos médicos del láser; el CD-ROM

Para ayudarlo/a a elaborar la exposición, siga los pasos indicados al final de cada capítulo de este ciclo. Los pasos incluyen las siguientes etapas.

■ **CAPÍTULO 4: El primer borrador**

La recopilación de datos; la idea principal; el orden apropiado; el uso de la definición y la elaboración del primer borrador

- **CAPÍTULO 5: El segundo borrador**

  El desarrollo de las ideas mediante el uso de ejemplos, datos y autoridades; el uso de la comparación y el contraste; la organización lógica y la elaboración del segundo borrador

- **CAPÍTULO 6: La versión final**

  El uso del estilo científico; el uso de la causa y el efecto; conclusiones lógicas y la elaboración de la versión final.

La definición y la delimitación del tema

La exposición comúnmente parte de una definición. La definición ofrece una explicación o descripción concisa de una entidad analizada en la exposición. La estructura de una definición puede ser sencilla—compuesta de una sola oración—como en el siguiente ejemplo: "[E]l sonambulismo consiste en 'caminar dormido'". Sin embargo, en una exposición la definición suele ser más extensa, como se ve en el fragmento a continuación.

> [E]l sonambulismo consiste en "caminar dormido". Esta noción popular concuerda con la etimología del término, pues proviene del latín *somnus* (dormir) y *ambulae* (caminar, desplazarse). La persona sonámbula se acuesta a dormir de la manera usual; sin embargo, en el transcurso de las primeras tres horas de sueño, se levanta y ejecuta movimientos estereotipados o comportamientos complejos.
>
> Arnoldo Téllez y Pablo Valdez, *Ciencia y desarrollo*

En una exposición, la definición rinde ventajas tanto para el lector como para el escritor. La definición ayuda al lector a entender qué es el fenómeno analizado. Al mismo tiempo, obliga al autor a conocer a fondo el objeto de su investigación y a delimitar el enfoque de su ensayo expositivo.

⌘ GRAMÁTICA

Como se vio en el Ciclo I, la oración es resultado de la combinación de palabras para formar una idea completa. En esta sección se analizan diferentes tipos de oraciones y la manera de relacionarlas.

Oraciones simples y compuestas

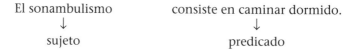

El sonambulismo   consiste en caminar dormido.
↓   ↓
sujeto   predicado

La definición anterior está formada por una oración simple que consiste en el sujeto (de lo que se habla) y el predicado (lo que se dice del sujeto).

> El sonambulismo, *estado histérico inconsciente,* consiste en *el hábito o acción* de caminar dormido.

Desde un punto de vista gramatical, la ampliación de la oración anterior sigue considerándose simple mientras mantenga un sólo verbo conjugado; no importa el número de modificadores que la constituyan. A pesar de su capacidad de ampliación, la oración simple a veces parece insuficiente para expresar todo tipo de ideas. En esos casos, se puede usar una oración compuesta.

> El sonambulismo *es* un estado de disociación donde la vigilia y el dormir se *encuentran* en combinación, por eso también se *considera* como un trastorno del despertar.

Una oración compuesta es el resultado de la combinación de dos o más oraciones simples cuando éstas expresan ideas comunes y/o comparten elementos. La oración compuesta se caracteriza por tener dos o más verbos conjugados. La oración compuesta modelo está formada por las siguientes oraciones simples.

El sonambulismo es un estado de disociación.

En el sonambulismo la vigilia y el dormir se encuentran en combinación.

El sonambulismo también se considera como un trastorno del despertar.

Estas oraciones tienen un elemento en común, que es el que les permite relacionarse entre sí. Para ello se emplean dos recursos.

El sonambulismo es un estado de disociación *donde* la vigilia y el dormir se encuentran en combinación.

En el sonambulismo la vigilia y el dormir se encuentran en combinación; *por eso se* considera como un trastorno del despertar.

Al unir varias oraciones en una sola, se logran las siguientes ventajas en la expresión: a) la unidad, porque las ideas sobre un mismo tema están juntas; b) la concisión, ya que se omiten las palabras repetidas; y c) la coherencia, porque aparecen las relaciones lógicas en secuencia e identificadas, frecuentemente, por medio de nexos. La oración principal expresa la idea central y el nexo—o signo de puntuación—se emplea para introducir las ideas secundarias. La presencia del nexo y el tipo de relación que se establece entre las oraciones permite clasificar las oraciones compuestas en tres grupos.

La yuxtaposición

En nuestras manos está el tomar una decisión muy simple: la de si queremos vivir o morir.

No se emplean nexos para unir oraciones de este tipo. Se unen sólo por medio de signos de puntuación.

La coordinación

La avanzada tecnología es responsable del elevado nivel de vida del hombre, *pero* puede ser también la causante de su fin.

La coordinación enfatiza la relación que se establece entre las oraciones por medio de nexos que indican la unión (*y, e, ni*); la distribución (*aquí, allí, unos, otros*) y la oposición (*pero, sino*), por ejemplo. En la coordinación, las oraciones relacionadas mantienen su significado independiente; es decir, pueden leerse por separado sin que cambie su significado.

La subordinación

> La raza humana enfrenta un gran reto, en *el cual* está en juego su propia existencia.

> Sugieren *que* se extienda el plazo para prescindir de los fluoruros de carbono.

En este tipo de conexión una de las oraciones se hace dependiente de la otra y cumple las funciones de un elemento sintáctico de la oración principal. Con frecuencia exige un verbo conjugado en subjuntivo. Requiere también el empleo de nexos como *que, para que, hasta que, si,* etcétera.

Aunque hay muchas ventajas al relacionar las oraciones entre sí, es importante considerar también los inconvenientes, tanto desde el punto de vista formal como de contenido. Si se escriben párrafos en los que se emplean exclusivamente oraciones compuestas y largas, se obtiene un ritmo demasiado pesado y lento. Por otro lado, si las oraciones son simples y cortas, el ritmo se siente cortado. Es preciso lograr un equilibrio entre el peso de las oraciones, empleando oraciones de diferentes tipos.

Actividad

Clasifique las siguientes oraciones entre simples (S) y compuestas (C). En las oraciones compuestas subraye la oración principal y ponga un círculo alrededor del nexo correspondiente.

1. Desde la antigüedad, el hombre siempre se ha maravillado con los habitantes de las profundidades marinas. ( )
2. Los estudios demuestran que la permanencia media del oxígeno en nuestra atmósfera es de aproximadamente 3.800 años. ( )
3. El ozono es un gas de color azul y olor penetrante producido por las plantas verdes. ( )
4. Aunque el hombre lo ha empleado para diversos fines, la verdadera función del ozono es bastante diferente. ( )
5. A principios de los años cincuenta, los hombres de ciencia tomaron interés por el problema, y las campañas para la conservación del ozono empezaban tímidamente a librar una batalla. ( )

Relativos

Los relativos, al subordinar las oraciones, cumplen una doble función. Pueden funcionar como conectores de las oraciones y, a la vez, como pronombres. Estos últimos sustituyen un nombre o pronombre llamado antecedente.

> El sonámbulo suele contestar las preguntas *que* se le formulan.

En este ejemplo, el pronombre relativo *que*, a la vez que conecta las dos oraciones, sustituye al antecedente *preguntas*. La oración subordinada *que se le formulan* pasa a constituir un elemento gramatical de la oración principal. En el ejemplo anterior, el pronombre relativo tiene función adjetiva, ya que modifica un sustantivo antecedente. Se puede comprobar esta función al reemplazar la oración subordinada por un adjetivo.

El sonámbulo suele contestar las preguntas *formuladas.*

Los pronombres relativos son los siguientes.

- *que* Es el relativo más usado. Su forma es invariable.
- *quien/es* Se refiere exclusivamente a antecedentes de persona o cosa personificada. Puede aparecer después de coma o preposición.
- *cuyo/a/os/as* Es un relativo que indica posesión. No tiene concordancia con el antecedente, sino con lo poseído, el nombre que le sigue.
- *el (la/los/las) cual/es* Aparece comúnmente después de una coma o una preposición.

Cuando se subordina una oración por medio del pronombre relativo, se recomienda colocar el pronombre inmediatamente después del antecedente.

La raza humana enfrenta un reto *en el cual* pone en juego su propia existencia.

En caso de que la oración relativa se inserte dentro de la oración principal, el relativo se coloca antes del verbo.

La desclorización *que* produce el fluoruro de carbono destruye los escudos de ozono.

Si el antecedente gramatical repite un nombre que haya sido enunciado con anterioridad, evite la repetición empleando un artículo para sustituir el nombre repetido.

Ese tipo de *gases* son los *gases* que causan mayor daño.

Ese tipo de *gases* son *los que* causan mayor daño.

Actividad

Relacione las siguientes oraciones con el relativo que mejor convenga.

1. Las campañas para la conservación de la capa de ozono empezaron a librar una batalla _____ se mantiene hasta el día de hoy.
2. Los países ecuatoriales, *quienes* capa de ozono es más delgada, son _____ enfrentan un mayor peligro.
3. Es necesaria la eliminación de los fluoruros de carbono _____ están destruyendo la capa de ozono.
4. Es la humanidad _____ realmente vive en las profundidades.
5. Durante décadas la industria ha requerido sustancias nocivas, _____ se multiplican sin control alguno en la atmósfera.

Actividad

Usando los nexos de la lista, relacione las siguientes oraciones de la manera más apropiada.

que   pero
cuyo/a/os/as   sin embargo

el/la los/las cuales	a pesar de que
quien/es	hasta que
aunque	a menos que
para que	porque

1. La tecnificación causa graves problemas. Los problemas de la tecnificación resultan cada vez más difíciles de resolver.
2. El plazo para prescindir de los fluoruros de carbono industriales se ha extendido. Se desea que la mayoría de los países cumplan con ese plazo.
3. El ozono se encuentra de capa caída. El hombre insiste en destruir el ozono.
4. Los ecologistas hacen grandes esfuerzos para detener la destrucción de la capa de ozono. La capa de ozono disminuye anualmente cada vez más.
5. La propuesta de la Conferencia Internacional consiste en la eliminación total de contaminantes. La propuesta de la Conferencia Internacional fue desechada.
6. Los industriales toman conciencia plena del problema de la destrucción de la capa de ozono. Se logrará un buen avance con relación al problema de la capa de ozono.

El abuso de relativos

La subordinación relativa, principalmente aquélla introducida por el pronombre *que,* es un tipo de construcción muy común y con frecuencia se usa excesivamente. Cuando se emplean en una sola oración varios relativos, el estilo se pone pesado y repetitivo. ¿Qué se puede hacer para evitar este abuso? A continuación se enumeran algunas de las sustituciones posibles.

• Omitir el pronombre relativo y escribir la oración de nuevo, usando la coordinación

> Los hombres de ciencia *que* tomaron interés por el problema *que* existía en la atmósfera empezaron una batalla *que* se mantiene hasta el día de hoy.

> Los hombres de ciencia Ø tomaron interés por el problema *que* existía en la atmósfera y empezaron una batalla.

• Sustituir la subordinación con el uso de un participio o un adjetivo derivado del verbo

> Una de las iniciativas más encomiables fue *la que* se propuso en la Conferencia Internacional de Londres, *que* consiste en la eliminación total de fluoruros de carbono industriales.

> Una de las iniciativas más encomiables fue *la propuesta* en la Conferencia Internacional de Londres, *consistente* en la eliminación total de fluoruros de carbono industriales.

• Sustituir la subordinación por una preposición + sustantivo

La persona *que* padece del sonambulismo[…]

La persona *con* sonambulismo[…]

Actividad

Con otro/a estudiante, vuelva a escribir los siguientes párrafos equilibrando mejor las ideas simples y las compuestas.

1. La biomasa es la energía renovable más favorecida. Ocupa el 60 por ciento del total. La biomasa es el conjunto de materia orgánica renovable. La biomasa se utiliza como combustible. Los aglomerados de serrín son ejemplos de biomasa. Los residuos forestales o de industrias agroalimentarias son también ejemplos de biomasa.
2. El colesterol es una sustancia grasa. Está presente en los tejidos celulares. El colesterol viaja en la sangre. Necesita de lipoproteínas para su transporte. Las lipoproteínas son estructuras moleculares de dos tipos: las de baja densidad (LDL) y las de alta densidad (HDL). Las lipoproteínas de baja densidad depositan el colesterol en las arterias. Las lipoproteínas de alta densidad llevan el colesterol hasta el hígado. El hígado metaboliza el colesterol.

Consecuencias de la combinación de oraciones

No se debe perder de vista que al conectar oraciones simples, aunque sea por yuxtaposición, se modifica el sentido de las mismas. Cuando se conectan dos o más oraciones, se pone el énfasis principalmente en una de ellas; las otras oraciones pasan a un segundo plano, limitando su significado. Este énfasis se refuerza más con la subordinación.

Énfasis en la oración principal

Observe con atención los siguientes ejemplos.

La producción agrícola baja considerablemente; necesitamos aumentar el uso de pesticidas.

La producción agrícola baja considerablemente; *por lo tanto* necesitamos aumentar el uso de pesticidas.

Necesitamos aumentar el uso de pesticidas *porque* la producción agrícola baja considerablemente.

La alteración de sentido, aunque mínima, es evidente en los ejemplos anteriores. Mientras que en el primer ejemplo, relacionado por yuxtaposición, las dos oraciones mantienen la misma importancia, las oraciones subrayadas en los otros ejemplos reciben mayor énfasis.

Se dan casos en los que, manteniendo el mismo nexo, se puede intercambiar la posición de oraciones; sin embargo, el significado cambia.

El sonambulismo en los niños tiende a ser transitorio, *por eso* no se recomienda adoptar medidas de seguridad en los casos infantiles.

No se recomienda adoptar medidas de seguridad en los casos infantiles, *por eso* el sonambulismo en los niños tiende a ser transitorio.

En el primer ejemplo se enfatiza la idea de "la transitoriedad del sonambulismo en los niños" y su consecuencia es "el no recomendar las medidas de seguridad". Pero si se altera el orden como en el segundo ejemplo, se da a entender que "la falta de medidas de seguridad" trae como consecuencia "la transitoriedad del sonambulismo". Debido a lo anterior, es importante que al redactar oraciones compuestas, se seleccione con cuidado la oración en la que se quiera colocar el énfasis.

Actividad

Con otro/a estudiante, relacione las siguientes oraciones con el nexo que está entre paréntesis. Al combinarlas, haga las modificaciones necesarias para evitar la repetición de palabras. Escriba dos opciones para cada modelo y discuta el cambio de significado.

1. La preocupación por la capa de ozono continúa.
   No se han obtenido resultados definitivos.
   (a pesar de que)
2. El ozono está de capa caída.
   Los componentes químicos están debilitando el ozono.
   (porque)
3. La capa de ozono es indispensable para mantener la vida en la Tierra.
   El ser humano parece ignorar la importancia de la capa de ozono.
   (aunque)

NEXOS PARA ENFATIZAR Y EJEMPLIFICAR

Para poder atraer la atención del lector sobre los puntos de mayor interés, es importante marcar estos elementos con nexos apropiados. Asimismo, se logrará convencer al lector con más facilidad si los ejemplos que ilustran la exposición se introducen de manera adecuada. A continuación se ofrece una lista de los nexos más comunes que sirven para enfatizar y ejemplificar.

Nexos para enfatizar

ante todo	*first of all, above all*
de hecho	*indeed*
de la misma manera	*likewise, similarly*
de mayor importancia	*of primary concern*
en especial (particular)	*in particular*
es decir	*that is to say*
la idea central es	*the main idea is*

| lo importante (interesante) del asunto | the (significant/interesting) thing about the matter |
| lo más importante | the most important thing |

Nexos para ejemplificar

algunas veces	sometimes
baste un ejemplo	an example will suffice
buen ejemplo de esto es	a good example of this is
como	as
digamos	let's say
generalmente, por lo general	generally, in general
para ejemplificar	to exemplify, illustrate
por cierto	as a matter of fact, certainly
por ejemplo	for example
puede servir de muestra	. . . can serve as an example
se cuentan entre otros...	among others are . . .
sírvanos de muestra (ejemplo)	take as an example
tal(es) como	such as
Veamos un par de (algunos, los siguientes) ejemplos.	Let's look at a couple of (several, the following) examples.

La definición extensa

La definición es quizás el fenómeno retórico que más caracteriza la exposición. Aunque su forma puede ser sencilla, en el ensayo académico es común que aparezca una definición más elaborada debido al alto grado técnico del género.

Antes de leer *Piense en un objeto, fenómeno o proceso técnico que conozca bien. Anote las características del fenómeno. Luego use la lista de nexos para explicárselo en detalle a otro/a estudiante.*

A continuación se presenta el primer párrafo de un ensayo sobre el disco compacto computarizado. En él, se plasma una definición extensa del fenómeno.

▩ TEXTO MODELO

La enciclopedia electrónica

El CD-ROM, disco compacto de sólo lectura de memoria, se está convirtiendo en el nuevo megalibro de finales del siglo XX. Los CDs son discos plásticos revestidos°   cubiertos
con aluminio y laca cuya información está codificada en una serie de huecos

Un investigador mexicano hace uso de la forma tradicional de buscar información en las bibliotecas.

muy pequeños que se leen a través del reflejo de luz láser. En ellos se tiene un índice automatizado y un texto, en algunos casos con video y audio con la capacidad de transferir cualquier información a un procesador de textos, base de datos u otro programa para poder manipular esa información. Desde la aparición de los CD-ROM en 1986 se han almacenado° referencias en discos ópticos,   guardado
y esto se debe a que un solo disco de cinco pulgadas puede almacenar 680 Megabytes de datos.[...] En estos discos se puede almacenar tanta información como la equivalente a una columna de libros estándar de 43 metros de altura, con un costo por copia de un dólar aproximadamente. Por todo esto, la industria, el gobierno y las instituciones usan cada vez más el CD-ROM como el medio más económico y conveniente para almacenar, manejar y distribuir enormes cantidades de información.[...]

Morris Strauch, *Información científica y tecnológica*

TÉCNICAS DE REDACCIÓN

La investigación de un fenómeno científico

Al investigar un fenómeno científico, es necesario buscar cuantos datos sean necesarios para poder definir el fenómeno con precisión. En la primera etapa de la investigación, es útil expresar el fenómeno en términos de una definición sencilla. La definición sencilla consiste en clasificar el objeto según su especie, y luego identificarlo conforme a sus diferencias específicas. La segunda oración del texto modelo sobre el CD-ROM ofrece un ejemplo.

término	verbo	especie	diferencia específica
Los CDS	son	discos plásticos	(cuya) información está codificada en huecos.

El verbo *ser* casi siempre se usa para ubicar el objeto en una especie general ("Los CDs *son* discos[...]"). Una preposición o un relativo ("*cuya* información[...]") suele ser utilizado para diferenciar el término.

término	verbo	especie	diferencia específica
El ojo	es	un órgano	(de) la vista.
El automóvil	es	un vehículo	(que) camina movido por un motor de explosión.
La geometría	es	una disciplina matemática	(que) estudia el espacio y los cuerpos que se pueden formar.

Al profundizar más la investigación del fenómeno, es necesario ampliar la definición. Se hace una definición extensa añadiendo elementos como los siguientes.

sinónimos:	¿A qué se parece?
descripción:	¿En qué consiste? ¿Cómo es?
proceso:	¿Cómo funciona?
origen:	¿De dónde viene?
desarrollo:	¿Cómo se desarrolló?
causas:	¿A qué se debe?
efectos:	¿Cuáles son las consecuencias?

A continuación se ven los datos que el autor emplea para explicar qué son los CDS.

sinónimos:

Son como un megalibro y almacenan tanta información como una columna de libros de 43 metros.

descripción:

Son discos plásticos revestidos de aluminio y laca con huecos pequeños; tienen un índice automatizado y texto con la capacidad de transferir información.

origen:

Aparecieron en 1986.

causas y efectos:

> Se almacenan muchas referencias en los CDs porque un solo disco tiene 680 Megabytes y se usan con frecuencia porque son económicos y convenientes.

Actividad de análisis

Vuelva a leer la definición extensa del ozono que se hace en "El ozono: de capa caída" (página 82, párrafo 5). Marque con una X los elementos que componen esta definición.

_____ definición sencilla (clase general y diferenciación)
_____ sinónimo
_____ descripción física
_____ proceso
_____ origen
_____ desarrollo
_____ causas
_____ efectos

Luego, al lado de cada elemento que haya marcado, anote las palabras o frases del texto que correspondan. Compare su análisis con el de otro/a estudiante.

El ordenamiento de datos

En una definición extensa, el tipo de datos y el orden en que aparecen varían mucho. Lo que determina su elección y su ordenamiento es el objetivo del autor. En "La enciclopedia electrónica", el título sugiere que se quiere enfatizar la alta capacidad que tienen los CDs para almacenar información. Por ello, hay tres elementos básicos que comprenden la definición.

- **sinónimos** (título y oración 1):   "enciclopedia electrónica" y "megalibro"
- **descripción** (oraciones 2–5):   "discos plásticos revestidos de aluminio y laca[...]"
- **efecto** (oración 6):   "la industria, el gobierno y las instituciones usan el CD-ROM para[...]"

La definición empieza con dos sinónimos para ayudar al lector a asociar el concepto desconocido con algo familiar. Al mismo tiempo centran la atención en el enfoque: la capacidad de los CDs para almacenar información. Luego, en la segunda y tercera oraciones el autor describe cómo son los discos físicamente y alude a cómo funcionan. La cuarta oración proporciona un dato sobre el origen de los CDs, pero no ofrece suficientes detalles sobre el desarrollo del producto. Esta oración enfatiza, más bien, la causa de su éxito: *"se debe a que* un solo disco[...] puede almacenar 680 Megabytes de datos". Esta información técnica se incluye en un contexto ordinario usando otro sinónimo: "*tanta* información *como* la equivalente a una columna de libros[...] de 43 metros". La definición termina con el resultado (efecto) del invento: Los CDs son populares porque son económicos y convenientes, y almacenan mucha información.

Actividad de análisis

Vuelva a leer la definición extensa del ozono en "El ozono: de capa caída" (página 82, párrafo 5), prestando atención a la forma. Con otro/a estudiante, anote los elementos enfatizados y comente el orden en que aparecen. ¿De qué manera la elección y el ordenamiento de elementos refuerzan el enfoque del ensayo?

Actividades de aplicación

1. *Escriba una definición sencilla para cada término a continuación. No use el término mismo en su definición. De ser necesario, consulte un diccionario o una enciclopedia en español.*

término	especie	diferencia específica
hígado		
ecologista		
computadora		
diabetes		
deserción escolar		
inflación		
deforestación		

2. *Con otro/a estudiante, escriba una definición extensa del hidrógeno usando la información a continuación. Siga estos pasos.*

   a. Elija un enfoque basado en el elemento más importante.
   b. Ponga los datos en orden de importancia.
   c. Omita los datos que no formen parte del enfoque.
   d. Use un estilo objetivo.
   e. Déle un título adecuado.

El hidrógeno

- Se obtiene a través de un proceso que consiste en atrapar la energía solar en celdas fotovoltaicas y en convertirla en agua.
- Es un gas que puede ser quemado en máquinas de combustión semejantes a las que se utilizan actualmente.
- Es un combustible ideal porque es limpio e inagotable.
- En diversos países se están construyendo automóviles y aviones prototipo que funcionan con el hidrógeno.

- La desventaja del hidrógeno es que es necesario enfriarlo a temperaturas muy bajas para que se convierta en líquido.
- Los sistemas de enfriamiento son muy costosos.
- Para el año 2000, será posible convertir la energía solar en hidrógeno a bajo costo.

La delimitación del tema

En "La enciclopedia electrónica", el autor usa una definición para plantear la idea principal. Otras técnicas que se emplean para enfocar una exposición son la clasificación—de lo general a lo específico—y la ejemplificación—lo específico para ilustrar lo general.

Antes de leer *Escoja la especie de un grupo, luego anote las subcategorías que la componen. Dé ejemplos específicos de cada subcategoría. Por ejemplo, la clase general de "mamífero" se divide en subcategorías como "roedor" (rata, marmota, cobayo, etc.), "ungulados" (vaca, cebra, caballo, etc.), "marsupiales" (canguro, koala, zarigüeya, etc.). Comparta su lista con otro/a estudiante.*

A continuación se presentan dos textos modelo que ilustran distintas técnicas para delimitar el tema. El primero trata del Fondo Mundial para la Conservación de la Naturaleza (World Wildlife Fund o WWF), que procura salvaguardar especies en peligro de extinción. El segundo ofrece un análisis de la queratotomía radial, una intervención quirúrgica que reduce la miopía.

⊠ TEXTO MODELO

3.000 proyectos en la historia del WWF

[Los] proyectos de conservación [del WWF] suman ya más de 3.000 a lo largo de la historia. Algunos de ellos se concentran o se han concentrado en el establecimiento y gestión de áreas protegidas, o en el desarrollo de proyectos modelo de conservación que incorporen las necesidades de la población local. Otras veces se encaminan a la recuperación de especies de animales o plantas en peligro de extinción, como el pingüino de ojos amarillos de los bosques de Nueva Zelanda, los gorilas *en la niebla* de los volcanes de Ruanda o los últimos quebrantahuesos° del Pirineo español.

aves rapaces parecidas al águila

2   Entre sus proyectos más famosos figura *Operación órix*. El órix de Arabia es un maravilloso antílope del desierto que en épocas bíblicas extendía su distribución geográfica desde Yemen a las llanuras de Mesopotamia, Siria y Palestina. En los años sesenta, las partidas de caza de los notables árabes[...] lo relegaron a un último grupo recluido en las montañas del sultanato de Omán. Una difícil

Órix de Arabia, antílope en peligro de extinción.

expedición fue organizada *in extremis* para adelantarse a los cazadores. Los órix supervivientes fueron capturados y trasladados a países occidentales, donde se consiguió su reproducción en cautividad. En 1978, cuando la situación en la zona se tornó más controlable, se estableció un acuerdo con el sultán de Omán para la reintroducción en el territorio de origen.[...] Después de una década de emergencia, el milagro del retorno de los órix ha resultado posible.

El país semanal

Ojo al dato

Rosa María Fernández, de 50 años, estaba harta de lentillas.° En el mar le escocían° los ojos, y por la noche, se le empañaban.° No lo dudó: merecía la pena la inversión con tal de quitarse el engorro° de las gafas. Se sometió° hace cuatro años a una queratotomía radial, una intervención quirúrgica que redujo su miopía de 5 a 0,5 dioptrías.°[...]

lentes de contacto
ardían   humedecían
molestia   Sufrió

grado de defecto de un ojo

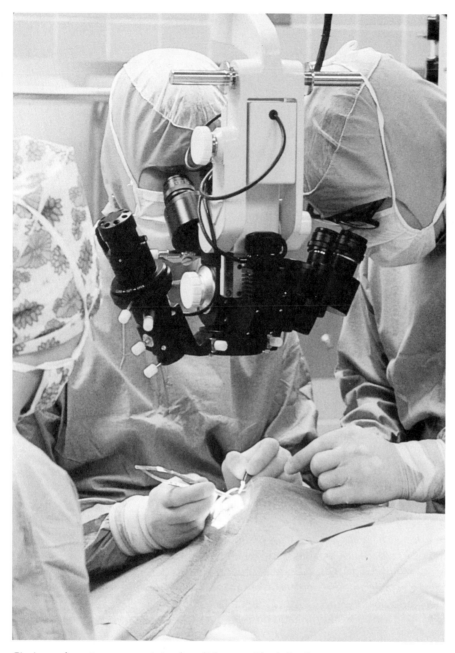

Cirujanos durante una queratotomía radial, operación de la vista.

2   En España hay unos ocho millones de miopes,° el 20 por ciento de la   personas cortas de vista
población. De ellos, siete millones tienen miopías de hasta seis dioptrías, que
podrían beneficiarse, como Rosa María, de la queratotomía radial. Consiste en
una serie de incisiones radiales en la superficie de la córnea que se abomba°   da forma convexa
hacia afuera en la periferia y se aplana en el centro. Su aparición fue casual:

un científico ruso miope tuvo un accidente de tráfico y se clavó los cristales del parabrisas en la córnea. Desde 1979 se practica en Rusia. En 1981 se perfeccionó en Estados Unidos. La evolución del método es vertiginosa.°   rápida

Javier Olivares, *Cambio 16*

TÉCNICAS DE REDACCIÓN

De lo general a lo específico

En "3.000 proyectos en la historia del WWF" se delimita el tema usando la clasificación, una técnica que ubica lo específico en un contexto general. El título da la impresión de que el artículo va a abordar todos los proyectos del WWF. Sin embargo, sería imposible describir 3.000 campañas ecológicas. Por eso, el autor centra su exposición en uno de los proyectos más notables. A continuación se describe este proceso de clasificación.

Párrafo 1:	La delimitación del tema comienza con la enumeración de los tres tipos de proyecto que auspicia el WWF. Para el enfoque, se elige el tipo relacionado con especies en peligro de extinción conforme a su popularidad. Se termina con ejemplos de tres especies que se han beneficiado de los proyectos de recuperación.
Párrafo 2:	Se plantea el enfoque específico: el caso del órix. El análisis empieza con dos detalles, uno que sirve para visualizarlo (el sinónimo *antílope*) y otro para fijar su lugar de origen (Arabia). Se anotan también la historia y la causa de la reducción del habitat del órix. Luego se narra el proceso mediante el cual el WWF ha intentado recuperarlo. Se termina con el resultado del proceso: el WWF ha logrado prevenir la extinción del órix.

La clasificación puede resumirse así.

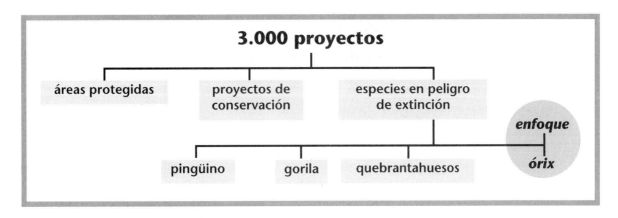

Vuelva a leer "3.000 proyectos en la historia del WWF", centrando su atención en el contenido. En su opinión, ¿qué criterios usa el autor para elegir los tres animales presentados hacia el fin del párrafo 1? ¿Por qué no se habla de ninguna planta? ¿Qué motiva al autor a centrar su exposición en el órix?

Lo específico para ilustrar el enfoque

A veces es útil ilustrar un tema científico con un ejemplo basado en la experiencia humana. Esto no significa que la idea principal sea más general. El ejemplo, más bien, facilita la identificación del lector con el enfoque. "Ojo al dato" ofrece una muestra de esta técnica de delimitación. El caso de Rosa María Fernández da entrada al análisis de la queratotomía.

Párrafo 1:	Se describen los síntomas que motivan a una mujer a operarse los ojos. El autor escoge a Fernández porque es típica de los miopes que sueñan con ver mejor y porque su cirugía tiene éxito.
Párrafo 2:	El tono se vuelve más científico. Se presentan datos específicos sobre el número de españoles que se han operado y quienes califican para la cirugía. Se proporcionan una definición de la queratotomía y una descripción de su origen. Se termina articulando el enfoque: "La evolución del método es vertiginosa".

Se puede resumir el proceso de delimitación así:

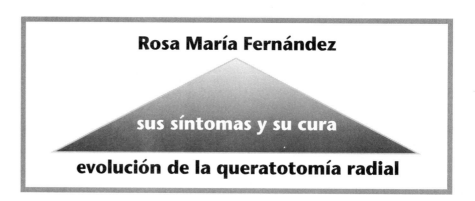

Rosa María Fernández

sus síntomas y su cura

evolución de la queratotomía radial

Vuelva a leer la introducción de "El ozono: de capa caída" (páginas 81–82, párrafos 1 a 4), prestando atención a su forma. Con otro/a estudiante, comente la técnica que usa el autor para delimitar el tema. Haga una gráfica como la anterior sobre la queratotomía para describir la manera en que el autor delimita el tema.

Actividades de aplicación

1. *Elija uno de los temas globales a continuación y haga una gráfica que ilustre cómo se puede usar la clasificación para delimitarlo. La gráfica debe terminar con el enfoque específico indicado. Use el árbol de "3.000 proyectos en la historia del WWF" como modelo.*

tema global	enfoque específico
crisis ecológicas	la muerte de lagos debido a lluvias ácidas
impresoras	el desarrollo de la impresora láser
la audición	el tratamiento de la sordera parcial mediante aparatos electrónicos
la deserción escolar	programas vocacionales que previenen contra la deserción escolar en secundarias urbanas

2. *Con otro/a estudiante, estudie el bosquejo a continuación que ofrece una clasificación del dolor de cabeza. Luego use esta clasificación para escribir una breve exposición sobre algún aspecto particular del dolor. Siga estos pasos.*

   a. Elija un enfoque específico.
   b. Decida si va a expresar el enfoque usando la clasificación o por medio de un ejemplo. Si elige el ejemplo, tendrá que inventar ciertos datos (por ejemplo, una persona que sufre una jaqueca).
   c. Use un estilo claro e imparcial.
   d. Déle un título apropiado.

El dolor de cabeza

I. Características generales del dolor de cabeza

   A. Es una de las afecciones[1] más difundidas a nivel mundial.
   B. Sus orígenes son diversos.
   C. Afecta a personas de todas las edades.
   D. Se considera uno de los motivos más frecuentes de ausentismo laboral.

II. Tipos de dolores de cabeza

   A. Hay 75 tipos distintos de dolores de cabeza, que se dividen en dos grupos básicos.
      1. El ocasional
         a. Tiene causas determinadas: gripe, problemas alimentarios, estados emocionales negativos.
      2. El crónico
         a. Se repite más de cuatro veces en un mes.

III. Tipos de dolores de cabeza crónicos

   A. La jaqueca
      1. Ataca en mayor proporción al sexo femenino (2 de cada 3 casos).

Se pueden identificar diferentes causas para el dolor de cabeza.

2. Se comienza a manifestar en la adolescencia o en la juventud.
3. El área afectada es la región frontal del cerebro.
4. Produce crisis violentas que pueden durar horas o días.
5. Es acompañada de vómitos, atontamiento[2] y malestar general.
B. La cefalea de tensión
1. Ataca a hombres y mujeres de edad adulta.
2. Es menos intensa que la jaqueca.
3. Resulta de la tensión.
4. La región afectada es la nuca[3].
C. Dolor de cabeza de Horton
1. Es muy violento.
2. Se confunde con otros dolores de cabeza porque no es muy conocido.
3. Ataca más a los hombres que a las mujeres.
4. Se tiende a fijar en pequeñas áreas, como los ojos.
5. Dura poco tiempo pero se puede repetir muchas veces en el día.
6. Es típico de la edad adulta, entre los 20 y 30 años.

[1]enfermedades   [2]incapacidad para pensar   [3]parte posterior del cuello en que la columna vertebral se une con la cabeza

🔳 EL PRIMER BORRADOR DE LA EXPOSICIÓN

PASO 1   **La recopilación de datos**   Antes de escribir el primer borrador, es necesario conocer a fondo el tema. Empiece por escribir una definición sencilla del tema, objeto o fenómeno a tratar. Luego use las preguntas a continuación para recopilar más información.

- ¿En qué consiste?
- ¿Cómo es?
- ¿A qué se parece?
- ¿Cómo se hace?
- ¿Cuál es su origen?
- ¿Qué causa esto?
- ¿Qué efectos tiene?

Después de recopilar suficientes datos, escriba una definición extensa de uno (o varios) de los fenómenos que piensa tratar en la exposición. Si se presta a la clasificación, haga una gráfica del fenómeno en la forma de un árbol. Si puede ilustrar el fenómeno con un ejemplo típico, anótelo.

PASO 2   **La imitación**   La carta a continuación pide datos sobre un tema científico. Imítela cambiando los elementos necesarios para que coincida con su tema.

7 de febrero de 1997

Dr. Ricardo Suárez Quintana
Embajada de Costa Rica
Washington, D.C.

Muy distinguido Sr. Embajador:

Por medio de la presente, permítame pedirle informes sobre la deforestación de los bosques tropicales de Centroamérica. Ruego me facilite, a vuelta de correo, los datos que tenga a su disposición sobre el grave problema de la disminución de las selvas en Costa Rica. En particular, tengo interés por saber el número de kilómetros de bosques que se pierden anualmente, la tasa[1] de erosión de suelos y las razones por las cuales va en aumento la degradación de zonas naturales.

Agradezco de antemano la información que pueda enviarme.

Atentamente,

Rita Núñez de Palma

Lic. Rita Núñez de Palma
Vía el Sereno #106
Irvine, CA 91712

[1] nivel

Imite la siguiente carta imaginando que usted es el experto consultado en la carta original (es decir, el destinatario de la carta original).

24 de febrero de 1997

Lic. Rita Núñez de Palma
Vía el Sereno #106
Irvine, CA 91712

Estimada Lic. Núñez de Palma:

Me permite poner a su disposición la siguiente información que usted solicita sobre la deforestación de zonas tropicales costarricenses.

Costa Rica pierde anualmente sus bosques a una tasa anual de 600 kilómetros cuadrados. Alrededor del 20 por ciento del país está severamente erosionado y otro 25 por ciento padece una erosión moderada. La pérdida de suelos alcanza casi los 700 millones de toneladas al año. Esta crisis se debe principalmente al sobrepastoreo,[1] pues Costa Rica es el líder centroamericano exportador de carne para los Estados Unidos.

Espero que su investigación sobre el grave problema ayude a salvaguardar este hermoso recurso natural.

Atentamente,

Ricardo Suárez Quintana

Dr. Ricardo Suárez Quintana
Embajada de Costa Rica
Washington, D.C.

[1] excesiva cría de ganado

PASO 3   La delimitación del tema   Siga este modelo para darle enfoque a su tema.

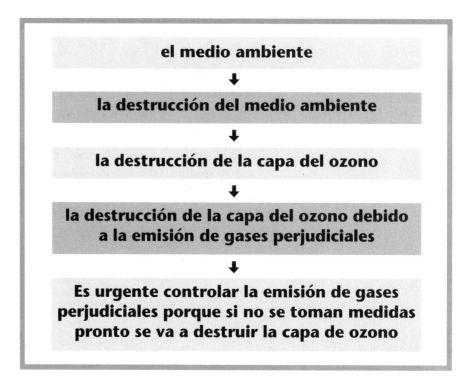

el medio ambiente

⬇

la destrucción del medio ambiente

⬇

la destrucción de la capa del ozono

⬇

la destrucción de la capa del ozono debido a la emisión de gases perjudiciales

⬇

Es urgente controlar la emisión de gases perjudiciales porque si no se toman medidas pronto se va a destruir la capa de ozono

Después de expresar la idea principal en una oración completa, analícela según los siguientes criterios.

- ¿Es esta oración apropiada para el enfoque de la exposición?
- ¿Es lo suficientemente específica e importante para atraer al lector?
- ¿Tiene usted suficiente información para analizar a fondo esta idea?

PASO 4   El estilo libre   Anote el enfoque de su exposición en la pantalla de una computadora. Por diez minutos escriba todo lo que le venga a la mente sobre el enfoque usando el estilo libre. No consulte sus apuntes durante la escritura.

PASO 5   El orden   Para el primer borrador, usted va a centrarse en la delimitación de un enfoque y la elaboración de una definición. También, debe empezar a dar forma a los puntos principales que apoyan el enfoque. Use el siguiente bosquejo para ayudarlo/a a poner en orden estos elementos. En el Capítulo 5, se estudiará cómo desarrollar los puntos de apoyo.

Bosquejo provisional: Borrador 1

Introducción:
Enfoque:
Definición:
Punto de apoyo 1:
Punto de apoyo 2:
Punto de apoyo 3:
Punto de apoyo 4:
Etc.
Conclusión:

PASO 6   **El primer borrador**   Use la información recopilada en las actividades anteriores para elaborar un primer borrador de aproximadamente dos páginas. El borrador tiene los siguientes cuatro objetivos principales.

- la expresión bien enfocada de la idea principal
- la elaboración de una o más definiciones
- la elección de puntos que apoyen la idea principal
- el uso de un orden lógico

No se preocupe por el estilo; esto se tratará más adelante en el proceso de la redacción.

La comparación y el contraste, y los puntos de apoyo

Una vez que se ha delimitado el tema y se han definido los conceptos, el siguiente paso en la elaboración de una exposición es profundizar el análisis. Hay tres estrategias que generalmente se utilizan para desarrollar un ensayo expositivo. Primero, se eligen ideas o conceptos que apoyan el enfoque. Luego, se usan ejemplos, datos y autoridades para comprobar la validez de las ideas. Por último, se organizan lógicamente los puntos de apoyo y los ejemplos.

Existen diferentes maneras de desarrollar y ordenar los puntos de apoyo. Una de las más populares es la comparación y el contraste, sobre todo en ensayos basados en encuestas, estadísticas o datos científicos. El uso de la comparación y el contraste ayuda al lector a entender un fenómeno desconocido por medio de su familiaridad con otro conocido.

GRAMÁTICA

Cuando se quiere incorporar en un documento la información que se obtiene por medio de referencias externas, es necesario reconocer las fuentes de donde se obtuvieron estas referencias. Para hacerlo se puede emplear dos sistemas: el discurso directo o el discurso indirecto.

El discurso directo

El presidente del Partido Verde señaló: "En los últimos años se han triplicado los niveles de contaminación en nuestra ciudad".

Si el autor busca apoyar su opinión por medio de autoridades reconocidas, acude a la cita textual. Generalmente, estas citas se incorporan dentro de un escrito empleando algunos de los verbos de la siguiente lista.

Verbos de mayor frecuencia para intercalar citas

aconsejar	escribir	pedir
admitir	exclamar	pensar
afirmar	exigir	preguntar
agregar	explicar	preguntarse
anunciar	gritar	recomendar
añadir	indicar	reconocer
asegurar	insinuar	relatar
comprobar	llamar	repetir
contestar	mandar	replicar
creer	mencionar	responder
decir	objetar	señalar
declarar	opinar	sugerir
disponer	ordenar	

Además de estos verbos, existen otras estructuras que pueden incluir la idea de una cita textual dentro de un documento. A continuación se enumeran algunas de las más comunes:

De acuerdo con + *origen de la cita*

Con base en la investigación / el estudio / la encuesta realizado/a por + *origen de la cita*

Según + *origen de la cita*

Según + *verbo de opinión* + *origen de la cita*

Sólo un 19.6 por ciento de los lectores de la revista *PC World* son mujeres, *según datos de su editora IDG*.

De acuerdo con el doctor Ramírez, la queratotomía radial tiene sus riesgos, pero no mayores que cualquier otra intervención.

Se emplea el discurso directo cuando se desea reproducir textualmente lo que ha dicho la autoridad. Se logra con su uso un efecto de verdad y un estilo más fresco. En el discurso directo, se transcribe la cita tal como la expone la autoridad. En español se puede emplear tres tipos diferentes de puntuación para citar textualmente: las comillas, los dos puntos y el guión largo.

Las comillas

Las comillas distinguen claramente, de manera gráfica, la voz de la autoridad a quien hace referencia.

"El problema es convencer al consumidor; es un producto muy desconocido. Pero su futuro es muy prometedor", *concluye* Flores.

Los dos puntos

En el ejemplo anterior, la información de la cita va seguida del verbo de opinión y la referencia. Es también posible anteponer estos datos, en cuyo caso se emplean los dos puntos para presentar la cita.

Los responsables del proyecto *comentaron*: "Será necesario obtener una nueva muestra, más fidedigna".

El guión largo

Esta forma se usa para representar diálogos, ya sea en entrevistas u obras dramáticas. El guión largo se usa solo antes de la cita y no al final.

Al preguntarle sobre el asunto a Alberto Flores, director de Forescal Castilla-La Mancha, empresa fabricante de pellets en España, el señor Flores *explica* : —Esta energía supone un ahorro importante: entre un 25 y 45 por ciento más barato que el carbón. Y es menos contaminante.

Al incorporar una cita textual en la exposición es necesario modificar el discurso para mantener un estilo uniforme. Los cambios más comunes son de tipo estructural y de sentido.

Exposición:	El hombre toma cada día más conciencia de la magnitud del problema, y los esfuerzos para detener la destrucción de esta parte vital de nuestra atmósfera comienzan a dar los primeros resultados concretos.
Cita textual seleccionada:	"Proponemos la eliminación total de los fluoruros de carbono industriales en un plazo no inferior a los diez años".
Autoridad:	Participantes de la Conferencia Internacional de Londres

La cita seleccionada sirve para ejemplificar esos "primeros resultados concretos" a los que se refiere el autor; sin embargo, no basta con dejar espacio e insertar la cita en el discurso. Es preciso colocar la cita en un sitio que mantenga el estilo, el ritmo y la lógica del documento.

Una de las iniciativas más encomiables fue la ofrecida por los participantes de la Conferencia Internacional de Londres, en la que propusieron "la eliminación total de los fluoruros de carbono industriales en un plazo no inferior a los diez años".

Actividad

Incorpore en cada uno de los siguientes párrafos la cita textual que lo sigue.

1. El problema principal para el empleo de energías renovables es el precio. De hecho, el primer impulso a estas energías alternativas provino de las crisis petrolíferas de 1973 y 1979. El terror a no poder disponer de recursos llevó a la búsqueda de energías propias.

    "Cuanto más baje el petróleo, más lejos estarán de ser competitivas las energías renovables".
    Francisco Serrano, Director General del Instituto de Energía

2. La energía más polémica es la incineración de residuos. Los ecologistas rechazan la quema de basura. Ante el aumento de desperdicios los ecologistas insisten en la fórmula de las tres erres: reducir el consumo, reutilizar y reciclar.

    "La quema de basura es un proceso muy tóxico".
    García Ortega, responsable de energía de Greenpeace

3. Las campañas para la conservación de la capa de ozono en nuestra atmósfera no han dado resultados significativos. La capa de ozono disminuye anualmente cada vez más. Se ha concluido que las naciones localizadas dentro de latitudes de 0 a 15 grados poseen una capa de ozono más delgada que la del resto del planeta.

    "En la actualidad la capa de ozono ha disminuido un 40 por ciento".
    Estudios científicos

El discurso indirecto

En el discurso indirecto, el autor del ensayo sirve como intermediario entre el experto y la información que éste aporta. Se emplea este estilo cuando resulta innecesario citar cada palabra de la autoridad, ya sea por falta de espacio o porque sólo algunas referencias a la cita original son necesarias. En vez de citar textualmente, el autor da una idea resumida usando la paráfrasis. Al parafrasear, es muy importante mantenerse fiel al sentido original de la cita.

Al introducir el discurso indirecto generalmente se observa el siguiente orden: se inicia generalmente con la identificación de la referencia, después se coloca el verbo y hasta el final se incluye la transcripción de la cita:

> Científicos brasileños y norteamericanos *informaron* que la quema era tan vasta que representaba la décima parte de la producción mundial del dióxido de carbono.

Referencia:	*Científicos brasileños y norteamericanos*
Verbo que introduce la cita:	*informaron*
Cita textual:	"La quema es tan vasta que representa la décima parte de la producción mundial del dióxido de carbono."

Como se observa en este ejemplo, la incorporación de una cita en el estilo indirecto está sujeta a ciertas modificaciones. Primero, es necesario que la cita se subordine al discurso mediante un conector o nexo. Hay tres enlaces posibles entre el verbo y la cita indirecta.

- *Que* en la oración declarativa y el mandato

    La Dra. Guzmán de Muñoz *añade que* el transbordador espacial hará tres misiones a la luna en la próxima década.

    Los consumidores *exigen que* se les mantenga informados.

- *Si* cuando se cita una interrogación sin pronombre interrogativo

    El observador imparcial *se pregunta si* no se estará olvidando la solución fundamental.

- Un pronombre interrogativo (*qué, quién, cuál, cuándo, cuánto, cómo, dónde, por qué*)

    Los científicos *quieren saber qué* previene el cáncer.

Además, la transcripción indirecta con frecuencia exige modificaciones en cuanto al tiempo y modo verbales, el uso de ciertos adjetivos, pronombres y expresiones de tiempo y lugar.

La modificación en el tiempo verbal

Cuando el verbo que introduce la cita se escribe en presente, en el discurso indirecto se mantienen los mismos tiempos verbales del texto. Pero si se emplea un verbo en pasado para introducir la cita original, es recomendable establecer la concordancia temporal. Los cambios más comunes en los tiempos verbales son los siguientes.

Tiempo del discurso directo		Tiempo del discurso indirecto
presente	→	imperfecto
pretérito o presente perfecto	→	pluscuamperfecto
futuro	→	condicional
futuro perfecto	→	condicional perfecto
imperativo	→	imperfecto de subjuntivo
presente de subjuntivo	→	imperfecto de subjuntivo

Directo: "*Resolvimos* el problema en poco tiempo", dijo Raúl Duarte, presidente de la empresa.

Indirecto: El presidente de la empresa, Raúl Duarte, dijo que *había resuelto* el problema en poco tiempo.

Directo: La licenciada Norma Gutiérrez le ordenó al dueño de la compañía automotriz: "*Busque* un dispositivo que *contamine* menos".

Indirecto: La licenciada Norma Gutiérrez ordenó que el dueño de la compañía automotriz *buscara* un dispositivo que *contaminara* menos.

Modificación de adjetivos y pronombres

Al transcribir indirectamente una cita hay que poner especial atención en los adjetivos y pronombres que tienen un referente particular, ya que al hacerlo el referente se modifica:

Directo: —*Les* garantizo que *su* inversión rendirá frutos, declara la promotora del sistema.

Indirecto: La promotora del sistema declaró que *nos* garantizaba que *nuestra* inversión rendiría frutos.

Modificación de expresiones de tiempo y lugar

Las expresiones de tiempo y lugar necesitan adaptarse a la nueva posición del que transcribe la cita.

Directo: "*El próximo semestre* se llevará a cabo un experimento de enorme interés *en este lugar*", explica el coordinador de la investigación.

Indirecto: El coordinador de la investigación explicó que *el siguiente semestre* se llevaría a cabo un experimento de enorme interés *en ese lugar*.

Actividad

Cambie las siguientes citas textuales al discurso indirecto. Use verbos en el pretérito para introducir las citas.

1. "En diez años la cirugía puede evolucionar mucho, y por eso no hay que precipitarse".

   El doctor Murube _____

   _____

2. "El primer aerogenerador que se instaló en España hace diez años costó cien millones de pesetas. Ahora cuestan la décima parte".

   El director del Instituto de Energía, Francisco Serrano, _____

   _____

3. "¿Es lo mismo hablar de escuela primaria o secundaria entre nosotros, que pensar en la prioridad educativa absoluta de los japoneses?"

   Mariano Grodona, Secretario de Educación chilena, _____

   _____

4. "Lo más satisfactorio de mi nueva vista y mi nueva vida es levantarme de la cama sin tener que palpar la mesilla 'a ciegas' para coger las gafas, como hacía antes".

   Una paciente del doctor González, Ascensión García, _____

   _____

 ## NEXOS PARA COMPARAR Y CONTRASTAR

Con frecuencia, para comparar y contrastar dos o más elementos se emplean algunos de los nexos a continuación. Estos términos buscan fundamentalmente reafirmar el esquema establecido de un escrito; no lo sustituyen.

Nexos para comparar

además, también, asimismo	*also*
como, así como	*as*
como sucede con X, Y...	*as occurs with X, Y. . .*
comparado con	*compared to*
de la misma manera	*likewise*
de semejante manera (modo)	*in the same way*
del mismo modo	*in the same manner*
igual, al igual que	*the same as*
más/menos... que	*more/less . . . than*
semejante (parecido) a	*similar to*
tan + *adj.* + como	*as* + adj. + *as*

La comparación y el contraste

La comparación y el contraste se usan con frecuencia para desarrollar el análisis de un fenómeno o para expresar las cualidades relativas de dos o más fenómenos. En la exposición, se puede emplear la técnica de la comparación y el contraste para explicar sólo ciertos aspectos del tema principal o para desarrollar el tema en su totalidad.

Antes de leer *Elija una profesión u oficio que tradicionalmente se asocie con uno de los sexos (por ejemplo, abogado, mecánico, científico, secretaria, enfermera, maestra). Luego, anote todas las semejanzas y diferencias que se le ocurran sobre cómo los hombres y las mujeres desempeñan dicho trabajo. Ponga un asterisco al lado de cada semejanza o diferencia que usted considere que es un estereotipo. Luego compare su lista con la de otro/a estudiante.*

En el texto a continuación se usa la técnica de la comparación y el contraste para comentar sobre mujeres y hombres como usuarios de computadoras en España.

TEXTO MODELO

Secretarias y técnicos

Las mujeres lo consideran como una herramienta;° los hombres intentan ver más allá de la pantalla. Ellas se sientan ante él obligadas por el mercado de trabajo; ellos investigan más las posibilidades del ordenador.° En su primer

° instrumento para trabajo manual

° computadora

La computadora se ha convertido en una herramienta indispensable en el mundo de los negocios.

contacto con el teclado° ellas son más atrevidas; ellos en cambio son más reservados. El frío mundo de la informática también distingue entre sexos.

piezas que se pulsan para hacer funcionar una computadora

2   La mujer que se aproxima al mundo del ordenador suele hacerlo obligada por el mercado de trabajo, explica Javier Lozano, director de la academia de informática Nanfor Ibérica. En los cursos de tratamiento de textos, hojas de cálculo, bases de datos y áreas de gestión el alumnado° es fundamentalmente femenino. En cambio, en los cursos técnicos y de programación, los hombres son la mayoría.

estudiantes

3   El mundo de la informática sigue siendo predominantemente masculino. Según un estudio de la Asociación Española de Empresas de Tecnología de la Información, apenas el 30 por ciento de los empleados del sector son mujeres. Ellas también son minoría en los estudios universitarios, aunque cada año aumenta el número. En el curso 92/93, de los 3.048 alumnos matriculados en la Facultad de Informática de la Universidad Politécnica de Madrid, sólo 797 eran mujeres.[...]

4   También son los varones los que leen más sobre informática. Según datos de la editora IDG, sólo un 19.6 por ciento de los lectores de su revista *PC World* son femeninas. Lo mismo sucede entre los forofos° de los videojuegos. "Cerca del 90 por ciento de los jugadores son hombres", explica José Emilio Barbero, director de revistas de videojuegos.

fanáticos

Luis de Zubiaurre, *Cambio 16*

TÉCNICAS DE REDACCIÓN

El desarrollo mediante la comparación y el contraste

Hay dos maneras de comparar. Se puede comparar una cosa bien conocida con otra que se quiere comprender mejor. Alternativamente, se puede comparar dos o más cosas familiares para analizar sus semejanzas y diferencias. "Secretarias y técnicos" ejemplifica el segundo tipo de comparación. La exposición basada en una comparación puede marcar equivalencias, diferencias o ambas cosas. En este fragmento aparece tan sólo una equivalencia, que se da como punto de partida del análisis: Mujeres *así como* hombres usan computadoras.

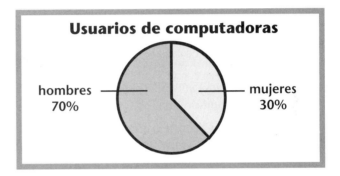

Fuera de esta comparación, el análisis se centra en las diferencias que existen entre usuarios masculinos y femeninos (como implica el título). La lista de contrastes figura a continuación.

Usuarios femeninos	Usuarios masculinos
La computadora es una herramienta.	La computadora es un medio de creación.
La usan tan sólo para trabajar.	Ven más aplicaciones.
Al principio son más atrevidas con ellas.	Al principio son más cautelosos con ellas.
Toman más clases sobre usos prácticos.	Toman más cursos técnicos y de programación.
Componen el 30% del sector de los empleados.	Componen el 70% del sector de los empleados.
Hay menos matriculadas en programas universitarios.	Hay más matriculados en programas universitarios.
Menos leen revistas de informática.	Más leen revistas de informática.
Menos usan videojuegos.	Más usan videojuegos.

En este análisis, la diferenciación no se hace para comprobar la superioridad de los usuarios masculinos. Más bien, intenta explicar el mayor número de hombres en la esfera de la computación.

Actividad de análisis

Los datos usados en "Secretarias y técnicos" reflejan el estado de la informática en España. Lea la lista de datos a continuación, que describe la situación actual en los Estados Unidos.

Usuarios femeninos en los Estados Unidos

- Las mujeres reciben más de la mitad de las licenciaturas, pero sólo un tercio de ellas se gradúa en las disciplinas de ciencia o ingeniería.
- Las mujeres representan casi la mitad de la fuerza laboral, pero sólo el 15% trabaja en el sector científico.
- El 82% de las mujeres estima que las computadoras han hecho su trabajo "mucho más fácil", frente al 74% de los hombres.
- El 84% de las mujeres estima que son "divertidas", frente al 67% de los hombres.
- El banco de datos CompuServe cuenta sólo con un 20% de mujeres en su registro.

Información de Pilar Casanova, *Cambio 16*

Use los datos de la lista y los de "Secretarias y técnicos" para responder a estas preguntas.

1. ¿Cómo se compara en general la situación de los usuarios de computadoras femeninos en España y en los Estados Unidos?
2. ¿Las estadísticas le ayudan a usted a entender mejor la representación de un mayor número de hombres en la informática tanto en España como en los Estados Unidos?
3. ¿Qué otra información le gustaría tener sobre este tema?

El orden de la información

Hay principalmente dos maneras de organizar una exposición basada en la comparación y el contraste. La primera es describir todos los rasgos de una entidad y luego describir la otra entidad, comparándola y contrastándola con la original. La segunda es alternar el análisis de los elementos comparados, uno por uno, según los puntos que tienen o no tienen en común. Un ejemplo de la segunda organización se ve en "Secretarias y técnicos".

Párrafo 1	**Introducción:** Alternación de diferencias entre usuarios masculinos y femeninos
	Enfoque: "El frío mundo de la informática también distingue entre los sexos".
Párrafo 2	**Punto de apoyo #1:** La mujer usa la computadora porque su trabajo lo requiere, mientras que el hombre la utiliza por vocación.
	Evidencia: Diferentes cursos que toman
Párrafo 3	**Punto de apoyo #2:** En el mundo de la informática, la mujer tiene menos representación.
	Evidencia: Estadísticas de empleos y de matrículas

Párrafo 4   **Más evidencia para apoyar #2:** Mayor participación de los hombres en revistas de computación y en videojuegos

Además de ilustrar una alternación, esta organización muestra la manera en que se desarrolla cualquier exposición: se plantea un enfoque bien delimitado, se expone una serie de puntos que apoyan el enfoque, y se proporciona evidencia concreta para comprobar la validez de los puntos de apoyo.

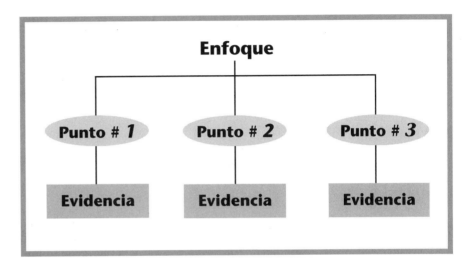

Es importante que los puntos de apoyo y la evidencia estén siempre al servicio de la idea principal.

Actividad de análisis

Lea el siguiente texto que compara una fuente de calentamiento nueva, los pellets de serrín, con una fuente tradicional, el carbón. Luego haga las actividades a continuación.

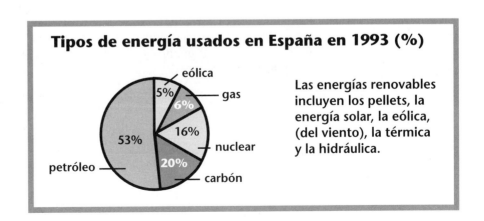

Petróleo blanco

Desde hace unos meses 40 comunidades de vecinos de Madrid se calientan con serrín.[1] Han transformado sus viejas calderas[2] de carbón en modernos centros de producción de calor. El secreto se llama pellets, unos cilindros más pequeños que un corcho de botella de vino. Estos pellets se producen compactando el serrín que resulta de residuos forestales.

—Esta energía supone un ahorro importante: entre un 25 y 45 por ciento más barato que el carbón. Y es menos contaminante, explica Alberto Flores, director de Forescal Castilla-La Mancha, empresa fabricante de pellets en España.

Con la utilización de este sistema se reduce el incremento de dióxido de carbono, principal gas responsable del calentamiento de la atmósfera, conocido como efecto invernadero. También se evita la producción de óxidos de azufre,[3] que se hallan en el origen de la lluvia ácida que destruye bosques y lagos. Y además los residuos que generan los pellets son mínimos: mientras que una tonelada de carbón produce 130 kilos de escorias,[4] la misma cantidad de este serrín compactado queda reducida a cinco kilos de cenizas tras su combustión.

Luis de Zubiaurre, *Cambio 16*

[1]partículas de madera [2]calefacciones [3]elemento químico [4]desechos, desperdicios

Haga una lista de las fuentes de energía mencionadas en el texto, anotando las equivalencias o las diferencias entre ellas. Con base en esta lista, haga una gráfica que muestre la organización de los datos.

Actividades de aplicación

1. *Elija uno de los pares de temas a continuación y haga una lista de todas las comparaciones y los contrastes que se le ocurran. Luego escriba diez oraciones comparativas usando las expresiones en* Nexos *para comparar y contrastar.*

- la máquina fax y el correo electrónico
- el fútbol hispánico y el fútbol norteamericano
- una universidad pública y una universidad particular
- el teatro y el cine

2. *Con otro/a estudiante, lea los datos a continuación sobre dos tipos de calentadores solares. Use la información para escribir un breve artículo comparando y contrastando los dos calentadores. Siga los pasos a continuación.*

   a. *Elija un enfoque. (Se puede dar igual trato a los calentadores o comprobar la superioridad de uno de ellos.)*
   b. *Seleccione una organización que apoye el enfoque.*
   c. *Incluya la mayoría de información dada.*
   d. *Después de redactar el borrador, déle un título apropiado.*

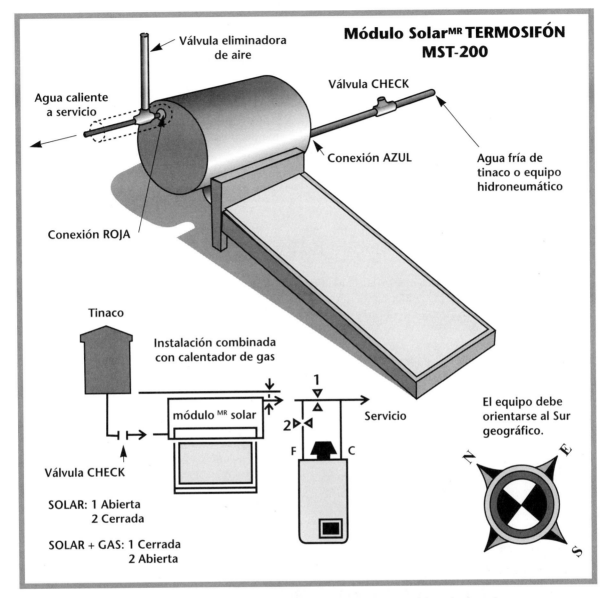

Módulo Solar[MR] TERMOSIFÓN MST-200

Válvula eliminadora de aire

Válvula CHECK

Agua caliente a servicio

Conexión AZUL

Conexión ROJA

Agua fría de tinaco o equipo hidroneumático

Tinaco

Instalación combinada con calentador de gas

módulo [MR] solar

Servicio

El equipo debe orientarse al Sur geográfico.

Válvula CHECK

F   C

SOLAR: 1 Abierta
2 Cerrada

SOLAR + GAS: 1 Cerrada
2 Abierta

El calentador autocontenido o integral

- Es el calentador solar más sencillo porque en un mismo dispositivo[1] se calienta y almacena el agua.
- Consiste en un tanque en el que se calientan unos tubos que elevan la temperatura del agua que pasa por ellos.
- Tiene un colector que evita que gran parte del calor escape.
- Es capaz de calentar 80 litros de agua diarios a una temperatura de 35 a 45 grados centígrados.
- Cuesta de 450 a 500 nuevos pesos mexicanos.

[1]máquina

El calentador plano

- Consiste en un panel colector conectado a un termotanque.
- El colector recibe los rayos solares y hace circular por sus tubos agua caliente, la cual a su vez calienta el agua fría del termotanque.
- Permite un constante movimiento del agua sin necesidad de bombas.[1]
- Es capaz de calentar de entre 120 a 200 litros de agua diarios a una temperatura de 40 a 50 grados centígrados.
- Cuesta 850 nuevos pesos mexicanos.

[1] instrumentos para impulsar líquidos

El desarrollo de los puntos de apoyo

Para desarrollar la idea principal de un ensayo científico se necesita suministrar evidencia concreta. La evidencia—ejemplos, datos y estadísticas—se ordena de acuerdo a subtemas o puntos de apoyo.

Antes de leer *Piense en un lugar (una ciudad, un estado o un país) que conozca muy bien. Anote el estado de las siguientes instituciones (¿están en buenas o malas condiciones?) en este lugar: el sistema educativo, el sistema médico, los sistemas de transporte y la economía. Luego dé dos o tres ejemplos específicos que describan o expliquen el estado de cada institución. Comparta su lista con otro/a estudiante.*

El siguiente fragmento presenta una exposición sobre Cuba. Su enfoque intenta demostrar lo que unos obispos cubanos llaman "la lamentable situación socioeconómica de la isla". Al leer el fragmento, fíjese en los puntos que se usan para apoyar el enfoque.

▣ TEXTO MODELO

Cuba: el paraíso puede remediarse

La economía va a peor desde que no llegan los cinco mil millones de dólares que cada año enviaba Moscú a cambio de tener un país satélite a noventa millas del enemigo. A Cuba se le acaban los apoyos. Sólo China se atreve a declarar públicamente sus simpatías por el régimen de La Habana. El apoyo del Gobierno chino[...] es, más que nada, retórico—los intercambios entre ambos países se sitúan sólo alrededor de los 400 millones de dólares al año.

2   El 80% de la industria está paralizada, lo que lleva al paro del 70% de la fuerza industrial de trabajo. De treinta mil rutas de autobús urbano, sólo funcionan tres mil. Los cortes de electricidad duran entre doce y dieciséis horas. El racionamiento oficial no da derecho a comer carne. Las *jineteras*—jóvenes que

En el centro de la Habana, el deterioro de los edificios y la falta de servicios públicos son evidentes.

se prostituyen a cambio de dólares o de cualquier chuchería° *made in USA*—se agolpan° a las puertas de los hoteles. La sanidad, el tradicional orgullo del régimen, padece la crisis como los demás sectores de la sociedad. A los pacientes del Hospital Enrique Cabrera de La Habana, se les pide que se lleven las sábanas de su casa, y los médicos suturan con cáñamo,° a falta de hilo quirúrgico. Algunos medicamentos empiezan a escasear.

3   Pero la sociedad sufre también por otras razones. Se calcula que hay más de cinco mil presos políticos repartidos entre cien cárceles y el aparato represivo sigue ahí, aunque debilitado por la miseria general. Por ejemplo, en cada manzana de La Habana hay un CDR (Comité para la Defensa de la Revolución) ocupado por miembros del Partido Comunista.[...] Si usted viviera en La Habana, alguien espiaría su casa veinticuatro horas al día.

Gonzalo Robles y Ricardo Hernández, *Nuestro tiempo*

objeto de poco valor
se reúnen muchas de ellas

cuerda, fibra textil

 **TÉCNICAS DE REDACCIÓN**

La organización de los puntos de apoyo

Generalmente se organizan los puntos de apoyo de acuerdo a oraciones temáticas que encabezan los párrafos. Cada oración temática tiene que relacionarse íntimamente con la tesis. De igual forma, la evidencia en cada párrafo debe apoyar bien la oración temática. El fragmento de "Cuba: el paraíso puede remediarse" ejemplifica la relación entre el enfoque, los puntos de apoyo, las oraciones temáticas y la evidencia.

Enfoque: La situación socioeconómica y política de Cuba es "lamentable", según los obispos; hay pobreza y falta de libertad.

Párrafo 1   **Punto de apoyo:**   inestabilidad económica
Oración temática: "La economía va a peor[...]."
Evidencia: Cuba ya no cuenta con el apoyo financiero ni de la URSS ni de China.

Párrafo 2   **Punto de apoyo:**   ejemplos de la pobreza económica y problemas con la infraestructura
Oración temática: no hay
Evidencia: Lista de ejemplos variados de pobreza económica (industria paralizada, paro de trabajo, falta de transporte público, falta de electricidad, falta de carne, mucha prostitución, falta de sanidad)
Ejemplos de falta de sanidad (falta de sábanas, falta de hilo quirúrgico, falta de medicamentos)

Párrafo 3   **Punto de apoyo:**   falta de libertad
Oración temática: "Se calcula que hay más de cinco mil presos políticos[...] y el aparato represivo sigue ahí".[...]
Evidencia: Ejemplo: "comités" que vigilan las manzanas

La gráfica a continuación se basa en el mismo fragmento y realza la estrecha relación que existe entre enfoque, puntos de apoyo y evidencia.

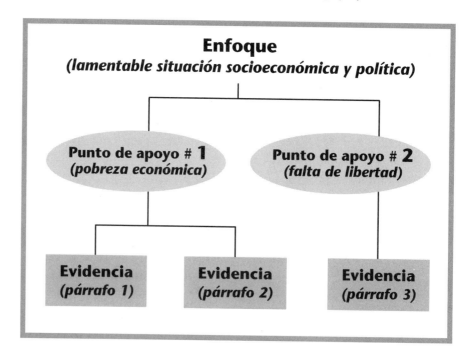

Actividad de análisis

Vuelva a leer la sección "Escudo protector" de "El ozono: de capa caída" en la In-troducción al Ciclo II. Con otro/a estudiante, identifique la oración temática de cada párrafo y explique cómo esta oración apoya el enfoque global del ensayo. Luego anote la evidencia que aparece en cada párrafo y explique cómo apoya la oración temática correspondiente.

Los ejemplos

Una exposición desprovista de evidencia concreta no convence al lector. Por ello, es importante proporcionar no sólo suficiente evidencia, sino también datos informativos que realzan el tema. Hay principalmente dos tipos de ejemplos: la analogía y la muestra. La analogía, como se estudió en el Capítulo 2, parte de un término conocido para explicar un fenómeno desconocido. La muestra, en cambio, sirve para enseñar un número reducido de elementos de una categoría determinada. Las muestras se dividen en dos clases: las descriptivas y las cuantitativas. En el párrafo 2 de "Cuba: El paraíso puede remediarse" figura una lista de muestras que ejemplifican la oración temática del párrafo 1: "La economía va a peor[...]." El ejemplo de las jineteras es una muestra descriptiva porque ofrece información anecdotal. El ejemplo de la industria paralizada es una muestra cuantitativa porque se basa en una estadística verificable (el 80%).

La elección de ejemplos depende de varios factores: la naturaleza del tema, los objetivos del autor y los intereses del lector. El tema de "Cuba: el paraíso puede remediarse" se presta a una mezcla de evidencias. Por ello, en el párrafo 2 abundan muestras basadas en datos y estadísticas. El párrafo 3, en cambio, consta de un solo ejemplo descriptivo. Además, diferentes clases de evidencia apelan a diversos tipos de lectores. Hay muchos ejemplos descriptivos en este artículo porque es de interés general. Si hubiera sido escrito para economistas o historiadores, los autores habrían tenido que suministrar más datos técnicos.

El número de ejemplos usado para apoyar una idea refleja el énfasis que se quiere dar a esa idea. En el párrafo 2, por ejemplo, hay siete muestras de la pobreza cubana: la industria paralizada, el paro, la falta de autobuses, los cortes de electricidad, el racionamiento de comida, la gran cantidad de prostitutas y la falta de sanidad. Esta última muestra, sin embargo, se ejemplifica aun más con la enumeración de tres carencias: la falta de sábanas, de hilo quirúrgico y de medicamentos. La atención que se presta al tema de la salud es reflejo de su importancia según los autores y según el gobierno cubano (que la considera "el tradicional orgullo del régimen").

Actividad de análisis

Lea los párrafos 3 y 6 de "El ozono: de capa caída" en la Introducción al Ciclo II, prestando atención a la evidencia. Con otro/a estudiante haga una lista de los diferentes ejemplos que aparecen en cada párrafo: analogías, muestras descripti-vas y muestras cuantitativas. Luego compare y contraste el tipo y el número de ejemplos que figuran en cada párrafo. En su opinión, ¿por qué hay una diferencia entre el uso de distintos tipos y números de ejemplos?

Actividades de aplicación

1. *A continuación se presenta una lista que enumera medidas que se puede tomar para controlar el volumen de vehículos en centros urbanos. Elabore un párrafo basado en la lista siguiendo estos pasos.*

    a. *Empiece con el título y la oración temática dados.*
    b. *Elija las tres o cuatro medidas que le parezcan más factibles y ordénelas lógicamente.*
    c. *Incluya las medidas seleccionadas en el párrafo como evidencia para apoyar la oración temática.*
    d. *Incluya algunas de las expresiones que aparecen en* Nexos *para enfatizar y ejemplificar (Capítulo 4) para introducir los ejemplos.*

Restricciones para el uso de los automóviles en centros urbanos

Oración temática: Alcaldes de los grandes centros urbanos están contemplando diferentes restricciones para contrarrestar la contaminación que resulta de las emisiones de los coches.

Posibles ejemplos

- cuotas que tienen que pagar los automovilistas conforme a la utilización de sus coches
- cuotas en las calles y autopistas más transitadas
- uso del programa "No circule hoy," en el que un día por semana el automovilista tiene que usar los sistemas de transporte público en vez de su coche
- carriles especiales para vehículos con alta capacidad de ocupación
- mayores impuestos a la gasolina
- mayores impuestos a los coches ineficientes
- desarrollo de fuentes alternativas que sean renovables y limpias para los combustibles

2. *Con otro/a estudiante, estudie la gráfica a continuación que compara el número de estudiantes matriculados en los niveles primario, secundario y universitario de los países desarrollados (como Canadá y Estados Unidos) con el de los países latinoamericanos de ingreso mediano. Luego elabore un párrafo con base en los datos, siguiendo estos pasos.*

    a. *Haga una breve lista de comparaciones y contrastes.*
    b. *Basándose en la lista, elija una oración temática. Puede centrarse en todos los datos o tan sólo en ciertas comparaciones. Por ejemplo, puede analizar la diferencia entre la matrícula a nivel universitario*

de los países desarrollados y la de los países de ingreso mediano, o la diferencia entre el incremento de matriculación (1965–1988) en todos los niveles educativos de los países desarrollados y de los países de ingreso mediano.

c. *Incluya en el párrafo los datos que mejor apoyen la oración temática.*
d. *Al terminar el borrador, déle un título apropiado.*

Porcentaje de matriculación en los niveles primario, secundario y universitario, 1965 y 1988		
	1965 %	1988 %
Países desarrollados		
Primaria	104	103
Secundaria	63	95
Terciaria	21	41
Países de ingreso mediano		
Primaria	92	104
Secundaria	26	55
Terciaria	7	17

Nota: Los porcentajes superiores al 100% derivan del hecho de que también concurren adultos a la escuela primaria, desbordando entonces la cifra total de niños y jóvenes en la edad correspondiente.

Mariano Grondona, "Corremos detrás: la educación en América Latina", *Visión*

EL SEGUNDO BORRADOR DE LA EXPOSICIÓN

PASO 1   **La autoevaluación del primer borrador**   Sea honesto y objetivo al responder a las preguntas sobre el primer borrador de su exposición.

- Anote la idea principal. ¿Está bien delimitada y expresada? ¿Tiene usted suficiente información sobre este tema? ¿Coinciden los demás elementos de la exposición con esta idea?
- Analice el desarrollo de ideas. ¿Hay suficientes puntos de apoyo? ¿Hay puntos de apoyo que requieran más información? ¿Sería útil comparar y contrastar ciertos elementos?

- Subraye los ejemplos. ¿Hay suficientes ejemplos? ¿Respaldan bien los puntos de apoyo? ¿Hay una mezcla de ejemplos sinónimos, descriptivos y cuantitativos? ¿Qué ejemplo es el más logrado? ¿Cuál le parece el menos logrado?
- Analice la organización de ideas. ¿Hay una organización lógica y fácil de entender? ¿Valdría la pena experimentar con otra ordenación?

PASO 2   **El desarrollo de los puntos de apoyo**   El análisis de su tema debe ser lo más profundo posible. Para ver si conoce a fondo el tema, responda a este cuestionario. (Si alguna pregunta no encuadra con el tema, no la conteste.)

- ¿Qué es?
- ¿Qué significa?
- ¿Cómo está formado? (o ¿En qué consiste?)
- ¿Para qué sirve?
- ¿Qué es lo que lo causa?
- ¿Cómo funciona?
- ¿Cuál es su historia?
- ¿Cuáles son sus efectos o consecuencias?
- ¿Qué importancia tiene?

Compare la información que genera esta lista con la que ya tiene en su exposición. ¿Dónde podría usted añadir más información para mejor explicar o profundizar el tema? ¿Sobra información que no realza el enfoque?

PASO 3   **El uso de la comparación y el contraste**   Vuelva a leer el primer borrador y anote todos los fenómenos o conceptos que requieran más explicación. Haga las siguientes actividades con base en, por lo menos, uno de los elementos anotados.

- Piense en algo parecido al elemento anotado que ayude al lector a entender mejor éste. (Si en el primer borrador usted ya ha comparado y/o contrastado dos elementos, puede usarlos para continuar.) Anote en una hoja en blanco tanto el elemento original como el semejante.
- Haga dos listas: una que compare y otra que contraste los dos elementos anotados. Incluya todas las comparaciones y los contrastes que le vengan a la mente.
- Elija las comparaciones y los contrastes que mejor ayuden a explicar el elemento original. Luego use algunos de los nexos para comparar y contrastar para escribir un párrafo en el que se comparan y/o se contrastan ambos elementos.
- Lea el párrafo en voz alta a otro/a estudiante. ¿Lo/a ayuda a entender el elemento original? De ser así, intente incorporar el párrafo, o partes de él, en el segundo borrador.

PASO 4   **El uso de ejemplos**   Vuelva a leer el primer borrador y anote las ideas más importantes y las más difíciles de entender. Para cada una de estas ideas, escriba un ejemplo según los siguientes criterios.

- Imagine que el lector sabe muy poco sobre el tema y que le aburren las estadísticas. Escriba un ejemplo que le proporcione información al lector usando la descripción, la analogía o la comparación y el contraste.
- Imagine que el lector es un experto en un área relacionada con su tema. El/Ella sólo valora un análisis bien documentado. Escriba un ejemplo usando estadísticas o datos científicos. No olvide citar la fuente de su información.

PASO 5   **La organización de los puntos de apoyo**   Haga un bosquejo de su primer borrador siguiendo este modelo.

> **Título actual:**
> **Idea principal:**
>
> **Párrafo 1**
> **Introducción y enfoque:**
>
> **Párrafo 2**
> **Punto de apoyo:**
> **Evidencia:**
>
> **Párrafo 3:**
> **Punto de apoyo:**
> **Evidencia:**
>
> **Párrafo X**
> **Conclusión:**

Analice bien el bosquejo del ensayo. ¿Son relevantes todos los puntos de apoyo? ¿Los expresa usted bien en la forma de oraciones temáticas? ¿Tiene suficiente evidencia para comprobar estos puntos de apoyo? ¿Están ordenados lógicamente?

PASO 6   **El segundo borrador**   Use la información recopilada en las actividades anteriores para ayudarse a escribir el segundo borrador de la exposición. Esta versión debe tener una extensión de aproximadamente tres páginas a máquina. El borrador tiene los siguientes tres objetivos principales.

- usar la comparación y el contraste, si la técnica ayuda a explicar uno o más fenómenos, o el tema mismo, de su ensayo
- desarrollar los puntos de apoyo de una manera lógica y ordenada
- aprovechar eficazmente la evidencia (ejemplos, datos, estadísticas) para apoyar sus ideas

Empiece a pulir la expresión de su discurso, prestando atención a la gramática y al vocabulario. En cuanto tenga el segundo borrador elaborado, páselo en limpio y déle un título provisional.

La causa y el efecto, y conclusiones lógicas

En los Capítulos 4 y 5 se ha comentado el uso de la definición para iniciar la exposición de un tema científico, y de la comparación y el contraste para ampliar el análisis. Otra técnica que suele formar parte de la exposición es el estudio de causas y de efectos. Esta técnica permite el desarrollo de un tema científico con base en las respuestas a dos preguntas: ¿A qué se debe un fenómeno? ¿Cuáles son las consecuencias que provoca? Luego de un análisis detallado, la exposición termina con una serie de conclusiones. Estas deben ser lógicas y reflejar una íntima relación con los puntos de apoyo y, en última instancia, con el enfoque. En las conclusiones, se puede resumir las ideas más importantes, proponer soluciones o abogar por la necesidad de más investigación sobre el tema. En todo caso, las conclusiones deben presentarse de manera objetiva y no apelar excesivamente a las emociones.

GRAMÁTICA

En el Capítulo 4, se ha analizado la manera en que las oraciones se relacionan entre sí para lograr unidad en el párrafo. Se analizan en esta sección los enlaces anafóricos, otra manera de establecer conexiones. La anáfora consiste en la repetición de conceptos o palabras que han sido expresados con anterioridad.

Funciones del enlace anafórico

Los enlaces anafóricos tienen una doble función. Dentro de su propia oración, cumplen con un oficio nominal; es decir, pueden funcionar como sujeto, objeto, modificador o complemento. Dentro de un párrafo, conectan oraciones al repetir un concepto ya enunciado.

> El ozono es un gas de color azul y olor penetrante. Aunque el hombre *lo* ha empleado para diversos fines, *su* verdadera función es bastante diferente. En alturas superiores a los 15 kilómetros se encuentra la mayor densidad de *este* gas en nuestra atmósfera. *Esta* es la llamada capa de ozono. *Ella* filtra los poderosos rayos del sol.

En este párrafo cada una de las palabras remite a un nombre citado con anterioridad, llamado el referente.

enlace	referente
lo	el ozono
su	del ozono
este gas	el ozono
Esta	la mayor densidad del ozono
Ella	la capa de ozono

La unidad en este párrafo se logra principalmente por la consistencia temática de su enfoque: el ozono. Esta consistencia se ve reflejada en la columna de referentes. Por su parte, los enlaces anafóricos colaboran para lograr la coherencia en el párrafo y para evitar la repetición de la misma palabra. Se puede percibir la función de los enlaces si se sustituyen en el párrafo seleccionado.

El ozono es un gas de color azul y olor penetrante. Aunque el hombre ha empleado *el ozono* para diversos fines, la verdadera función *del ozono* es bastante diferente. En alturas superiores a los 15 kilómetros se encuentra la mayor densidad de *ozono* en nuestra atmósfera. *La densidad de ozono* es la llamada capa de ozono. *La capa de ozono* filtra los poderosos rayos del sol.

Sin el empleo de los enlaces anafóricos, el párrafo se vuelve monótono, repetitivo e inconexo. Además, la repetición de la misma palabra en líneas cercanas refleja pobreza léxica.

Actividad

Identifique el referente de cada palabra o expresión en cursiva.

1. De acuerdo con el conocimiento ordinario, el sonambulismo consiste en "caminar dormido". *Esta noción popular* concuerda con la etimología del término.
2. Los CDs son discos plásticos cuya información está codificada en una serie de huecos que se ven a través del reflejo de luz láser. En *ellos* se tiene un índice automatizado...
3. Un solo disco de cinco pulgadas puede almacenar 680 megabytes de datos. Dentro de *esta capacidad de memoria*...
4. Los proyectos de conservación del WWF suman ya más de 3.000. Algunos de *ellos* se concentran en...
5. Desde hace unos meses 40 comunidades de vecinos de Madrid se calientan con serrín. Han transformado *sus* viejas calderas de carbón...
6. En el debate sobre el problema de la droga se han barajado diversas salidas: la represión; la sustitución del cultivo de coca, opio y hachís; las campañas de prevención y la legalización de los estupefacientes. El observador imparcial, sin embargo, se pregunta si no se estará olvidando la solución fundamental: que los gobiernos quieran de verdad poner todos los medios a su alcance para terminar con *el problema*, que sean capaces de subordinar *sus* intereses económicos, políticos, estratégicos a la magnitud de *esta plaga*.

Tipos de enlaces anafóricos: por sustitución y por repetición

La sustitución reproduce conceptos expresados anteriormente por medio de pronombres y adjetivos. De esta manera conectan todas las frases que los emplean. Los enlaces por sustitución más comunes son: demostrativos, posesivos, relativos y pronombres de complemento directo o indirecto.

El uso del fluoruro de carbono es un factor determinante. *Su* consistencia química *le* permite desplazarse sin dificultades a las altas capas atmosféricas.

En este ejemplo los elementos de enlace (*su* y *le*) funcionan sustituyendo una palabra o expresión citada con anterioridad, a la vez que cumplen una función específica dentro de su oración.

enlace	referente	función nominal
su	fluoruro de carbono	adjetivo posesivo
le	fluoruro de carbono	pronombre de objeto indirecto

Cuando se usan enlaces anafóricos, es muy importante mantener la concordancia de género y número entre el pronombre y su referente. La concordancia ayuda a identificar el referente de un enlace porque indica si es singular o plural, de género masculino o femenino.

> Las mujeres *lo* consideran como una herramienta; los hombres intentan ver más allá de la pantalla. *Ellas* se sientan ante *él* obligadas por el mercado de trabajo; *ellos* investigan más las posibilidades del ordenador.

¿Puede usted identificar inmediatamente los referentes de las palabras en cursiva? En el caso de *ellas, ellos*, no hay duda; se refieren a los sujetos de las primeras oraciones (mujeres, hombres) y al no haber otro sustantivo plural se evita cualquier ambigüedad. Los otros dos pronombres *lo, él* no son tan obvios porque el referente aparece después de las anáforas (*el ordenador,* citado en la última línea). Aunque éste puede ser un buen recurso para crear suspenso, hay que manejarlo con precaución. Recuerde que en una exposición lo más importante es transmitir el mensaje, y deberá evitarse cualquier elemento que lo oscurezca o cree confusión.

Por su parte, el enlace anafórico por repetición consiste en repetir palabras o conceptos anteriormente enunciados. Esta anáfora puede ser de dos tipos.

Cuando se repite la misma palabra, se hace generalmente precedida de un adjetivo demostrativo o posesivo.

> El secreto se llama pellets. *Estos pellets* se producen...

Cuando se repite el concepto, se hace por medio de palabras sinónimas o diversos tipos de paráfrasis.

> Los residuos que generan *los pellets* son mínimos: una tonelada de este *serrín* compactado queda reducida a cinco kilos.

> La permanencia media d*el oxígeno* es de aproximadamente 3.800 años. Es decir, que *el gas que respiramos* nos acompaña desde...

Actividad

Sustituya las palabras en cursiva por los enlaces anafóricos que juzgue convenientes.

1. En Chile se está desarrollando el primer programa del Proyecto Chile 2010. El objetivo *del Proyecto Chile 2010* es ayudar a eliminar la pobreza, porque pensamos que sólo logrando *eliminar la pobreza* podemos empezar un nuevo siglo.

2. La cocaína es un descubrimiento alemán del siglo XIX. *La cocaína* sirvió inicialmente para fines científicos y luego se convirtió en un instrumento de vicio. Hoy día los Estados Unidos son el centro de consumo de *la cocaína*. Para contener la tendencia de un sector de la población de los Estados Unidos de aferrarse al hábito de consumir *la cocaína*, se quiere matar la producción de la hoja de coca.

3. Los miembros del gabinete pensaron en la posibilidad de que la participación de *los miembros del gabinete* en la organización del comité fuera considerada una manera de controlar *el comité*.

La importancia del antecedente en los enlaces anafóricos

Para evitar ambigüedades, es importante que se establezca una relación clara y directa entre el antecedente y su conector, ya que el significado de éste depende del referente. Los siguientes puntos sugieren maneras de evitar problemas de ambigüedad en lo escrito.

La distancia entre el enlace y el referente

Se recomienda no separar mucho el enlace de su referente. Por regla general es necesario que el referente se encuentre dentro del mismo párrafo. Además, en el caso de enlaces pronominales, es recomendable que se ubiquen en oraciones contiguas.

> En la misión del transbordador Discovery, los astronautas fotografiaron una densa nube de humo. La misma era resultado de la tala y posterior quema de bosques y selvas tropicales realizada durante la estación seca. Nunca antes *ellos* habían tenido la oportunidad de fotografiar una nube tan grande y espesa.

En este ejemplo, la anáfora *ellos* (pronombre que sustituye a *los astronautas*) se encuentra en el mismo párrafo que su referente, pero al final porque una oración larga interfiere entre ambos. Aunque el contexto clarifica el significado de la última oración, hay que tener cuidado de que la distancia entre los dos elementos no cause desconcierto en el lector.

La prioridad en el uso de referentes

Al escribir, se deberán evitar los casos de ambigüedad, sustituyendo los enlaces confusos por otros más precisos o modificando completamente la oración. Se trata de mantener una sola opción posible para cada anáfora. Sin embargo, si en alguna frase existen dos o más referentes posibles, hay que recordar que la gramática establece prioridades para estos referentes.

La palabra temática

El referente que tiene preferencia sobre cualquier otro elemento es la palabra o expresión que encierra el tema central del párrafo.

> Aunque el hombre ha usado el ozono para diversos fines, que van desde el tratamiento del reumatismo hasta la maduración del vino, *su* verdadera función es bastante diferente.

Su no se refiere aquí ni al antecedente más próximo ("la maduración del vino") ni a los sujetos, sino a "el ozono", tema central del pasaje.

El enlace de repetición también identifica el tema del pasaje como principal opción de referente, aun en casos en que el referente se encuentre en un párrafo anterior.

El hombre toma cada día más conciencia de la magnitud del problema, y los esfuerzos para detener la destrucción de *esta parte vital de nuestra atmósfera* comienzan a dar resultados.

Si se analiza este párrafo sin contexto, no es fácil recuperar el sentido pleno de la expresión en cursiva. Pero si se conecta la expresión con las últimas líneas del párrafo anterior, inmediatamente se puede clarificar su sentido.

[L]os países ecuatoriales poseen *una capa de ozono* más delgada que la del resto del planeta. Por esta razón la suya resiente más con los elementos tóxicos producidos diariamente.

El sujeto

Si existe ambigüedad para determinar el referente de un enlace, es el sujeto el que actúa como tal.

Los llamados países tercermundistas no poseen los recursos necesarios para cumplir con los objetivos trazados. *Estos* parecen requerir más que de buenos propósitos.

En este ejemplo la concordancia no resulta suficiente para identificar el referente de la anáfora *Estos*, ya que la oración que precede tiene tres sustantivos masculinos plurales. ¿Quiénes son los que parecen requerir más que de buenos propósitos: los objetivos, los recursos o los países tercermundistas? Basándose en las prioridades establecidas, el referente de este enlace anafórico será el sujeto de la oración anterior: los países tercermundistas.

Casos frecuentes de ambigüedad

Los pronombres neutros son los casos de anáfora que presentan ambigüedad con mayor frecuencia. Se distinguen de los otros tipos de pronombres porque pueden tener como antecedente no sólo un sustantivo, sino también una idea completa.

Los pronombres neutros pueden reproducir el conjunto de dos o más sustantivos que no designan personas.

El comité estará integrado por siete países desarrollados y siete no industrializados, *lo que* busca una equitativa participación.

Los pronombres neutros sustituyen también conceptos que no se han expresado antes por sustantivos, sino por verbos y oraciones enteras.

Cada aspiración precisa de medio litro de aire, *lo que* se traduce en que un adulto necesita casi diez mil litros al día.

Pueden suplir también el atributo de una cláusula sustantiva.

Parecía una escena cotidiana, pero no *lo* era.

Este tipo de pronombre, por su carácter colectivo y de alusión indeterminada, es frecuentemente mal empleado.

El sonambulismo recurrente afecta aproximadamente a tres niños de cada cien, mientras que en los adultos afecta sólo de dos a cuatro de cada mil. En los menores, *esto* tiende a ser pasajero.

¿Cuál es el referente del pronombre *esto*? Si como lo indica el contexto se refiere a la palabra *sonambulismo*, este uso no coincide con las funciones enunciadas de los pronombres neutros. Por lo tanto, sería mejor sustituirlo por un enlace de repetición como *este desorden* o *este trastorno*.

Actividad

Con un/a compañero/a, escriba un párrafo sobre la deserción escolar y sus consecuencias. Puede utilizar las sugerencias que se le ofrecen a continuación y/o añadir otras. Para lograr unidad y coherencia en el párrafo, utilice el recurso de la anáfora cuando sea necesario.

Consecuencias de la deserción escolar

- Aumenta la violencia juvenil.
- Disminuye las posibilidades de ascenso social.
- Se reducen las posibilidades de controlar o guiar a los jóvenes.
- Crece la tendencia a incurrir en vicios y malos hábitos.

 # NEXOS PARA INDICAR CAUSA Y EFECTO

A continuación se ofrece una lista de las expresiones más comunes para indicar causa y efecto.

Nexos y expresiones para indicar causa

a causa de	*because of*
a consecuencia de	*as a consequence of, because of*
debido a	*because of*
en vista de que	*in view of*
gracias a	*thanks to*
La causa de X es...	*The cause of X is . . .*
para que	*in order that, so that*
por medio de, a través de, mediante	*through, by means of*
porque	*because*
X se debe a...	*X is caused by . . .*
ya que, como, puesto que	*since, because, considering*

---

como consecuencia (resultado)	*as a consequence (result)*
de manera (modo) que	*such (so) that*
Las consecuencias, (efectos resultados) de X son...	*The consequences (results) of X are . . .*
luego, entonces	*then*
hasta tal punto que	*to such an extent that*
por consiguiente, así pues	*as a result, consequently*
por lo tanto, por eso	*therefore*
tan + *adj./adv.* + que	*so + adj./adv. + that*

La causa y el efecto

La técnica de la causa y el efecto se usa en la escritura científica para analizar los orígenes y las consecuencias de un fenómeno. Según el tema, se puede enfatizar uno de estos aspectos—las causas o los efectos—o se puede dar igual trato a los dos.

Antes de leer   *Piense en un problema médico que usted padeció alguna vez. Anote todo lo que ocasionó el problema y luego las consecuencias por las que pasó. De ser posible, incluya aspectos que vayan más allá de lo físico. Use la lista para describirle en voz alta las causas y los efectos del problema a otro/a estudiante.*
   A continuación se presenta una exposición sobre la alergia al polen. Se centra en el análisis de las causas y los efectos de esta inflamación nasal.

▨ TEXTO MODELO

¡Aaaah... chús!

La alergia es la respuesta inusitada° o inapropiada ante un estímulo.[...] Desde el 21 de marzo, uno de cada diez españoles temen y sufren las consecuencias de la rinitis alérgica, causada por la agresión de antígenos transportados por el aire o el polvo, que llegan a la mucosa nasal de personas sensibles al polen o al polvo doméstico. La primavera el ambiente altera.

extraña, no habitual

2   La rinitis estacional o del polen, también llamada *fiebre del heno,* está provocada sobre todo por las gramíneas.° Los alergólogos no pueden garantizar más que un 50 ó 60 por ciento de éxitos con tratamientos de esa rinitis estacional.[...]

plantas de la familia de la cebada, el trigo o el maíz

3   Congestión, secreción y estornudos son engorrosas° consecuencias de esta enfermedad. La humedad y los cambios bruscos de temperatura dificultan el cuadro,° pero también hay un importante componente psicológico, al tratarse

molestas, fastidiosas

empeoran

Una muchacha que sufre de alergias durante la primavera.

de una inercia anual. Se han dado casos de individuos alérgicos al polen de las flores que sufren ataques incluso ante la presencia de flores de papel.

4   La piel está también expuesta al cambio de estación. La dermitis atópica es un cuadro eczematoso crónico hereditario y asociado con frecuencia a otras manifestaciones como el asma o la rinoconjuntivitis. El 70 por ciento de los enfermos tiene antecedentes familiares. Entre los muchos agentes causales, según algunas teorías, puede haber también algunos inhalantes, como el polvo

doméstico o los hongos del aire, o las plumas o el polen. La sudoración excesiva agrava el pronóstico.

Javier Olivares, *Cambio 16*

 **TÉCNICAS DE REDACCIÓN**

El ordenamiento de causas y efectos

La exposición basada en la causa y el efecto parte de uno de los dos elementos: o se empieza por explicar las causas de un fenómeno seguido del análisis de las consecuencias, o se procede del modo contrario, planteando primero los efectos y después las causas. Lo que determina el orden más adecuado es el tema mismo, los intereses del autor o los del lector. A continuación se enumeran las causas y los efectos en "¡Aaaah... chús!"

Párrafo 1   **Causas** de la alergia: un estímulo
Causas de la rinitis alérgica: agresión de antígenos transportados por el aire o el polvo e inhalados por personas sensibles al polen o al polvo

Párrafo 2   **Causas** de la rinitis estacional: presencia de las gramíneas

Párrafo 3   **Efectos** de la rinitis: congestión, secreción, estornudos
Causas que complican la rinitis: humedad, cambios bruscos de temperatura, manifestaciones psicológicas

Párrafo 4   **Causas** de la dermitis atópica: inhalantes y factores hereditarios
Causas que complican la dermitis: el asma, la rinoconjuntivitis, la sudoración

Esta sinopsis revela que se enfatizan las causas de la alergia. El autor no necesita elaborar sobre las consecuencias porque todo el mundo sabe cómo la rinitis hace sufrir al alérgico. Se informa no sólo sobre las causas principales, sino también sobre las secundarias (qué es lo que complica la alergia). Además, el análisis de las causas parte de lo general (todas las alergias) y procede hacia lo específico (la dermitis alérgica). La mayor parte del desarrollo, sin embargo, se enfoca en las causas de la alergia al polen porque ésta es la idea principal del ensayo.

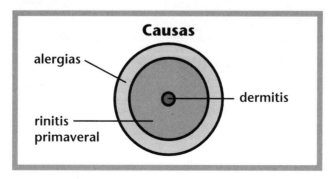

Actividad de análisis

El siguiente artículo trata de una serie de fotografías que se sacaron desde el espacio y que testimonia la destrucción del medio ambiente. Lea el fragmento y luego haga las actividades a continuación.

¿Qué pasa con la erosión y la contaminación del medio ambiente?

En la misión del transbordador Discovery de septiembre del año pasado, los astronautas fotografiaron una densa nube de humo de 1.600.000 kilómetros cuadrados sobre la mayor parte de la cuenca[1] del Amazonas. La misma fue resultado de la tala[2] y posterior quema de bosques y selvas tropicales realizada durante la estación seca. Nunca antes los astronautas habían tenido oportunidad de fotografiar una nube tan grande y espesa.

Científicos brasileños y norteamericanos informaron que la quema fue tan vasta que, probablemente, representa por lo menos la décima parte de la producción mundial de dióxido de carbono hecha por el hombre que, según se cree, causa el calentamiento de nuestro planeta a través del efecto invernadero.

USIS, *Ciencia e investigación*

[1]territorio regado por un río y sus afluentes   [2]corte de un árbol por el pie; destrucción

Haga una lista de las causas y los efectos que aparecen en cada párrafo del fragmento, en orden de aparición. Luego responda brevemente a estas preguntas.

La práctica de la tala y quema está acabando con la selva amazónica.

¿Se les da más importancia a las causas o a los efectos? En su opinión, ¿a qué se debe el orden de causas y efectos?

El estilo científico

El propósito de una exposición es informar al lector sobre un tema sofisticado. Para lograr este objetivo, el autor necesita no sólo conocer a fondo el tema, sino también expresar su conocimiento por medio del estilo que se usa en el mundo de las ciencias. Este estilo se caracteriza por los siguientes rasgos: un hábil manejo de tecnicismos, un tono objetivo, y un estilo claro y directo. "¡Aaaah... chús!" sirve de ejemplo, según se indica a continuación.

Tecnicismos:	El autor muestra su conocimiento del tema por su uso de términos médicos como "la dermitis atópica". Además, el autor ayuda al lector a entender fenómenos técnicos al emplear sinónimos comunes: "la rinitis estacional o del polen, también llamada *fiebre del heno*".
Tono objetivo:	En la exposición científica generalmente se expresan las ideas a través de formas impersonales, como la tercera persona plural o el uso de *se*. En "¡Aaaah... chús!", no se percibe el yo del autor. Asimismo, para respaldar sus observaciones sobre la alergia al polen, el autor cita a expertos médicos, tales como los alergólogos.
Estilo claro y directo:	En la escritura científica no se toleran ni los titubeos ni las digresiones. Por ello, el autor de "¡Aaaah... chús!" va al grano en la exposición de la alergia. Para lograr la claridad es común el uso de verbos simples (a menudo conjugados en el presente), además de una sintaxis sencilla, como se nota en la siguiente oración: "Congestión, secreción y estornudos son engorrosas consecuencias de esta enfermedad".

Actividad de análisis

Vuelva a leer "¿Qué pasa con la erosión y la contaminación del medio ambiente?", prestando atención a la forma. Anote ejemplos de los tecnicismos, el tono objetivo, y el estilo claro y directo.

Actividades de aplicación

1. *Haga una lista de causas y efectos para uno de los temas indicados a continuación. Siga el modelo de "El hambre en el tercer mundo".*

Al terminar la lista, use algunas de las expresiones en Nexos *para indicar causa y efecto (página 140) para escribir diez oraciones basadas en el tema elegido.*

El hambre en el tercer mundo

causas	efectos
bajos ingresos[1]	alta tasa de enfermedades infantiles
analfabetismo	mortandad de recién nacidos
desempleo	traumas psicológicos
falta de información sobre la nutrición	alta tasa de crimen
falta de control natal	abuso de drogas

[1]ganancias

Temas

- el abuso infantil
- el programa norteamericano del espacio
- la inmigración de centroamericanos o caribeños a los Estados Unidos
- la violencia en el cine
- animales en peligro de extinción

2. *Lea los datos a continuación sobre el abuso del alcohol entre los adolescentes españoles. Luego, con otro/a estudiante, escriba un breve ensayo basándose en la información. Siga estos pasos.*

   a. *Ponga las causas y los efectos en un orden lógico. Luego decida si quiere empezar con un análisis de las causas o de los efectos.*

   b. *Elija un enfoque y anótelo en una hoja de papel. Anote también los principales puntos de apoyo.*

   c. *Redacte un borrador incluyendo la mayor parte de la información. Si algo no encuadra con el enfoque, puede omitirlo.*

   d. *Revise bien su borrador prestando atención al tono y al estilo. Haga los cambios necesarios para lograr una expresión objetiva y clara.*

   e. *Pase en limpio la versión final y déle un título apropiado.*

El abuso del alcohol entre los adolescentes españoles

Causas

- El consumo del alcohol en el ambiente familiar puede contribuir al problema.
- La presión social por sentirse aceptados también es un factor.
- El gobierno español no obliga a cumplir la prohibición de vender bebidas a menores de 16 años.
- Hay una falta de educación en las escuelas sobre el abuso del alcohol.
- El gobierno no toma medidas para combatir la falsificación de documentos de identificación.

- El 15% de los mensajes publicitarios promueven el consumo del alcohol entre los adolescentes.
- Los programas de rehabilitación generalmente no tienen mucho éxito.

Efectos

- El número de menores de edad "enganchados"[1] al alcohol va en aumento en España. (En Europa, España ocupa el primer lugar en el número de menores de edad que padecen del alcoholismo.)
- Según la Federación de Alcohólicos de la Comunidad de Madrid, hay aproximadamente 70.000 menores de 18 años declarados alcohólicos.
- El número de menores de edad que pierden el conocimiento debido a un consumo excesivo de alcohol contribuye al colapso de los servicios de emergencias.
- El exceso de alcohol perjudica la salud física y psicológica del menor.
- El exceso de alcohol contribuye al incremento de agresividad (más peleas, más crimen) entre la juventud española.

[1]enviciados, adictos

Conclusiones lógicas

La conclusión de una exposición importa tanto como la introducción. Mientras la introducción debe ser bien enfocada y llamativa, la conclusión es la última oportunidad de informar y de impresionar al lector.

Antes de leer *Piense en un problema personal que usted haya experimentado últimamente (aumento de peso, alguna disputa con su mejor amigo, una mala nota sacada en una clase, etc.). Anote todas las conclusiones lógicas a las que pueda llegar sobre el problema. Luego anote las posibles soluciones al mismo. Use la lista de conclusiones y soluciones para describirle el problema en voz alta a otro/a estudiante.*

El fragmento a continuación ofrece las conclusiones a una exposición amplia y detallada sobre el sonambulismo.

TEXTO MODELO

Sonambulismo: Conclusiones

El sonambulismo es un estado de disociación donde la vigilia° y el dormir se encuentran en combinación, por lo que también se considera como un trastorno° del despertar[...] más que del dormir. Todos los incidentes registrados se inician

acción de estar despierto
desorden

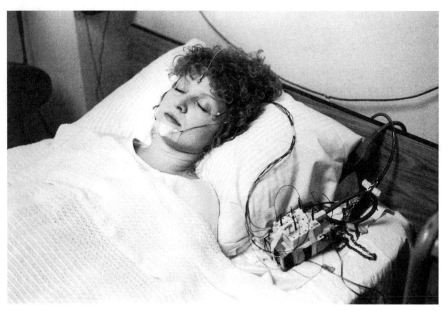

La polisomnografía sirve para detectar los problemas del sonambulismo.

durante las fases III y IV del dormir no-MOR[...],° lo que pone en duda su relación con el soñar.

Sin Movimientos Oculares Rápidos

2   El sonambulismo recurrente afecta aproximadamente a tres niños de cada cien, mientras en los adultos afecta sólo de dos a cuatro de cada mil. El sonambulismo presenta un fuerte factor de transmisión hereditaria. En los niños se asocia con la inmadurez del sistema nervioso central y su incidencia en adultos se relaciona con las alteraciones conductuales y de la personalidad.

3   En los menores este desorden tiende a ser transitorio, por lo que se recomienda adoptar ciertas medidas de seguridad. Actualmente se cuenta con varias técnicas para el tratamiento del sonambulismo grave[...]; sin embargo, se carece de validaciones sistemáticas que demuestren la efectividad de dichas técnicas.

4   En consecuencia, hace falta una mayor investigación sobre la naturaleza del sonambulismo que permita orientar adecuadamente su prevención, así como generar nuevas técnicas terapéuticas.

Arnoldo Téllez y Pablo Valdez, *Ciencia y desarrollo*

 TÉCNICAS DE REDACCIÓN

La relación entre la conclusión y el cuerpo del ensayo

En una conclusión, el autor necesita interpretar lógica y escuetamente la evidencia presentada en el cuerpo del ensayo. Para lograr esto, debe crear una relación íntima entre el enfoque, los puntos de apoyo y la conclusión. Esta relación suele establecerse mediante un breve resumen o paráfrasis de las ideas principales. Se reiteran estas ideas para enfocar la atención del lector en la tesis una última vez. El bosquejo a continuación presenta un resumen de la versión completa de "Sonambulismo". Al leerlo, piense en la relación que existe entre los puntos de apoyo y la conclusión.

Sonambulismo

Oración introductoria:	Se define el sonambulismo (presentado al comienzo del Capítulo 4).
Enfoque:	El sonambulismo es "un trastorno más del despertar que del dormir".
Punto de apoyo 1:	Consiste en una secuencia de conductas que se manifiestan en las primeras tres horas de sueño.
Punto de apoyo 2:	Se presenta durante una de las dos fases del dormir: la de no-MOR.
Punto de apoyo 3:	Es más común en niños que en adultos.
Punto de apoyo 4:	El adulto debe someterse a un tratamiento para superar el problema.
Punto de apoyo 5:	Hasta la fecha no se ha llegado a comprender la verdadera naturaleza del sonambulismo.

La conclusión de "Sonambulismo" se relaciona con el cuerpo del ensayo de dos maneras. Primero, repite el enfoque en la primera oración: es un trastorno del despertar más que del dormir. Segundo, resume brevemente el análisis detallado que se hizo en el cuerpo.

cuerpo del ensayo	conclusión
Introducción	
definición	Es un estado de disociación.
enfoque	Es un trastorno del despertar más que del dormir.
Punto de apoyo 1	
conductas	ninguna
Punto de apoyo 2	
las fases del dormir	Se inicia en la fase no-MOR.
Punto de apoyo 3	
comparación entre niños y adultos	Afecta más a niños que a adultos.
causas	Es hereditario. En niños, es un problema del sistema nervioso; en adultos, es un problema de conducta y de personalidad.
efectos	ninguno
Punto de apoyo 4	
tratamientos	Para niños, se toman medidas de seguridad; para adultos, hay técnicas experimentales.

Punto de apoyo 5
  la naturaleza del sonambulismo   Se requiere más investigación.

Actividad de análisis

Vuelva a leer el último párrafo de "El ozono: de capa caída" en la Introducción al Ciclo II. Luego estudie el resumen del ensayo y haga las actividades a continuación.

Resumen de "El ozono: de capa caída"

Introducción: El ser humano habita un océano de oxígeno.
Enfoque: La existencia de la capa de ozono es cada vez más precaria.
Punto de apoyo 1:   El hombre no puede vivir sin el ozono.
Evidencia: Se presentan la definición, el proceso, las causas y efectos, etc. del ozono.
Punto de apoyo 2:   La tecnología y la industria producen sustancias nocivas a la atmósfera.
Evidencia: Prácticas humanas, como el uso del fluoruro de carbono, contribuyen al rápido deterioro de la capa.
Punto de apoyo 3:   Las iniciativas de conservación no han sido eficaces hasta la fecha.
Evidencia: La capa disminuye anualmente cada vez más y llega en la actualidad al 40 por ciento.
Punto de apoyo 4:   La iniciativa internacional para eliminar los fluoruros de carbono ha encarado muchas dificultades.
Evidencia: Por ejemplo, los países tercermundistas no poseen los recursos necesarios para llevar a cabo las medidas de prevención.

1. *Siguiendo el modelo de "Sonambulismo" presentado en las páginas 149 y 150, haga una gráfica de "El ozono: de capa caída" que muestre la relación entre el cuerpo del ensayo y la conclusión.*
2. *Compare la gráfica que acaba de hacer de "El ozono: de capa caída" con la de "Sonambulismo." ¿Cuáles son las semejanzas y las diferencias entre las dos?*

Características de una conclusión

Varía mucho el tipo de información que se presenta en una conclusión. Comúnmente la exposición basada en muchos ejemplos y datos científicos proporciona una sección de conclusiones en la que se parafrasean las ideas principales. Tal es el caso en "Sonambulismo". Esta sección tiene dos funciones principales. Le ofrece al lector que tiene poco tiempo o interés una recapitulación de la información más importante. En cambio, al lector que ha leído todo el ensayo lo ayuda a sacar las conclusiones más significativas.

Al incluir un resumen, sin embargo, se corre el riesgo de aburrir al lector. Para evitar esto, muchos escritores prefieren no sólo resumir las ideas principales en la conclusión, sino también incluir información nueva. Esta estrategia es popular en ensayos menos técnicos que "Sonambulismo". Por ejemplo, en la conclusión de "Frida Kahlo: una historia, una época", presentada en la Introducción al Ciclo I, Alonso añade que la pintora fue la primera mexicana que plasmó artísticamente la experiencia femenina. Por último, es común terminar cualquier tipo de exposición con una idea que aliente al lector a dar curso a alguna acción o a adoptar una nueva actitud hacia el tema. El párrafo final de "Sonambulismo" lleva a cabo esta función. En él los autores abogan por la necesidad de hacer "una mayor investigación sobre la naturaleza del sonambulismo".

Actividad de análisis

Vuelva a leer el último párrafo de "El ozono: de capa caída" prestando atención a la información que contiene. En la lista a continuación, indique con una X los tipos de información que aparecen en la conclusión. Luego anote las partes de la conclusión que ejemplifican cada tipo.

_____ resumen de la idea principal
_____ resumen de los puntos de apoyo
_____ nueva información
_____ recomendaciones
_____ esfuerzo por alentar al lector a asumir una actitud determinada

Actividades de aplicación

1. *Una conclusión lógica se basa en dos criterios principales: debe derivar de un* número suficiente *de datos verificables y los datos deben ser* típicos *del fenómeno expuesto. Estudie las siguientes cifras sobre la diabetes. Luego indique si las conclusiones a continuación son lógicas.*

Cifras sobre diabetes

La diabetes afecta a alrededor del 6% de la población, una de cada 20 personas del país. Pero esa tasa es mucho más elevada para miembros de minorías, incluyendo latinos, que padecen de este mal. He aquí un desglose de cómo la enfermedad afecta a los adultos de los diferentes grupos étnicos, incluyendo casos diagnosticados y no diagnosticados.

ANGLOS 6.1%

CUBANOS 9.2%

NEGROS..9.9%

MEXICOAMERICANOS...12.6%

PUERTORRIQUEÑOS...13.2%

Fuentes: Encuesta Hispana de Exámenes de Salud y Nutrición, 1982–1984, que estudió a los mexicoamericanos en el suroeste, a los cubanos en el área de Miami y a los puertorriqueños en el área de la ciudad de Nueva York. Las cifras de anglos y negros fueron extraídas de la Encuesta Nacional de Exámenes de Salud y Nutrición, 1976–1980.

Los Angeles Times: Nuestro tiempo, 12 de octubre de 1989, 1

¿Son lógicas estas conclusiones? Indique sí o no.

_____ La diabetes ataca a aproximadamente uno de cada ocho hispanos.

_____ Entre los negros no hispanos se registran menos casos de diabetes que entre los negros hispanos.

_____ Los puertorriqueños tienen la tasa más alta de todos los grupos étnicos.

_____ Si usted es hispano/a, es probable que vaya a contraer la diabetes.

_____ La diabetes afecta más a los grupos étnicos porque son más pobres.

_____ Los asiáticos no contraen la diabetes.

_____ Hay más hispanos en los Estados Unidos que anglos.

2. *Con otro/a estudiante, escriba una conclusión sobre la alta tasa de diabetes entre los hispanos en los Estados Unidos que pudiera usarse en una exposición. Incluya lo siguiente.*

a. *Una breve sinopsis del enfoque y de los principales puntos de apoyo de la exposición.*

b. *Por lo menos una oración que aliente al lector a tomar alguna acción.*

LA VERSIÓN FINAL DE LA EXPOSICIÓN

PASO 1 **La opinión del lector**   Antes de trabajar en la versión final, conviene saber qué opina el lector del segundo borrador. Déle a otro/a estudiante el borrador y pídale que responda con honestidad al siguiente cuestionario.

- ¿Cuál es la idea principal?
- ¿Coinciden todos los puntos de apoyo con esta idea? Si no, anote aquéllos que, en su opinión, no encuadren.
- ¿Qué parte o partes (párrafos, oraciones, ejemplos, técnicas de análisis, etc.) del borrador le llaman más la atención? ¿Por qué?
- ¿Le gustaría tener más información, detalles, estadísticas, ejemplos o evidencia sobre algún aspecto del borrador? ¿Sobre cuál?
- ¿Le parecen eficaces las técnicas de análisis (uso de definición, comparación y contraste, causa y efecto, etc.)?

- ¿Le parece lógica la conclusión? ¿Puede recomendar otras ideas para la conclusión?
- ¿Hay algo que no logre entender o que le confunda?

PASO 2 **Causas y efectos** Haga una lista de todas las causas relacionadas con el fenómeno analizado en su exposición. Luego haga una lista de los efectos. Vuelva a leer la exposición marcando con una palomita (√) cada mención de las causas y los efectos alistados. ¿Hay suficiente desarrollo de causas y efectos en el segundo borrador? Si no, añada más análisis usando esta técnica antes de escribir la versión final.

PASO 3 **La conclusión lógica** Lea los últimos párrafos del segundo borrador. Anote en una hoja en blanco las conclusiones que aparecen en estos párrafos. ¿Son algunas de ellas demasiado generales o atípicas? De ser así, reescríbalas para que sean más lógicas y válidas. Luego escriba dos párrafos de conclusiones usando una combinación distinta de los elementos a continuación.

- una reiteración del enfoque
- un resumen de los puntos de apoyo
- información nueva
- una declaración de la necesidad de más investigación o de la toma de medidas adecuadas

Una vez que haya escrito ambas conclusiones, seleccione la que mejor encuadre con el objetivo de su exposición e inclúyala en la versión final.

PASO 4 **El estilo científico** Imagine al lector ideal de su exposición. Vuelva a leer el segundo borrador como si usted fuera este lector ideal. Haga lo siguiente al leerlo.

- Ponga un círculo alrededor de los tecnicismos que requieran más explicación.
- Ponga un cuadro alrededor de las palabras o frases que le parezcan demasiado subjetivas o que requieran más prueba científica.
- Subraye las frases u oraciones que no estén expresadas de una manera clara o concisa.
- Ponga una palomita al lado de las transiciones que estorben la comprensión o el flujo de ideas.
- Ponga un asterisco donde haga falta una transición para unir mejor las ideas.

Haga las modificaciones necesarias para superar los problemas de vocabulario, tono y estilo identificados.

PASO 5 **La gramática** Preste mucha atención a la gramática antes de pasar en limpio la versión final. Use este cuestionario como guía.

- ¿Se usan correctamente los tiempos y modos verbales? Si usted tiene duda, consulte un libro de gramática.

- ¿Concuerdan correctamente los verbos con los sujetos? ¿los adjetivos con los sustantivos? ¿los pronombres con sus referentes?
- ¿Se usan correctamente los complementos pronominales (directos e indirectos)? En caso de duda, consulte un libro de gramática.
- ¿Se usan correcta y eficazmente los enlaces anafóricos? En caso de duda, repase la sección de Gramática de este capítulo.
- ¿Se deletrean bien las palabras? ¿Se usan correctamente los acentos? Consulte un diccionario en caso de duda.
- ¿Se usa correctamente la puntuación?

PASO 6 **La versión final** Use la información recopilada en las actividades anteriores para ayudarse a escribir la versión final de su exposición. La extensión debe comprender aproximadamente tres páginas escritas a máquina, doble espacio. La última versión tiene los siguientes cuatro objetivos principales.

- el desarrollo adecuado de los puntos de apoyo
- la expresión de conclusiones lógicas
- el uso adecuado del estilo científico
- el uso correcto de la gramática

Antes de entregar la última versión, asegúrese de que no haya errores mecánicos. Déle un título definitivo.

La argumentación

Miembros de la Organización de Naciones Unidas debaten la solución de un problema internacional.

El hombre contemporáneo vive en un mundo saturado por la expresión de diferentes puntos de vista. Para que sus ideas se destaquen en el foro público, el escritor puede utilizar el estilo argumentativo. La argumentación consiste en expresar una opinión ante un tema controvertible y defenderla con razones convincentes.

Hay muchos tipos de textos cuyo propósito es persuadir: por ejemplo, el anuncio, la reseña, el editorial, la carta al director y la columna de opinión. Es necesario que el escritor de un texto argumentativo se base principalmente en la lógica y la evidencia concreta, lo cual no impide que haga uso de la abstracción, siempre que esté bien fundamentada. También debe expresar su posición clara y concisamente en la forma de una tesis o aserción usando las técnicas de la argumentación para defenderla. El escritor necesita anticipar todos los contraargumentos posibles y ser capaz de conceder ciertos puntos y refutar otros. Aunque la argumentación admite más expresión individual que otros estilos, no debe abusar de las expresiones apasionadas. La argumentación, al igual que el estilo científico, se basa en la lógica.

Antes de leer

Antes de leer el texto modelo sobre la lucha contra las drogas, haga las siguientes actividades.

1. *Anote brevemente su opinión acerca de la legalización, la despenalización o la criminalización de las drogas. Indique si tiene la misma opinión hacia las drogas blandas (la marihuana, la coca) que para las duras (la heroína, la cocaína, el "crack"). Use los apuntes para comparar su opinión con la de dos o tres estudiantes.*

2. *Escriba brevemente su opinión sobre qué papel debe desempeñar el gobierno en cuanto a la regulación de cada una de las sustancias a continuación: los fármacos (o medicamentos recetados), el alcohol y el tabaco. Luego use lo escrito para comparar su opinión con la de dos o tres estudiantes.*

Lea el artículo a continuación en el que Gustavo de Greiff, el Fiscal General de Colombia, presenta su opinión sobre la guerra contra las drogas. De Greiff se jubiló de su cargo poco después de escribir este ensayo; entre otros logros, desempeñó un papel clave en la caída de Pablo Escobar, el líder del poderoso cartel de Medellín.

⊠ TEXTO MODELO

Más allá de Escobar: el futuro de la lucha contra las drogas

En Colombia, uno de los frentes de la mal llamada "guerra contra las drogas", el estrago° creado por los cabecillas del tráfico de drogas del mundo es mucho más grotesco de lo que cualquier foráneo° piensa. Vimos a nuestros policías, jueces, periodistas y dirigentes políticos, entre otros, caer diezmados° por grupos de mafiosos crueles.[...] Las vidas de civiles inocentes fueron desperdiciadas en una violencia indiscriminada: un estallido ensordecedor en un centro comercial o, peor, una explosión terminal a bordo de una aerolínea. El país entero fue desafiado por el poder económico y militar de grupos privados que se sintieron por encima de la ley.

daño
extranjero
muertos

2   Este es justamente el tema central del futuro de la lucha contra el narcotráfico: el afianzamiento° y la extensión del orden legal. Como no tengo ningún interés de vivir en un país dominado por criminales, mi reacción fue la de redoblar mi decisión de combatir todos los aspectos de este negocio. La muerte del líder del cartel de Medellín Pablo Escobar fue un triunfo para Colombia, no porque fuera muerto—hubiera preferido que fuera arrestado—, sino porque nos da un incentivo para seguir adelante.

refuerzo

3   Pero perseverar en la lucha contra las drogas no es sinónimo de favorecer una mayor militarización de los esfuerzos. El imperio de la ley no fluye únicamente del cañón de un arma sino de políticas efectivas de preservación del orden y respeto a los derechos. Para fortalecerlo se requiere considerar con seriedad cualquier planteamiento—incluido el concepto poco entendido de la legalización—, que pueda eliminar el alarde° de poder y riqueza inmerecida de los traficantes, grandes y pequeños. Rehusarse a considerar políticas que pueden, dentro de la legalidad, reducir la influencia y comercio de las drogas en nuestras sociedades es autodestructivo.

ostentación

4   En el frente colombiano de la lucha contra las drogas no hay muchas razones para el optimismo. Como lo hizo notar sin cansancio y con precisión la prensa, el lugar de Escobar a la cabeza del negocio de la cocaína fue ya tomado por otros.[...]

CANADA

Montreal $

ESTADOS
UNIDOS

Nueva York $

Los Angeles $

Miami $

OCEANO
ATLANTICO

$

MEXICO

Caracas $

PANAMA
COLOMBIA
Medellín

OCEANO
PACIFICO

BRASIL

PERU

Los Carteles

BOLIVIA

Rio de Janeiro $

São Paulo $

Asunción $

Santiago $

Buenos Aires $

PRODUCTORES DE DROGA
Y BLANQUEADORES
DE DINERO

$ Zonas de blanqueo de dinero

Zonas de plantación:

Adormidera (Opio, heroína)

Cannabis (Marihuana, hachís)

Planta de Coca (Cocaína)

5   Lo que sorprende es que haya tomado tanto tiempo entender el hecho central del comercio de las drogas: mientras un kilo de cocaína cambie de valor de 500 dólares a unos 20.000 dólares por virtud de un corto vuelo desde Colombia, siempre habrá gente que estará deseosa de entrar al negocio.

6   Miles de millones y centenares de vidas gastadas en la interdicción no hicieron virtualmente nada para contener ese flujo. Hoy, la cocaína en las calles de Washington es más barata que en 1980. El número de adictos habituales no disminuyó de manera apreciable. Y en nuestros países el orden público no mejoró tampoco. No importa el criterio que podamos considerar, está claro que el presente curso no conduce a donde deseamos ir, es decir, hacia sociedades donde los ciudadanos vivan seguros, donde la ley impere, donde ni adultos ni niños encuentren razonable o deseable arruinar sus vidas consumiendo drogas.[...]

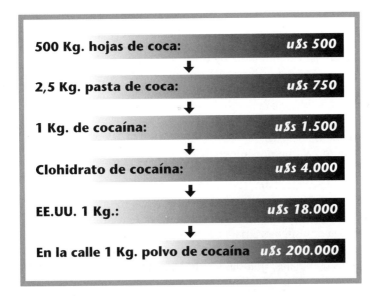

7   Algunos cambios en las políticas de drogas de los países industrializados pueden ser de ayuda: más apoyo al tratamiento, especialmente de adictos severos[...]; un papel más activo del gobierno en la educación; ajuste de controles en el comercio de sustancias químicas[...] necesarias para el procesamiento de narcóticos; una manera más eficiente para obtener evidencia judicial contra todos los involucrados° en el negocio, y un intercambio más amplio   implicados de esa evidencia entre tribunales de las naciones productoras y consumidoras.

8   Aun cuando se hicieron progresos en esos campos, mucho más podría hacerse, y ello incluye la eliminación de lo que algunas veces parece como un doble criterio, esto es, la expectativa de que los criminales sean declarados convictos en Colombia sobre la base de evidencias que no serían admitidas en una corte de Estados Unidos. Estos cambios pueden mejorar la eficacia de las actuales políticas.

9   El argumento de que los traficantes de drogas no pueden ser confiables en la provisión de información total[...] asume un grado de ingenuidad de nuestra parte que no tiene ningún apoyo en hechos reales. Después de todo, mejoramos la tasa de convicciones por droga del 20 a un 70 por ciento en poco más de un año. También asume que los gobiernos colombiano y estadounidense tieneri un poder mucho mayor que el que en realidad poseen para efectuar la alternativa, que es la guerra abierta.[...] El argumento no es sólo inconsistente, sino injusto, inconducente aº lo que todos aspiramos: sociedades civilizadas   **incompatible con** donde la justicia es impartida por jueces independientes sobre la base de procedimientos y evidencias imparciales, y donde las sentencias sean ejecutadas por la policía y otras dependencias.

10   En Colombia, en el gobierno se discute la posibilidad de llegar a un acuerdo que tenga algún efecto sobre el comercio de las drogas. Abogados miembros del "cartel" de Cali llegaron a mi oficina y expresaron la voluntad de sus clientes de rendirse, pagar reparaciones, proporcionar información total y pasar algún tiempo en prisión.[...]

11   La solución militar alterna ofrece, desde mi perspectiva, a lo sumo, un incentivo a los traficantes para desplazar sus actividades fuera de Colombia, a un país diferente. Un gran alivio para nosotros, pero prácticamente sin importancia para el resto del mundo, incluido Estados Unidos. En mi opinión, deberíamos estar dispuestos a renunciar a la satisfacción inmediata del golpe espectacular contra el crimen organizado en favor de las soluciones de largo plazo que tengan un impacto real sobre el problema de las drogas.

12   Sobra decir que no hay ningún acuerdo al que podamos llegar con un grupo de individuos que cambie los factores económicos fundamentales que hacen este negocio tan atractivo para tanta gente. Para lograrlo, necesitamos considerar la legalización. Como muchos otros proponentes del fin de la prohibición de las drogas, procedí ante el manifiesto fracaso de nuestras actuales políticas. Pero, existen más razones que la desesperanza para considerar la legalización.[...]

13   Nuestra actual estrategia ofrece a los criminales, grandes y pequeños, un margen de lucro que ningún negocio honesto produce. En el proceso, podemos estar contribuyendo a la generación de todos los problemas y vicios que acompañan a la droga, esto es, violencia, corrupción e indiferencia generalizada hacia la ley[...]

14   Un obstáculo que tendremos que superar si deseamos sustentar la afirmación de que nuestras políticas de drogas son racionales—y no simplemente compulsivas—es el fracaso, para entender lo que está en juego en el debate sobre criminalización versus legalización. De hecho, la legalización es usualmente entendida como una acción negativa, consistente en abrogarº las leyes vigentes   **suspender** contra los narcóticos. Si éste fuera el único modelo de legalización yo también estaría recelosoº de él[...] Pero ese no es el único sentido posible de legalización.   **desconfiado**

15   Los mercados legalizados pueden ir desde los completamente libres—como nuestro mercado, digamos, de dulces—a los severamente restringidos—comoʻ, por ejemplo, el mercado del uranio. En el medio puede haber un modelo que nos ayude a lograr los objetivos que la mayoría de colombianos y estadounidenses creen que deberían guiar la política de drogas: una reducción en el consumo y sus vicios asociados, y el desbande del crimen organizado.

16 No estoy preparado aún para defender un modelo en particular, aunque cuando pienso en este tema tiendo a favorecer un mercado centralizado y severamente regulado. Solamente deseo estimular la discusión activa de lo que pueden acarrear° las diferentes formas de legalización como lo hicieron otros en diferentes partes del mundo[...]

provocar

17 El resultado podría ser que no haya modelo de legalización que ofrezca indicios convincentes de que nos ayudará a alcanzar nuestros objetivos. Sin embargo, sólo luego de pensar en las ventajas y desventajas de los diferentes modelos podríamos decir que lo que estamos haciendo ahora—dedicando dinero y vidas a la causa de la criminalización—es razonable. Hoy por hoy, tengo serias dudas.

Gustavo de Greiff, *Visión*

TÉCNICAS DE REDACCIÓN

La aserción

En la argumentación la idea principal, que constituye la posición del autor ante el tema, se expresa en la forma de una aserción. El análisis a continuación muestra cómo se manifiesta la aserción en los primeros tres párrafos de "Más allá de Escobar".

Párrafo 1:	Se describe los graves problemas que ha padecido Colombia a causa de la guerra militar contra el narcotráfico.
Párrafo 2:	El autor describe su propio papel como Fiscal General en esta guerra.
Párrafo 3:	Se define la posición que ha de tomarse ante la guerra: Dado que la militarización no ha resuelto el problema del narcotráfico, "se requiere considerar con seriedad[...] la legalización".

Para resumir, en los primeros dos párrafos se describe la situación de las drogas en Colombia. Luego, en el tercer párrafo el estilo se vuelve argumentativo y se manifiesta la posición que va a defenderse. Es de notar que la aserción se expresa en la primera parte del ensayo; por ello, la aproximación al argumento se considera directa.

Actividad de análisis

En el ensayo argumentativo, es común que se repita la aserción principal dentro del cuerpo para darle más fuerza. Explique cómo el párrafo 12 sirve para reiterar la opinión planteada originalmente en el párrafo 3.

La defensa de la aserción

Para sustentar la aserción, el ensayista se vale de diferentes técnicas de argumentación. Se ilustran tres estrategias a continuación.

- **Evidencia concreta** (párrafo 6): El autor demuestra que, a pesar de la interdicción, "la cocaína en las calles de Washington es más barata ahora que en 1980".
- **Concesión** (párrafo 7): Se concede que ciertas políticas—como más apoyo al tratamiento y a la educación, y un intercambio más amplio y eficaz de evidencia judicial—han hecho "progresos". No obstante, insiste en que "mucho más podría hacerse".
- **Refutación** (párrafo 9): Se rechaza el contraargumento de que los traficantes no pueden ser de confianza con respecto a su colaboración con las autoridades. Se apoya, en cambio, la negociación de penas para ciertos narcotraficantes.

Estas técnicas requieren que el autor tenga un conocimiento amplio del tema y que anticipe los argumentos de la oposición.

Actividad de análisis

Vuelva a leer los párrafos 9 a 11. Luego parafrasee los argumentos que el autor expone en ellos para defender su aserción. Intente identificar diferentes estrategias argumentativas. ¿Qué argumentos de la oposición ha tenido que anticipar el autor en estos párrafos?

El tono y el estilo convincentes

Es obvio que Gustavo de Greiff, como Fiscal General de Colombia, tiene pleno dominio del tema que trata en el artículo. Este conocimiento le da a su opinión mucho peso. Además, el autor refuerza su aserción mediante el hábil manejo de un tono y estilo mesurados. Aunque expresa sus ideas con mucha confianza, de Greiff se muestra respetuoso de opiniones contrarias a la suya. El siguiente ejemplo ilustra cómo expresa su opinión con tacto y astucia, en vez de imponerla tajantemente.

> "No estoy preparado aún para defender un modelo [de legalización] en particular, aunque cuando pienso en este tema tiendo a favorecer un mercado centralizado y severamente regulado".

Esta manera de suavizar una opinión se usa con frecuencia en el ensayo argumentativo escrito en español.

Actividad de análisis

El último párrafo de "Más allá de Escobar" ofrece otro ejemplo del tono moderado, pero al mismo tiempo convincente, que emplea el autor. Señale todos los elementos estilísticos (tiempos verbales, sintaxis, vocabulario, perspectiva, etc.) que encuentre en este párrafo que contribuyan a este tono.

▣ ENSAYO PARA CICLO III LA ARGUMENTACIÓN

Imagine que el jefe de redacción del periódico universitario lo/a ha invitado a expresar su opinión sobre un tema controvertible en un ensayo de aproximadamente 3 páginas. Por ejemplo, se podría argumentar a favor de o en contra de la inmigración ilegal, la pena de muerte, el programa de bienestar social ("welfare"), el programa de acción afirmativa, la existencia de estudios étnicos en las universidades, el inglés como idioma oficial de los Estados Unidos, el control de la población o la censura de la Internet.

Para ayudarse a elaborar el ensayo, siga los pasos indicados al final de cada capítulo de este ciclo. Los pasos engloban las siguientes etapas.

■ **CAPÍTULO 7: El primer borrador**

Aserción bien enfocada, y argumentación directa o indirecta

■ **CAPÍTULO 8: El segundo borrador**

Uso de técnicas de argumentación para defender la aserción

■ **CAPÍTULO 9: La versión final**

Uso de un tono y un estilo convincentes

La aserción y la argumentación

Un argumento bien planteado y defendido es capaz no sólo de persuadir sino, a veces, de efectuar un cambio en el mundo ético, social o político. Prueba de ello es el manifiesto que escribió Gabriel García Márquez abogando por la legalización de las drogas. La aserción del manifiesto se reproduce a continuación.

> "[L]a polémica sobre la droga no debería seguir atascada[1] entre la guerra y la libertad, sino agarrar de una vez al toro por los cuernos y centrarse en los diversos modos posibles de administrar la legalización".

[1]atrapada

Poco después de que el ganador del Premio Nobel publicara este manifiesto, los colombianos votaron por legalizar el consumo de ciertas drogas blandas, como la marihuana.

Aunque hay muchas maneras de expresar por escrito una opinión, todas incluyen dos elementos clave: la aserción y los argumentos que apoyan la aserción. Los argumentos suelen basarse en evidencias concretas y un razonamiento lógico. Tanto la aserción como los argumentos se presentan según dos esquemas organizativos principales: la argumentación directa o la argumentación indirecta.

GRAMÁTICA

La subjetividad suele intervenir cuando un autor emplea el estilo argumentativo. Dado que el subjuntivo se considera el modo verbal de la subjetividad, su uso en la argumentación es común. La participación del autor en un ensayo se refleja tanto en la selección del modo verbal como en la selección del vocabulario, el orden de las palabras y el uso de los verbos modales. A continuación se ofrecen algunos ejemplos en los que el autor expresa varios matices de opinión.

> *Lamentablemente* el problema de las drogas *parece* tomar otros carriles en los años 90.
>
> En los *fatídicos* años 90, el problema de las drogas *se desboca* por otros carriles.
>
> *Lamentamos* que el problema de las drogas *esté* tomando carriles diferentes en los años 90.

Se enfoca este capítulo en el uso y la importancia del modo subjuntivo.

El modo del verbo

En español se usa el modo verbal indicativo si la acción se percibe como un hecho real; se usa el subjuntivo si la acción se percibe como hipotética o probable. La selección de un modo u otro le permite al autor exponer las acciones de una manera relativamente objetiva o, por el contrario, dar una versión subjetiva o hipotética del mundo que lo rodea. En el siguiente cuadro están resumidos los principales usos y diferencias de estos modos verbales. Note que la forma de la terminación verbal identifica el modo.

Modo:	INDICATIVO		SUBJUNTIVO	
Tiempo:	Presente	Pasado	Presente	Pasado
Terminaciones:				
trabaj-	-o/-a	-é/-ó	-e	-ara/-ase
com-	-o/-e	-í/-ió	-a	-iera/-iese
Usos:	acciones reales		acciones hipotéticas	
	acciones evidentes		acciones posibles	
	hechos concretos		acciones deseadas	
	referencia a antecedentes definidos		referencia a antecedentes in-definidos o negativos	
	objetividad		subjetividad	

Sabemos que nuestros gobernantes *perseveran* en la lucha contra las drogas.　(acción real　=　*indicativo*)

Queremos que nuestros gobernantes *perseveren* en la lucha contra las drogas.　(acción deseada　=　*subjuntivo*)

Hemos negociado un *acuerdo* que *tiene* un efecto inmediato en el comercio de las drogas.　(antecedente definido　=　*indicativo*)

Se discute la posibilidad de llegar a un *acuerdo* que *tenga* algún efecto en el comercio de las drogas.　(antecedente indefinido　=　subjuntivo)

Requisitos para el uso del subjuntivo

Para emplear correctamente el subjuntivo se debe considerar dos puntos principales: la estructura sintáctica en la que se encuentra el verbo y el significado de la oración que lo rige.

La estructura sintáctica

El modo subjuntivo está relacionado íntimamente con el concepto de la subordinación. En el ciclo anterior se describió la cláusula subordinada como una cláusula regida por una cláusula principal. Las restricciones sintácticas para el uso del subjuntivo son su posición en una cláusula subordinada; el uso de un nexo conector—con frecuencia el nexo *que*—y un cambio de sujeto, diferente al de la cláusula principal.

Cláusula principal	Cláusula subordinada
De Greiff duda	que *mejore* la situación en la lucha contra las drogas.
No se pudo evitar	que esta lucha *cobrara*[1] tantas víctimas.
Yo quisiera	que ellos *analizaran* sinceramente la situación.

Si las dos acciones se refieren a un mismo sujeto se emplea el infinitivo.

Yo quisiera *analizar* sinceramente la situación.

[1]Recuerde que si el verbo de la oración principal se conjuga en tiempo pasado, se debe también mantener la concordancia pasada en la oración subordinada.

La omisión del verbo principal

Con frecuencia, el verbo de la cláusula principal se omite cuando expresa deseo o necesidad, y sólo se mantiene la cláusula subordinada introducida por el nexo *que*. El verbo de la cláusula principal, aunque no presente, se sobreentiende como uno que expresa deseo o necesidad.

(Espero/Deseo/Quiero) Que no se *vuelvan* a justificar ese tipo de errores.

Actividad

Con otro/a estudiante, lea el siguiente artículo e identifique las cláusulas subordinadas que empleen subjuntivo y las cláusulas principales de las cuales dependen. Transcriba estas cláusulas en las columnas A y B.

Le quieren sacar hasta el nombre

El Senado de la provincia de Buenos Aires <u>aprobó</u> un proyecto de declaración por el cual se solicita al Congreso Nacional que la ciudad de Buenos Aires cambie de nombre.[...]

Es alarmante que la propuesta del gobernador bonaerense[...] reaparezca ahora como un proyecto formal y que cuente ya con la aprobación de una de las ramas del Poder Legislativo provincial.[...]

Se queja el autor del proyecto de que "cuando en otros países se habla de Buenos Aires, comúnmente se la identifica con la ciudad y no con la provincia". Es natural que sea así: las que tienen fama y prestigio son siempre las ciudades y no las divisiones departamentales.[...]

Que sigan coexistiendo las dos Buenos Aires, como coexisten la ciudad y el estado de Washington o México–nación, México–estado y México–Distrito Federal, por tomar sólo algunos de los innumerables ejemplos que ofrece la geografía del mundo. Y que nadie pretenda rectificar la historia en homenaje a conveniencias políticas coyunturales,[1] que nada tienen que ver con los intereses permanentes de la comunidad.

Y que los porteños duerman en paz, sin el temor de levantarse una mañana con la novedad de que a Buenos Aires, tan castigada, le han sacado hasta el nombre.

La Nación

[1]circunstanciales

A: Cláusula principal	B: Cláusula subordinada
1.	a.
2.	b.
	c.
3.	d.
	e.
	f.
	g.

El significado de la cláusula principal

La subordinación no es el único requisito para el empleo del subjuntivo. Además de cumplir los requisitos sintácticos ya enunciados, la cláusula principal deberá contener un sentido de la subjetividad, probabilidad o inexistencia, para requerir el uso del subjuntivo en la cláusula subordinada.

Subjetividad

Se debe recordar que cuando se habla de la subjetividad no está a discusión la realidad. Lo que importa es la manera en que el sujeto concibe el suceso o la acción, eso es, la perspectiva del sujeto. En este sentido, el modo subjuntivo representa la participación del sujeto en lo que está expresando.

Deseo, permiso, mandato o exhortación

En la argumentación a veces es necesario expresar el deseo de que otra persona lleve a cabo determinadas acciones. El que escribe puede exhortar al lector, por medio de mandatos y sugerencias, a que modifique la realidad o bien, puede limitarse a describir su mundo ideal.

> Debemos impedir que los países no industrializados *inviertan* tanto en el sector militar.   (exhortación)
>
> Quisiera que todos *colaboraran* por esa causa.   (deseo)

Expresión emotiva o juicio de valor

La subjetividad del autor se expresa también cuando el sujeto subordina la acción a sus emociones, o cuando la evalúa dentro de su propia escala de valores.

> Les entristece que los países *inviertan* tanto en el sector militar. (emoción)
>
> Fue una sorpresa para todos que la Inspectora general de salud de Estados Unidos se *mostrara* a favor de la legalización de las drogas. (juicio de valor)

Actividad

Con la ayuda del cuadro anterior, emplee expresiones de juicio de valor para subordinar los siguientes enunciados.

> EJEMPLO: Los dividendos de la paz comienzan a producirse en las naciones industrializadas. → *Es una maravilla* que los dividendos de la paz *comiencen* a producirse en las naciones no industrializadas.

1. Un kilo de cocaína cambia de valor de 500 a 20.000 dólares.
2. No pueden llegar a acuerdos justos con personas sin principios morales.
3. La militarización no reduce el tráfico de drogas.

Expresiones que indican juicios de valor

Resulta (Es/Parece)   +   *adjetivo valorativo*   +   un/a *sustantivo*

valoración ética:	bueno, malo, grave, peor, mejor, conveniente
norma:	fácil, difícil, natural, normal, lógico, raro, frecuente
valoración racional:	razonable, aconsejable, instructivo, significativo, relevante, discutible, (in)admisible, (in)concebible, (in)comprensible, (in)explicable
valoración afectiva:	divertido, alegre, triste, agradable, desagradable, suficiente, (in)útil, maravilloso, extraordinario, importante, sorprendente, emocionante, peligroso, repugnante, tremendo, trágico, penoso, molesto, indignante, lamentable, ridículo
sustantivos valorativos:	tristeza, lástima, pena, locura, error, tragedia, costumbre, sorpresa, maravilla

4. Nuestros hijos ya no se encuentran seguros ni en las escuelas.
5. El número de adictos habituales no disminuyó de manera apreciable.
6. No todos los países quieren aceptar responsabilidad frente al problema.
7. La ilegalidad favorece a los criminales.
8. La ley del narcotráfico impera en ese país.
9. Se afrontó el problema de la droga como un asunto de carácter político.
10. Mueren cientos de personas inocentes por causa de la droga.

La probabilidad, la duda, la inseguridad y la negación

Además de expresar la subjetividad, el subjuntivo puede expresar la hipótesis de acciones que el sujeto considera imposibles o las que ve como poco probables. Cuando el autor quiere comunicar sus dudas sobre la realización de la acción, emplea una subordinación de subjuntivo.

Muchas personas creen que algunos gobiernos de América Latina invierten en el sector militar mucho más que en el sector de educación.

Muchas personas *no pueden creer* que algunos gobiernos de América Latina *inviertan* en el sector militar mucho más que en el sector de educación.

La inexistencia y la indefinición

El subjuntivo permite al autor describir aquellas cosas que se desean o necesitan pero que no existen en la realidad, o que se desconocen. Se permite también referirse a objetos o personas indefinidos (por ejemplo, situaciones, objetos o personas ideales).

Los ciudadanos viven seguros donde impera la ley.
(la seguridad es un hecho. [Indicativo = generalización])

Muchas personas aspiran a sociedades donde los ciudadanos *vivan* seguros, donde la ley *impere*, donde ni adultos ni niños *encuentren* razonable o deseable arruinar sus vidas consumiendo drogas.
(la situación descrita es hipotética. [Subjuntivo = idealización])

Por esta misma razón, si a la oración subordinada le antecede un adjetivo, pronombre o adverbio negativo (*no, nunca, jamás, tampoco, nada, nadie, ninguno*) o indefinido (*algo, alguien, alguno, cualquiera, quienquiera, dondequiera, comoquiera*), el verbo subordinado se conjuga en subjuntivo.

No han propuesto *ningún plan* que *ofrezca* soluciones inmediatas.

Para fortalecer el imperio de la ley se requiere considerar con seriedad *cualquier* planteamiento que *pueda* limitar el poder de los traficantes.

Actividad

El siguiente párrafo representa las opiniones de los que favorecen la desaparición del programa "Acción afirmativa". Cambie el punto de vista de esta versión, negando las oraciones afirmativas y afirmando las negativas. Transforme los antecedentes definidos a negativos o indefinidos. (Recuerde que en español la negación es singular.)

Hay que acabar con el "color" de Acción afirmativa

En el año 2000 se debe acabar con el programa de Acción afirmativa. En nuestros días tenemos muchos campos, laborales y educativos, que ofrecen trato justo a las minorías. Existen muchas universidades y empresas de prestigio que promueven la contratación igualitaria en posiciones de poder. Ya no hay en este país discriminación basada en raza, sexo o credo. Existen muchos estadounidenses que se sienten seguros en las calles y pueden confiar en la justicia. Por eso, no se necesita continuar con este tipo de programa que insiste en ofrecer beneficios a los grupos menos representados. Ahora, se requiere fortalecer el nuevo plan que permite que la mayoría en el poder se reafirme. Nuestras acciones afirmativas deben perder "el color".

Ahora, empiece usted de la siguiente manera: En el año 2000 no se debe acabar con el programa de Acción afirmativa. En nuestros días no tenemos ningún campo...

La futuridad

La hipótesis se ofrece también en oraciones subordinadas que prevén acontecimientos futuros o hipotéticos, es decir, acciones que no se han realizado o que se desconocen. La acción posterior o futura se asocia no sólo con el tiempo del verbo principal—futuro, condicional o imperativo—, sino también con cierto tipo de nexo que introduce la oración subordinada. Recuerde que estos mismos nexos no exigen subjuntivo si la oración principal es pasada o presente habitual.

Los problemas asociados con las drogas no esperarán hasta que hayamos construido sociedades más justas.

Actividad

Con un/a compañero/a relacione las frases a continuación empleando el nexo que se da entre paréntesis. Conjugue el verbo de la oración principal en el tiempo futuro. Consulte la sección de Nexos *de este capítulo si es necesario.*

> **EJEMPLO:** poder funcionar el proyecto demócrata / reorganizar el sistema   (según)
>
> Podrá funcionar el proyecto demócrata según se reorganice el sistema.

1. el gobierno sostener a los beneficiarios / ellos poder conseguir trabajo (hasta que)
2. el gobierno mantener a los beneficiarios / los beneficiarios tener que trabajar   (sin que)
3. el gobierno retirarles el apoyo / sus hijos cumplir 6 años   (tan pronto como)
4. este programa de ayuda deber continuar / algunos estar en desacuerdo (por más que)
5. el gobierno exigir cursos de adiestramiento a los beneficiarios / los beneficiarios empezar a recibir dinero   (en el momento en que)

NEXOS RELACIONADOS CON EL USO DEL SUBJUNTIVO

Algunas expresiones o nexos exigen siempre el subjuntivo; otras, sólo bajo ciertas condiciones. A continuación se ofrecen algunas de las expresiones más comunes relacionadas con el uso del subjuntivo.

Nexos que siempre requieren el subjuntivo

Fin

a fin de que, con el fin de que, de modo que	*so that*
con la intención de que	*with the intention that*
con vistas a que	*anticipating that*
para que	*in order that, so that*

Condición

a condición (de) que	*on the condition that*
a menos que, a no ser que	*unless*
con que,[1] con tal (de) que	*provided that*
en caso de que	*in case*
excepto que, salvo que	*unless*

---

[1]con significado condicional: Me conformo *con que* estudies.

Otros nexos

a riesgo de que	*at the risk of*
antes de que	*before*
como si	*as if*
depende de que	*it depends on*
el hecho (de) que	*the fact that*
es (de) mi responsabilidad que	*it is my responsibility that*
es hora de que	*it is time that*
lejos de que	*far from*
no es que	*it is not that*
(no) es de extrañar que	*it is (not) surprising that*
ojalá (que)	*it is hoped (that)*
por + *adj.* + que	*no matter how* + adj.
ser responsable de que	*to be responsible for*
sin que	*without*
tal vez, quizás	*perhaps, maybe*

Nexos que requieren subjuntivo cuando introducen acciones previstas o anticipadas

Temporales

así como, en cuanto, luego, que, tan pronto como	*as soon as*
cuando	*when*
después de que	*after*
en el momento que	*just when*
hasta que	*until*
mientras (que)	*while, as long as*

Modales

como	*as*
con que	*so, then*
según	*according to*

Concesivos

aunque	*although, even though*
aun cuando	*even when*
por más que	*no matter how much*
por mucho que	*however much*

Contrastivos y consecutivos

cuanto más... más; cuanto menos... menos	*the more . . . the more; the less . . . the less*
de ahí que	*so that, with the result that*
ya que	*since, as*

La reseña

La argumentación directa es como un ataque frontal: el escritor plantea su posición ante el tema desde el principio del ensayo. La argumentación directa se usa con frecuencia en escritos breves, tales como la carta al director, la declaración de una opinión o la reseña.

Antes de leer *Piense en una película que usted haya visto últimamente, que le haya hecho reaccionar de manera muy positiva o negativa. Anote el título de la película, su reacción ante ella, y una lista de razones específicas que justifiquen su reacción. Luego use la lista para intentar convencer a otro/a estudiante a que vea o no la película.*

La siguiente reseña de la película "La casa de los espíritus", ejemplifica la argumentación directa. El autor, que es chileno, no titubea en expresar su inconformidad con el filme.

TEXTO MODELO

En película de Bille August: penan "los espíritus"

Que Chile no aparezca en parte alguna en la película "La casa de los espíritus" no es lo más grave. De hecho la historia de Esteban Trueba podría desarrollarse en casi cualquier lugar del mundo. Lo realmente lamentable es que el filme empantane° un relato originalmente entretenido, otorgándole° confusiones gratuitas, llenándolo de pretensiones políticas torpes y produciendo escenas postizas,° que van sumando falsedad minuto a minuto.

paralice dándole

falsas

2   En dos horas y veinticinco se pueden decir muchas cosas, pero si la atmósfera no resulta la adecuada, la madeja comienza a enredarse°, perder soltura, cortándose continuamente y haciendo perder el hilo conductor, provocando la salida del espectador del asunto a tratar. En pocas palabras, el interés desaparece y comienza el aburrimiento.

complicarse

3   Lamentablemente, el director danés Bille August, el mismo de la premiada "Pelle, el conquistador", no logra aquí plasmar el celuloide con los méritos de la novela de Isabel Allende, dando la impresión que los espíritus de los antepasados de la familia Del Valle le penan para mal.[...]

4   Como si fuera poco, el director no cuida los mínimos y lógicos detalles que reflejen una producción seria y superior a los 25 millones de dólares. Junto a dos inmensos letreros, que cruzan de lado a lado los frontis de dos edificios, señalando "Conservator parti" y "Popular Front", hace aparecer otros dos más pequeños, con las leyendas: "Precente" (así con C) y "Unidad".

5   ¿En qué quedamos, en este pueblo de la anécdota se habla en inglés o mal español?.[...]

6   ¡Lamentable! Había tanta expectación con la película basada en la novela de Isabel Allende. Claro, ya era raro que fuera filmada en Portugal. Pero, las voces venidas desde allá hablaban de lo similar de nuestros paisajes y de los interiores tan bien reconstruidos. Sin duda, un sueño más de la publicidad.[...]

Una escena de la película "La casa de los espíritus" con Meryl Streep y Jeremy Irons.

7 Tomado con liviandad, para algunos será un verdadero hallazgo observar carabineros° de azul, ver a militares tipo revolucionarios centroamericanos y vivir una Navidad santiaguina° en pleno invierno, con nieve y tremendos abrigos. En esto último, la ignorancia hemisférica del director rompe todos los límites.

8 Claro que peor que lo indicado es ver cómo Bille August desaprovecha el gran elenco° reunido. De los famosos que intervienen, que ya se los quisiera cualquier producción fílmica hoy, sólo se salvan Winona Ryder, como la joven Blanca, que derrocha° naturalidad y nuestra conocida María Conchita Alonso, que en sus tres apariciones junto a Jeremy Irons (Esteban Trueba) convence como la prostituta salvadora.[...]

9 Así las cosas, esta "La casa de los espíritus", que antes de concretarse en la pantalla grande quería emular al best-seller de Isabel Allende, tendrá que conformarse con ser una más del montón de películas que pasa rápidamente al olvido. Uno de esos brillantes proyectos que alcanzan una opaca realidad.

Italo Passalacqua C., Ercilla

margin glosses:
soldados

de la ciudad de Santiago de Chile

grupo de actores

excede en

❈ TÉCNICAS DE REDACCIÓN

La aserción

En la reseña, un conocedor de un medio artístico—como el de la literatura, arquitectura, pintura, música o moda—expresa su opinión sobre una obra. Tiene dos propósitos principales al escribir la reseña: quiere informar acerca de la obra y, al mismo tiempo, recomendarla o no.

En el caso de "Penan 'los espíritus'", el comentarista nunca se vale del "yo" para condenar la película de Bille August; evita quejas personales como "no me gustó" o "me parece un fracaso". Aun así, desde la primera oración queda muy claro que el autor no recomienda el filme. Hace patente su opinión por medio de adjetivos como "grave", "lamentable", "gratuitas", "torpes", y "postizas". Además, repite variantes de la palabra "lamentable" tres veces en la reseña. Para apoyar su juicio de la película, el comentarista indica por qué le parece tan mal lograda. Esta razón se encuentra expresada en la última oración del párrafo 1, la cual constituye la aserción principal de la reseña: la adaptación fílmica de la novela de Allende es lamentable porque está repleta de "confusiones", "pretensiones políticas torpes" y "escenas postizas". El autor da unidad a estas quejas al final de la oración: la película peca de "falsedad".

Actividad de análisis

La siguiente reseña comenta brevemente el disco compacto de la Orquesta Sinfónica de Pittsburgh con el violonchelista Yo-Yo Ma. Al leerla, subraye todas las palabras que hagan entender la opinión que tiene el autor acerca de este disco clásico. Luego, usando una escala de 0 a 5 (0 = pésimo, 5 = magnífico), juzgue la evaluación general que el reseñista le da al disco. Dé ejemplos concretos de la reseña para justificar el número que usted le ha asignado al disco.

Prokofiev/Chaikovski
Yo-Yo Ma y la Orquesta Sinfónica de Pittsburgh dirigida por Lorin Maazel

La sonoridad aterciopelada, el fraseo cuidadoso y sensible, la expresión intimista y el propio volumen, no caudaloso,[1] del violonchelo de Yo-Yo Ma convienen a una versión de la *Sinfonía concertante* donde el lirismo y el ensimismamiento[2] prevalecen sobre el virtuosismo. Muy similar resulta su planteamiento de las *Variaciones rococó*, destiladas con especial ternura en sus dos *andantes*. Si no hay sensación de monotonía expresiva es por el exquisito gusto de Yo-Yo Ma y el vigor civilizado del soporte orquestal que le brinda Maazel. La pieza de Chaikovski ofrecida como *bonus* redondea una hora larga de buena música.

Gonzalo Badenes, *Babelia*

[1]crecido [2]reflexión

La argumentación directa

La organización de una argumentación directa que expresa una opinión difiere de la de un relato o una exposición. La siguiente gráfica ofrece una aproximación a la estructura que caracteriza el relato y la exposición.

Idea principal:
Puntos de apoyo:
#1:
#2:
#3:
etc.
Conclusión:

En contraste, en la argumentación directa, la idea principal se expresa en una aserción, y los puntos de apoyo son los argumentos que la sostienen.

Aserción:
Argumentos:
#1:
#2:
#3:
etc.
Conclusión:

Se ilustra a continuación cómo la reseña de "La casa de los espíritus" encuadra con esta organización.

Párrafo 1	**Aserción:**	La película es lamentable porque peca de falsedad.
Párrafos 2–8	**Argumentos principales:**	atmósfera inadecuada, hilo conductor mal logrado, poca atención a los detalles, uso inapropiado del lenguaje, desconocimiento del entorno, mal uso del elenco por la mayor parte
Párrafo 9	**Conclusión:**	La película no está a la altura de la novela y pasará "rápidamente al olvido".

Es importante notar que todos los argumentos presentados en el cuerpo de la reseña defienden la aserción de alguna manera. También, se debe observar que el autor reafirma su opinión en la conclusión, lo cual es una estrategia típica de la argumentación directa.

Actividad de análisis

Vuelva a leer "Más allá de Escobar" en la Introducción al Ciclo III, prestando atención a la estructura del ensayo. Identifique los siguientes elementos, en orden de aparición: la aserción, los argumentos principales y la conclusión. En su opinión, ¿cuáles son las ventajas (o desventajas) del uso de la argumentación directa en "Más allá de Escobar"?

Actividades de aplicación

1. *A continuación aparece el anuncio de un concierto de rock. Imagine que es el día después del concierto y usted tiene que reseñarlo para el periódico La República. Use la información dada en el anuncio—y su imaginación—para escribir una breve reseña del concierto.*

Sombras ocultas hoy en concierto

Expresión, sentimiento, locura, música y buena vibra son las características de *Sombras ocultas*, una banda de rock guatemalteco que se presenta esta noche en las instalaciones de la Galería, en un concierto para no perdérselo.

Aproximadamente hace siete meses, los integrantes de esta banda se dieron cita para empezar con el proyecto de ser músicos y de esta manera exteriorizar sus sentimientos acompañados de acordes, sonido y ritmo.[...]

El nombre de *Sombras ocultas*, un apelativo singular, surge de la filosofía de la agrupación, salirse de la normalidad de los patrones establecidos y ser libres.[...]

Para cumplir a cabalidad su objetivo como artistas, esta noche [...] se presentarán en la Galería, centro de diversión nocturna que se encuentra ubicada en la zona 4.

En el repertorio que ofrecerán se encuentran melodías originales, ya que estos chicos prefieren interpretar sus propias melodías antes que cualquier cover,[1] así como el deseo de que el público que los siga los conozca tal como son antes de cualquier grabación.

La República

[1] interpretación de una obra

2. *Escriba una reseña breve de una película que le haya impactado. Su propósito es dar información sobre la película (sin relatar el argumento) y recomendarla o no. Use la siguiente guía para redactar la reseña.*

   a. *Dé su opinión de la película en la forma de una aserción. ¿Por qué es recomendable o no?*

El editorial

Otra manera de expresar por escrito una opinión es mediante la argumentación indirecta. Este esquema organizativo es popular en escritos como la columna de opinión o el editorial extenso, donde el autor desea elaborar ampliamente sobre un tema controvertible.

Antes de leer   *Anote brevemente su opinión personal acerca de la práctica de la eutanasia. Haga una lista de razones que defiendan su punto de vista. Luego use la lista para intentar persuadir a otro/a estudiante de que su opinión sobre la eutanasia es la más válida.*

El siguiente editorial trata de un referéndum en Oregón que establece la legalización de la eutanasia, pero que se encuentra provisionalmente suspendido por un juez federal. "Eutanasia y ley" ofrece un ejemplo de la argumentación indirecta.

🔲 TEXTO MODELO

Eutanasia y ley

Ayer debía haber entrado en vigor en el Estado norteamericano de Oregón la normativa° para el reconocimiento de la práctica de la eutanasia, aprobada en referéndum el pasado 15 de noviembre. El juez federal Michael Hogan, sin embargo,[...] bloqueaba la víspera del *Día D* la vigencia° de la medida. El retraso puede ser sólo temporal, puesto que Hogan celebrará una audiencia el próximo día 19 para escuchar los argumentos de quienes se oponen a la legalización de la eutanasia.[...]

ley

validez

2 En cualquier caso, el valiente paso dado por la ciudadanía de Oregón va más allá de todo lo conocido hasta la fecha en este terreno. Más incluso que en Holanda, el país pionero en Europa en la búsqueda de salidas razonables y humanitarias a este problema.

3 La vía holandesa es más despenalizadora que legalizadora. Sin suprimir los artículos del Código Penal que tipifican y castigan la eutanasia y la ayuda al suicidio, establece un procedimiento por el que puede practicarse la eutanasia sin que el médico incurra en responsabilidad alguna.[...]

4 En Oregón, en cambio, se establecen las condiciones para que esa práctica sea legal: el enfermo debe ser mayor de edad, residir en Oregón, tener una expectativa de vida de menos de seis meses y formular su petición al menos en tres ocasiones en el lapso de 15 días. De otro lado, el diagnóstico y el plazo de vida deben ser establecidos por dos médicos, comprobándose que el enfermo no sufre en ese momento ningún tipo de desequilibrio mental o depresión. El papel del médico en este supuesto° no podrá ser *activo*, en el sentido de condicionar la voluntad del enfermo. Simplemente, le expondrá las distintas alternativas existentes para sobrellevar° su enfermedad y, en último término, le recetará los productos que pongan fin a la situación irreversible en que se encuentra.

caso

tolerar

5 El riesgo de la práctica de la eutanasia es la posibilidad de influencia de médicos o familiares en la voluntad del enfermo, conculcando° el principio básico de la voluntariedad del paciente. Otro peligro sería la tendencia de los sistemas sanitarios a rebajar el grado de atención a esa clase de enfermos, induciéndoles así, a resolver su situación mediante el recurso a la eutanasia. Pero los riesgos no borran el problema ni la necesidad de darle una respuesta. La de los habitantes de Oregón es encomiable° moral y políticamente: han encarado con determinación y prudencia un problema que no por mirar a otro lado deja de existir.

violando

admirable

El país

 **TÉCNICAS DE REDACCIÓN**

La aserción

El editorial sirve para expresar la opinión de los miembros del consejo de redacción de un periódico o una revista. Por lo tanto, su autor es casi siempre anónimo. Aunque a veces se usa "nosotros" para representar la voz colectiva del editorial, lo típico es el empleo de formas impersonales, como *se o ser* + adjetivo. Así es el caso de "Eutanasia y ley", donde tanto la perspectiva como el lenguaje usados mantienen la impersonalidad.

La aserción principal de este editorial se expresa en la última oración: "La [respuesta] de los habitantes de Oregón [al problema de la eutanasia] es encomiable moral y políticamente".[...] En otras palabras, los editores del periódico apoyan la legalización de la eutanasia. Aunque se ubica al final, esta aserción no sorprende al lector. En el párrafo 2, el adjetivo "valiente", junto con la frase "búsqueda de salidas razonables y humanitarias", permiten que se advierta la posición de los autores antes de llegar a la conclusión.

Actividad de análisis

Lea el editorial a continuación sobre los embotellamientos que padece Lima durante las fiestas navideñas. Luego dé una paráfrasis de la aserción principal, que se encuentra al final. En su opinión, ¿cuáles son los elementos del editorial que anticipan esta aserción?

Evidente falta de civismo

En las pasadas fiestas navideñas, la ciudad[...] ha padecido congestiones de tránsito sin precedentes, problema que, desde luego, tuvo sus peores expresiones en el congestionado centro capitalino.

Por cierto, que la presencia coyuntural de una gran masa de población flotante fue uno de los factores decisivos para provocar los nudos y atoros[1] vehiculares, pero, como de costumbre, tales atracos[2] se agravaron por la presencia de miles de vendedores informales.[...]

Sin embargo, el peor ingrediente en tornar intransitable esa maltratada área urbana, fue el de los propios conductores de vehículos[...] que hicieron tabla rasa[3] de todo ordenamiento, llegando a extremos como los de invadir senderos de sentido contrario y, sobre todo, al obstruir cruceros en un prepotente afán[4] de ganar el paso.

El asunto es grave, pues demuestra cuán ineficaces pueden ser todas las medidas preventivas, incluyendo dotaciones[5] policiales y los semáforos computarizados, si no se exige, al mismo tiempo, un mínimo de disciplina y acatamiento[6] de las normas.[...]

Pero, más allá aún, está el principio mismo de una educación cívica que es indispensable recuperar e impartir desde los más tempranos niveles de escolaridad e infancia.

Tal vez el inicio del nuevo año sea el momento propicio para que el tránsito vehicular empiece a desarrollarse en términos más adecuados de civilización y respeto.

El comercio

[1]obstrucciones [2]obstrucciones [3]omitieron [4]gran deseo [5]equipos [6]respeto

Un embotellamiento en Lima, la capital de Perú.

La argumentación indirecta

La estructura de una argumentación indirecta invierte el patrón de la presentación directa. Es decir, pone en primer plano el material de apoyo, luego plantea una aserción basada en esta evidencia. A continuación se encuentra una sinopsis de este tipo de organización, tal como se presenta en "Eutanasia y ley".

Párrafo 1 **Introducción:** Presenta la historia del referéndum para legalizar la eutanasia en Oregón.

Párrafos 2–4 **Argumentos:** Compara la política holandesa (que ha despenalizado la eutanasia) con la política oregoniana (que intenta legalizarla bajo ciertas restricciones).

Párrafo 5 **Aserción:** El referéndum de Oregón es encomiable.

El análisis más detallado de los puntos de apoyo a continuación revela la lógica en que se basa esta línea de argumentación.

Párrafo 2: El autor alaba el referéndum del pueblo oregoniano por ser superior a la política de Holanda, "país pionero en la búsqueda de salidas razonables y humanitarias" al problema de la eutanasia.

Párrafo 3: Describe la política despenalizadora de Holanda.

Párrafo 4: Describe el contenido del referéndum, que legaliza la eutanasia mediante la regulación. Enumera todas las condiciones que controlan la práctica de la eutanasia.

En el último párrafo, llama la atención el hecho que el autor exponga dos riesgos de la legalización. Sin embargo, este reconocimiento de los contraargumentos no debilita la aserción. Según el editorial, el referéndum de Oregón encara los riesgos porque impone condiciones que regulan la práctica de la eutanasia.

La principal ventaja que tiene la argumentación indirecta es que el lector no llegará a conclusiones prematuras y podrá basar su evaluación de la aserción en muchos datos. Por otro lado, presenta la posible desventaja de que se desinterese el lector, sobre todo si el análisis se prolonga o se complica demasiado.

Actividad de análisis

Vuelva a leer "Evidente falta de civismo". Apunte el orden en que aparecen los siguientes elementos y luego la información que corresponde a cada uno de ellos: aserción, información general, argumentos, recomendación. En su opinión, ¿es convincente la línea de argumentación? Justifique su punto de vista.

Actividades de aplicación

1. *Con otro/a estudiante, lea la lista de argumentos a favor y en contra del uso de videojuegos electrónicos por parte de los niños. Luego siga los pasos a continuación para redactar un editorial sobre este tema.*

Pro videojuegos

- Los videojuegos fomentan la relación entre el niño y sus hermanos o padres, pues éstos "se enganchan" tanto como el niño y todos juegan juntos.
- Didácticamente son buenos los videojuegos: el niño ejercita sus funciones mentales; los juegos le obligan a resolver problemas o a hacer razonamientos verbales.
- Sólo afectan negativamente a los niños que tienen propensión a no llevarse bien con los demás niños.
- Las investigaciones todavía no han comprobado una alta tasa de adicción entre los niños.
- Los niños que usan videojuegos son más extrovertidos y muestran mayor estabilidad emocional.

Contra videojuegos

- Los niños "se enganchan" tanto que llevan al colegio sus videojuegos portátiles.
- Los niños "enganchados" se aíslan y no se relacionan bien ni con sus familiares ni con los niños de la misma edad.
- Los niños "enganchados" dejan de participar en deportes, no salen a la calle y engordan demasiado. Prefieren los videojuegos a los estudios académicos.
- La dependencia es a veces tan fuerte que los niños hablan con los videojuegos.

Dos muchachos se concentran en un videojuego.

a. *Decida si quiere escribir a favor o en contra del uso de juegos electrónicos por parte de los niños. Usando formas impersonales, escriba una aserción bien enfocada.*

b. *Elija los puntos que más apoyen su opinión y póngalos en orden de importancia.*

c. *Elija una argumentación directa o indirecta, según el efecto que quiera provocar en el lector.*

d. *Escriba el editorial basándose en los apuntes y bosquejos que tenga.*

e. *Déle un título apropiado al escrito.*

2. *Imagine que el periódico de su universidad le ha pedido que escriba un editorial sobre un tema relacionado con la vida universitaria. Los pasos a continuación le ayudarán a elaborar su editorial.*

a. *Elija un tema controvertible que pueda interesar a muchos estudiantes de su universidad. Exprese la aserción del tema usando formas impersonales.*

b. *Haga una lista de todos los argumentos (o evidencias) que apoyen la aserción. Luego elija los más fuertes y convincentes para usarlos en el editorial.*

c. *Elija una argumentación directa o indirecta. Al redactar el editorial, organice sus ideas lógicamente conforme al tipo de argumentación que haya elegido.*

d. *Pase en limpio el editorial y déle un título apropiado.*

EL PRIMER BORRADOR DE LA ARGUMENTACIÓN

PASO 1 **La recopilación de datos** Una opinión desprovista de suficientes argumentos de apoyo no convence. Por ello, es imprescindible investigar a fondo el tema. Se recomienda que usted consulte un mínimo de dos artículos o libros, de ser posible en español, sobre el tema global de su argumentación. Al llevar a cabo esta investigación, apunte las evidencias que apoyen no sólo su posición ante el tema sino también la opinión contraria.

PASO 2 **La delimitación de la aserción principal** La argumentación requiere de un enfoque bien delimitado. La gráfica a continuación muestra cómo el autor delimita el tema de "Más allá de Escobar".

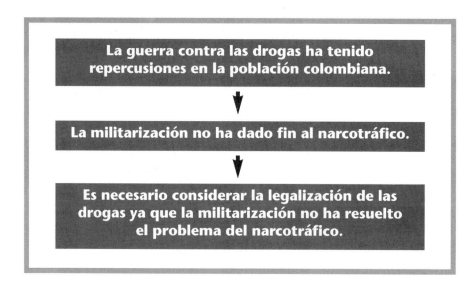

La guerra contra las drogas ha tenido repercusiones en la población colombiana.

↓

La militarización no ha dado fin al narcotráfico.

↓

Es necesario considerar la legalización de las drogas ya que la militarización no ha resuelto el problema del narcotráfico.

Use este mismo proceso para delimitar el enfoque de su argumentación. Cuando tenga el tema delimitado, exprese la idea principal en la forma de una aserción. Siguen a continuación dos ejemplos de aserciones.

El acoso sexual en la esfera laboral debe ser estrictamente penalizado.

La prohibición de la pornografía es una forma de censura y, como tal, viola los derechos de la Primera enmienda constitucional.

No es recomendable plantear la idea principal ni en forma interrogativa ("¿Es necesario que la clase media pague más impuestos federales?") ni en forma expositiva ("En los últimos diez años, ha aumentado la inmigración ilegal.") Evite también las aserciones demasiado personales o generales. (Ejemplos: "Prefiero las artes a las ciencias." o "Es bueno dar limosna a los pobres.")

Una vez que tenga la aserción plasmada, sométala al siguiente cuestionario.

- ¿Ha asumido usted una postura adecuada (a favor o en contra) frente al tema?
- ¿Tiene usted suficiente información para apoyar la aserción?
- ¿Tiene la aserción interés e importancia?
- ¿Cree usted en esta aserción?

PASO 3 **La elección de argumentos convincentes** En una hoja en blanco, escriba la aserción de su argumentación. Luego divida la hoja en dos columnas: una para los argumentos a favor y otra para los argumentos en contra. Anote en cada columna todos los argumentos que le vengan a la mente. Al terminar las dos listas, ponga una marca al lado de los argumentos que mejor apoyen la aserción. Luego ponga una estrella al lado de los mejores contraargumentos, en caso de que decida refutarlos. Comparta su lista con otro/a estudiante para ver si está de acuerdo con la elección de argumentos.

PASO 4 **El estilo libre** Anote la aserción del ensayo en una hoja en blanco (o en la pantalla de su computadora). Durante diez minutos escriba todo lo que pueda sobre la posición que piense argumentar. Use el estilo libre y no consulte sus apuntes. Al acabar la escritura libre, repita la actividad escribiendo esta vez sobre la posición *contraria* a la suya.

PASO 5 **La organización argumentativa adecuada** Usando los argumentos que elaboró en el Paso 3, escriba dos breves editoriales defendiendo la aserción. Para el primer editorial, ordene la información según el formato de la argumentación directa. Para el segundo, organice las ideas conforme a la argumentación indirecta. Al terminar ambos editoriales, pida que otro/a estudiante lea los dos textos. ¿Cuál le parece más convincente y por qué? ¿Está usted de acuerdo con la elección?

PASO 6 **El primer borrador** Usando la información recopilada en las actividades anteriores, elabore un bosquejo de ideas en el que incluya la aserción y los argumentos de apoyo en un orden lógico. Cuando tenga listo el bosquejo, escriba un primer borrador de dos a tres páginas, aproximadamente. El borrador tiene los siguientes tres objetivos principales.

- la expresión bien enfocada de la aserción
- el uso de argumentos que defiendan la aserción
- la elección de una argumentación directa o indirecta

No se preocupe por el estilo; éste se tratará más adelante en el proceso de la redacción.

CAPÍTULO

8

Técnicas de argumentación

Durante un proceso judicial, el abogado defiende a su cliente ante el juez mediante el uso de dos estrategias fundamentales: con argumentos que apoyan la defensa y con razones que refutan la posición contraria. A veces el defensor concede a la oposición uno que otro punto menor. No obstante, siempre vuelve a recalcar la inocencia del acusado.

Las técnicas que se emplean en la argumentación por escrito imitan las del abogado. En la cita a continuación, por ejemplo, un columnista emplea la refutación para defender la postura de Gustavo de Greiff ante las drogas.

> "Quienes tienen miedo y no han pensado sobre el asunto creen que mata la droga, y no la prohibición. Al contrario, los partidarios de la legalización están—estamos—convencidos de que lo que mata es la prohibición, y no la droga".
>
> Juan Tomás de Salas, "Prohibido prohibir", *Cambio 16*

Para usar eficazmente las técnicas de la argumentación, es necesario conocer a fondo los argumentos de la oposición. Sólo de este modo se puede conceder los puntos menores y refutar de manera convincente los principales.

▩ GRAMÁTICA

Como se vio en el capítulo anterior, el uso del subjuntivo se determina tanto por la estructura gramatical en la que aparece como por el significado de la cláusula que lo rige. En este capítulo se continuará con el análisis del subjuntivo y el indicativo, poniendo atención especial a los casos en que con la misma estructura gramatical pueden funcionar ambos modos verbales.

La selección del modo verbal refleja la actitud psicológica del hablante ante los hechos descritos. El indicativo representa el mundo objetivo. Es el modo verbal más empleado; puede emplearse en cualquier tipo de cláusula: independiente, principal o subordinada.

> Las alternativas de energía *son* carbón, gas y petróleo.
>
> Los accidentes recientes *demuestran* que estas alternativas no *son* seguras.

El subjuntivo, como se vio en el capítulo anterior, se usa para describir hechos sometidos a una condición, duda, opinión o sentimiento. Es el modo de la subjetividad. Permite describir un mundo modificado a través de la mente del escritor. Generalmente se presenta el subjuntivo en cláusulas subordinadas debido a que su empleo depende del significado de la cláusula principal en donde se incluye la participación del sujeto.

> *Se quejan* de que el gobierno no *esté* ofreciendo información pertinente.

El empleo de los modos verbales en la argumentación

Para lograr persuadir a los lectores sobre la validez de una posición, el autor debe diferenciar claramente entre el mundo real que pretende transformar y el mundo imaginado o posible que comprende su propuesta. Estos dos mundos, con frecuencia, van a estar representados por modos verbales diferentes.

Mundo objetivo

Se mueve el escritor en un mundo objetivo cuando al presentar una situación describe hechos objetivos y ofrece datos concretos. De aquí que se encuentre un amplio empleo del indicativo, tanto en la exposición del problema como en la presentación de la evidencia.

> En el frente de la lucha no *hay* muchas razones para el optimismo.
>
> El número de adictos habituales no *disminuyó.*
>
> Un estudio *demuestra* que la legalización de las drogas *permite* mayor control de las leyes.

Mundo subjetivo

Por su parte, cuando en una argumentación se presenta la aserción o alguna propuesta es más frecuente el uso del subjuntivo. Esto se debe a que en éstas se incluye la participación de un sujeto que describe una posibilidad, necesidad o deseo. Con frecuencia una aserción requiere del modo subjuntivo porque busca influir en la conducta del otro. Además, también es el subjuntivo el que se emplea para describir los hechos que están fuera del área de acción del autor; es decir, aquellos sucesos que no dependen de éste para que se realicen.

> Me *niego a creer* que en el frente de la lucha no *haya* razones para el optimismo.
>
> *Es increíble* que el número de adictos habituales no *haya disminuido.*
>
> No podemos *esperar* que los gobiernos *controlen* la violencia en nuestros barrios.

La participación del autor es aun más clara en las propuestas que se ofrecen al argumentar. Es frecuente que estas propuestas subordinen cláusulas a un antecedente indefinido o indeterminado.

> Deberíamos buscar *soluciones* que *tuvieran* un impacto real sobre el problema de las drogas.

En este ejemplo, las soluciones de que se habla no se especifican; de ahí que se requiera el uso del subjuntivo en la cláusula subordinada. Con tal estructura el autor capta la atención del lector, quien se pregunta qué tipo de soluciones son aquéllas que "tienen un impacto real sobre el problema de las drogas".

Los usos del indicativo y del subjuntivo en contraste

A continuación se analizan los usos en contraste del indicativo y del subjuntivo cuando funcionan en estructuras similares.

Verbos y expresiones que subordinan indicativo en oraciones afirmativas

Se requiere el modo indicativo en la cláusula subordinada cuando se usan los siguientes verbos y expresiones para describir la opinión, juicio o percepción—sensorial o mental—del sujeto en oraciones afirmativas.

Verbos de percepción sensorial:	oír, oler, palpar, sentir, ver
Verbos de pensamiento:	anticipar, calcular, comprobar, considerar, creer, descubrir, entender, imaginar, observar, pensar, recordar, saber
Verbos de expresión:	aclarar, admitir, agregar, añadir, argumentar, confirmar, decir, enunciar, establecer, gritar, indicar, informar, proclamar
Expresiones de juicio seguro:	es/parece cierto, claro, el caso, evidente, innegable, obvio, verdad, un hecho

Se argumenta que sólo las naciones industrializadas *pueden* dar pasos importantes hacia el desarme.

Los científicos *confirman* que la técnica nuclear *sigue* siendo peligrosa.

Creo que nadie *tiene* dudas racionales de que las plantas nucleares son seguras.

Parece evidente que el Programa de asistencia social *debe* modificarse.

Se requiere el subjuntivo en la cláusula subordinada cuando los mismos verbos o expresiones del cuadro anterior se niegan.

No se argumenta que sólo las naciones industrializadas *puedan* dar pasos importantes hacia el desarme.

Los científicos *no han confirmado* que la técnica nuclear *siga* siendo peligrosa.

No creo que nadie *tenga* dudas racionales de que las plantas nucleares son seguras.

No parece evidente que el Programa de asistencia social *deba* modificarse.

Actividad

Con un/a compañero/a subordine las oraciones a la expresión entre paréntesis.

EJEMPLO: La inmigración ilegal *repercute* en la economía del país. (No admiten)

No admiten que la inmigración ilegal *repercuta* en la economía del país.

1. El número de inmigrantes ilegales *se duplica* cada año.
   (La procuradora calcula)
2. Los Estados Unidos *establece* leyes más severas sobre inmigración.
   (Los inmigrantes no imaginan)
3. El gobierno *busca* solucionar el problema.   (El presidente informa)
4. El tema de los ilegales siempre *reaparece* en las campañas electorales.
   (No proclaman)
5. Los inmigrantes de países comunistas *obtenían* visado automático.
   (Oyeron)
6. Este país *es* un país formado por inmigrantes.   (Es verdad)
7. Los nacidos en territorio estadounidense *adquerían* ciudadanía.
   (No sabía)
8. Una mayor protección fronteriza *resolverá* el problema.
   (La procuradora cree)
9. Los problemas económicos actuales *se originan* por la inmigración ilegal.
   (No es obvio)
10. Varias áreas económicas *dependen* del trabajo de los ilegales.
    (El senador considera)

La especificidad versus la indefinición

El indicativo aparece en los casos en que el antecedente de la cláusula subordinada es específico, definido o conocido; es decir, que se encuentra a nivel factual.

Están implementando programas que *han funcionado* en otros países.

El subjuntivo se emplea en cláusulas subordinadas que dependen de un antecedente desconocido, ambiguo o hipotético.

Tratan de identificar programas que *hayan funcionado* en otros países.

Actividad

Con un/a compañero/a utilice las dos oraciones de la columna A para subordinar frases diferentes con la opción de la columna B.

A	B
1. Es importante establecer una ley... Existe una ley...	autorizar la eutanasia
2. Buscan una solución... Encontraron la solución...	ayudar a personas desahuciadas
3. Se requiere un sistema... Establecieron unas leyes...	regular la eutanasia
4. Se necesitan nuevas alternativas... Hablan de las nuevas alternativas...	permitir a los ciudadanos seleccionar el día de su muerte
5. Se llevó a cabo un referéndum... Quieren hacer un referéndum...	establecer la legalización de la eutanasia

Acciones pasadas o habituales versus acciones anticipadas

Como se vio en el Capítulo 7, se emplea el subjuntivo en las cláusulas subordinadas que preven acontecimientos futuros o hipotéticos. Es decir, cuando los nexos temporales, modales, concesivos o contrastivos introducen acciones que no han sucedido, pero que se anticipan o que son consideradas hipotéticas en relación con la cláusula principal, se requiere subjuntivo en la cláusula subordinada.

Dijo que *hasta que se implementaran* nuevas fuentes de energía se podría combatir la contaminación ambiental de manera eficiente.

Continuará abierta la empresa *aunque no sea* 100 por ciento segura.

Por su parte, este mismo tipo de nexos también puede introducir el modo indicativo cuando la cláusula subordinada representa un hecho ya experimentado por el sujeto, es decir, cuando describe acciones habituales y reales en el presente o hechos que sucedieron en el pasado.

La contaminación ambiental disminuyó *en cuanto implementaron* fuentes de energía alternativa.

Aunque la energía nuclear *no ha tenido* mayores problemas de seguridad, el público está preocupado por el peligro que ésta representa.

Actividad

Complete los espacios en blanco con el verbo entre paréntesis. Ponga atención a la acción de la cláusula principal, si representa acciones pasadas o habituales o si representa acciones anticipadas o hipotéticas. Confirme el significado de los nexos en el capítulo anterior, si es necesario.

La educación y la democracia

Los puritanos fundaron escuelas desde el momento mismo en que

_____ (establecerse) en este país. Confiaban en

que se podría gobernar mejor cuanto más educación se les

_____ (dar) a los nuevos ciudadanos. Sin embargo,

mantuvieron los mismos principios de selección de los estudiantes

como lo _____ (hacer) en Europa, excluyendo a los

esclavos y limitando el acceso a las mujeres. No consideraban que una

verdadera democracia sería imposible mientras no se

_____ (establecer) un sistema educativo para todos.

Tampoco en nuestros días hemos podido lograr ese sueño. Y no se

logrará mientras no se _____ (ofrecer) las mismas

condiciones educativas para todos los jóvenes del país. En la medida en que _____ (darse) menos paralelos entre los recursos económicos del barrio y la calidad de la escuela, de mejor manera enfrentaremos el problema.

El indicativo versus el subjuntivo en oraciones con *si* condicional

Se vio en la sección de *Nexos* del Capítulo 7 que las expresiones condicionales se relacionan siempre con el uso del subjuntivo. Sin embargo, se tiene que hacer una excepción con el *si* condicional porque éste puede introducir tanto el modo subjuntivo como el indicativo, según el tiempo y el hecho a que corresponda.

Cuando se sabe que un hecho tendrá lugar siempre y cuando ocurra la condición mencionada, se usa el indicativo. Es decir, si la condición es real, habitual o ya ha sucedido se usa el indicativo. Después de la cláusula con *si* se puede emplear todos los tiempos de indicativo, con excepción de los tiempos futuros (futuro y condicional simples y compuestos).

> Si el pueblo *recibía* educación, se *obtenía* democracia.   (real/en el pasado)

> Si el pueblo *recibe* educación, se *obtiene* democracia   (habitual/en el presente)

> Si el pueblo *recibe* educación, se *obtendrá* democracia.   (real/en el futuro)

Se usa el subjuntivo cuando se refiere a una acción hipotética o imposible. Después de la cláusula con *si* nunca aparecen los presentes de subjuntivo; se puede usar el imperfecto y el pluscuamperfecto de subjuntivo. Se usa el imperfecto de subjuntivo cuando el hecho es hipotético o cuando se refiere a una situación contraria a la realidad en el presente.

> Si el pueblo *recibiera* educación, se *obtendría* democracia. (improbable/en el presente)

Se usa el pluscuamperfecto de subjuntivo cuando la oración condicional menciona un hecho contrario a la realidad en el pasado.

> Si el pueblo *hubiera recibido* educación, se *hubiera obtenido* democracia.   (irreal/en el pasado)

Actividad

Escriba oraciones condicionales utilizando los elementos que se le brindan a continuación.

1. legalizar las drogas / terminar con el contrabando   (real/en el futuro)
2. fumar / padecer cáncer   (improbable/en el presente)
3. practicar la lengua / aprender las reglas   (habitual/en el presente)
4. luchar por un ideal / conseguir beneficios   (irreal/en el pasado)
5. apoyar la ley / obtener mayores beneficios   (real/en el pasado)

☒ NEXOS PARA REFUTAR Y CONCEDER

Para lograr convencer a los lectores de su argumento, el autor puede considerar, entre otras cosas, los contraargumentos presentados sobre el tema, concediendo en algunos puntos, refutando otros. A continuación se ofrece una lista de nexos y expresiones que son útiles para este propósito.

Nexos y expresiones para refutar

a pesar de, pese a	*despite, in spite of*
comoquiera que	*no matter how*
en cambio	*on the other hand*
En vez (lugar) de X, sería mejor (preferible) Y.	*Instead of X, Y would be better (preferable).*
lejos de + *inf.*	*far from + gerund*
Sería mejor (preferible) Y.	*Y would be better (preferable).*
Me resulta difícil aceptar que...	*It is difficult for me to accept that . . .*
No es cierto (verdad) que...	*It is not true that . . .*
No estoy de acuerdo con...	*I do not agree with . . .*
no obstante	*nonetheless*
pero	*but*
por el contrario, al contrario	*on the contrary*
sin embargo	*however*
Tengo que disentir de...	*I must disagree with . . .*
X se equivoca en esto; la verdad es que...	*X is wrong about this; the truth is that . . .*

Nexos y expresiones para conceder

a pesar de, pese a	*despite, in spite of*
Admito que...	*I admit that . . .*
Coincido con X en...	*I agree with X that . . .*
Es cierto (verdad) que...	*It is true that . . .*
Si bien es cierto (verdad) que... no es menos cierto (verdad) que...	*If it is true that . . . it is not less true that . . .*
Tiene cierta validez lo que sostiene X.	*What X contends has a certain validity.*
X es sólo cierto (verdad) en parte.	*X is true only in part.*

La carta al director

Para estudiar las técnicas de argumentación, no hay que ir más lejos que a la sección de opinión del periódico. Allí se encuentran cartas al director que representan las opiniones de los lectores sobre temas comentados en el periódico.

La carta al director, que es más personal y breve que un ensayo de opinión formal, ilustra diferentes maneras de defender y atacar aserciones.

Antes de leer   *Con otro/a estudiante, haga una lista de argumentos a favor del uso de la energía nuclear en los Estados Unidos y otra en contra de él. Luego use las listas para debatir en voz alta el tema.*

A continuación se presentan dos cartas, publicadas en un diario español, que defienden posturas contrarias ante el tema de la energía nuclear. Tratan específicamente del descubrimiento de fisuras en algunos reactores franceses. Al leer las cartas, piense en cuál le parece más convincente y por qué.

⊠ TEXTOS MODELO

Técnica nuclear

Le escribo sobre la divulgación° de los últimos datos sobre ciertos *tests* hechos en las centrales nucleares francesas. Una vez más se sigue demostrando que la ciencia no es infalible, cosa que los físicos saben pero que algunos políticos nos obligan a ignorar. Nos confirma que la técnica nuclear sigue siendo tan humana como para

revelación

que ya nadie ignore el único objetivo de lo nuclear: el poner en peligro la vida, cosa que los científicos saben pero que las empresas eléctricas quieren silenciar.

2 Mientras tanto, aquí, cerca de la central nuclear de Almaraz, su portavoz nos tranquiliza y asegura que no pasa nada. ¿Con qué discurso lo hace? Pues con el de la espera... a ver qué ocurre. Nos dice que debemos esperar a que las investigaciones, técnicas de inspección y seguimiento del fenómeno le autoricen a decidir y actuar. Nos pide fe en algo, la técnica nuclear, que desde su diseño y puesta en marcha falla peligrosamente y compromete nuestro futuro en paz.

3 Señores empresarios de Almaraz, esperaremos; pero no vamos a callar mientras reciben los informes; y luego ustedes decidan. Una central nuclear que necesita tanto dinero para su mantenimiento y planes de evacuación (que las poblaciones seguimos desconociendo) debe cerrar ya, y permitir que el dinero se utilice en energías alternativas más limpias y seguras.

José María González Mazón, *El país*

Energías

En una carta al director, el señor González Mazón, de Navalmoral, se quejaba de las explicaciones de Almaraz sobre el tema de las pequeñas grietas° de algunos reactores franceses, y decía que si era necesario invertir más dinero para arreglar ese tema, mejor pararla e invertir en otras energías limpias y seguras. Como hasta el 2020 no se espera que la solar sea rentable° en el norte de Africa y el sur de España, las alternativas son carbón, gas y petróleo. En los últimos años, los 3.500 mineros aplastados en minas de carbón en todo el mundo, los 700 u 800 muertos por explosión de gas en México y los tres petroleros espanzurrados° en un mes demuestran que estas alternativas no son ni seguras ni limpias. Creo que nadie tiene dudas racionales de que las nucleares españolas, como todas las occidentales, son seguras. La prueba es que 300 reactores en uso durante veinticinco años en EEUU, Japón y Europa no han producido ninguna víctima.

fisuras

provechosa

destruidos

2 Creo que lo razonable es que las nucleares no causen ningún daño en su funcionamiento y que el riesgo de que en un accidente causen daño a personas es inferior que otras formas de producción de energía eléctrica, pero no infinitamente inferior. Almaraz evita sacar de la mina cinco millones de toneladas de carbón al año, con lo que ahorra cinco vidas en la mina, innumerables sufrimientos por la silicosis°, y evita aumentar esos 900 cánceres de pulmón por año en Asturias, el doble que en cualquier otra provincia española de igual población y que son atribuibles a la minería. El riesgo de que algo así ocurra con el funcionamiento de todas las nucleares españolas es de una vez cada 10.000 años.

enfermedad del pulmón

Pedro Ortego Saiz, *El país*

TÉCNICAS DE REDACCIÓN

El uso de la evidencia

En la argumentación, no basta plantear una aserción acaloradamente para convencer al lector. Hay que proporcionar evidencias y argumentos lógicos que apoyen la opinión. Una comparación de las dos cartas sobre la energía nuclear demuestra el importante papel que desempeñan las pruebas al sostener un argumento. En la primera carta, González Mazón se queja de la energía nuclear. Insinúa que si en Francia se encontraron grietas en algunos reactores, es posible que no sean seguras las centrales nucleares españolas. El autor fundamenta su opinión en un axioma: "la ciencia no es infalible". Concluye afirmando que la central de Almaraz debe cerrar y, además, se debe invertir en la búsqueda de "energías alternativas más limpias y seguras". La argumentación del autor, que vive cerca de la central de Almaraz, se basa en la emoción y no en pruebas concretas.

La segunda carta usa la aserción de González Mazón como punto de partida para argumentar la opinión contraria. Ortego Saiz empieza reiterando la idea principal de su adversario (aunque añade la palabra *pequeñas* para describir las grietas). Luego, se opone a la aserción empleando una técnica lógica y ordenada. En el párrafo 1, descarta la opción de la energía solar y presenta pruebas específicas para mostrar que las tres energías alternativas—carbón, gas y petróleo—"no son ni seguras ni limpias". En el párrafo 2 defiende su opinión que las nucleares causan menos daño que las alternativas. A manera de evidencia, ofrece una lista de daños que ocasiona la extracción de carbón en Asturias, el centro minero de España. A lo largo de la carta, el autor suministra datos específicos para apoyar su aserción. Por ello, se puede concluir que la argumentación se basa en la lógica, y no en la emoción.

Actividad de análisis

Vuelva a leer los párrafos 5 a 6 y 9 (páginas 159–160) de "Más allá de Escobar". En su opinión, ¿se basan los argumentos presentados en la emoción o la lógica? Justifique su respuesta dando ejemplos concretos.

La refutación

Otra técnica que se usa para apoyar una aserción es la refutación. La refutación consiste en la presentación de razones contrarias a lo sostenido por un oponente. Su propósito es debilitar los argumentos de la oposición a fin de que el lector admita la aserción del autor. Para usar eficazmente la refutación, es importante anticipar los argumentos del adversario.

En la primera carta la refutación se fundamenta en dos estrategias: la anticipación de argumentos en favor de la energía nuclear y, luego, un ataque contra la posición pro-nuclear.

Sinopsis de la refutación: Carta #1

Argumento de la oposición:	Portavoces y empresarios de la central de Almaraz piden paciencia y fe en la energía nuclear.
Refutación:	Esperaremos, "pero no vamos a callar".

El tono del autor no es sólo irónico, sino negativo: indica que no tiene fe en la energía nuclear. Reafirma su rechazo de la posición pro-nuclear en la última oración: la central "debe cerrar ya".

La estructura de la refutación utilizada en la segunda carta es más directa. El autor plasma su ataque contra la posición anti-nuclear en dos oraciones clave.

Sinopsis de la refutación: Carta #2

Párrafo 1:	"Creo que nadie tiene dudas racionales de que las nucleares españolas[...] son seguras."
Párrafo 2:	"Creo que lo razonable es que las nucleares no causen ningún daño[...]."

La repetición del concepto de la razón (*racionales* y *razonable*) no es gratuita, pues el autor quiere mostrar que la posición de González Mazón es irracional.

La estructura lógica de la segunda carta refuerza la legitimidad de la posición pro-nuclear.

Estructura de la argumentación pro-nuclear: Carta #2

Párrafo 1: **Posición anti-nuclear:** La energía nuclear es peligrosa; por eso, hay que usar energías alternativas.
Pruebas que refutan esta posición:
1. La energía solar no es rentable.
2. La explotación del carbón, gas y petróleo ha ocasionado muertes y desastres ecológicos.

Posición pro-nuclear: Las nucleares son seguras.
Prueba que apoya esta posición:
"300 reactores[...] no han producido ninguna víctima".

Párrafo 2 **Posición pro-nuclear:** Las nucleares son seguras.
Pruebas que apoyan esta posición:
1. Gracias a Almaraz, se ahorran vidas y sufrimientos por la silicosis y el cáncer de pulmón.
2. "El riesgo que algo así ocurra con[...] las nucleares españolas es de una vez cada 10.000 años".

Todas las evidencias son específicas y concretas. Además, sirven el doble propósito de refutar los argumentos de la oposición y de apoyar la postura pro-nuclear.

Actividad de análisis

En la siguiente carta al director, el autor muestra su simpatía por los indígenas de Chiapas, uno de los estados más pobres de México. Lea la carta y luego haga las actividades a continuación.

Indígenas chiapanecos en un mercado de
San Cristóbal de las Casas, México.

La realidad social de Chiapas

Señor director:

A través de su columna "Tribuna del Público" y de pláticas con gente cercana, he podido darme cuenta que muchas personas piensan que el levantamiento indígena de Chiapas es una acción completamente injustificada y equivocada.

Yo quisiera decirle a todos ellos, que analicen sinceramente y sin racismo la situación que por muchos años ha venido sufriendo la comunidad indígena mexicana y esto afecta no sólo a la comunidad chiapaneca, sino a todos los indígenas en general.

Esta gente piensa que los campesinos no progresan por ser flojos y sin ambiciones, pero no se dan cuenta que hay lugares donde la escuela u hospital más cercano a sus comunidades está a varias horas de camino, y digo caminando porque no tiene otro medio de transporte. A esa gente que apoya una solución represiva y de aniquilamiento al pueblo chiapaneco por parte del Ejército Mexicano, debe reconocer que lo único por lo cual está luchando ese grupo de personas, es una oportunidad de mejorar sus inhumanos niveles de vida.[...]

Sergio Arredondo
Los Angeles, Ca.

La opinión

1. *Haga una lista de los argumentos que usa el autor para refutar a sus opositores.*

2. *¿Le ha convencido el autor sobre el valor de la causa chiapaneca? En su opinión, ¿cómo pudiera el autor fortalecer su argumentación?*

Actividades de aplicación

1. *Escriba una carta al director en la que exprese su oposición a uno de los escritos a continuación. En la carta, use algunas de las expresiones que se encuentran en la lista de* Nexos *de este capítulo para refutar los argumentos contrarios a su opinión.*

- "Más allá de Escobar: el futuro de la lucha contra las drogas" (páginas 157–161) de Gustavo de Greiff (Exprese su inconformidad con la legalización de las drogas.)
- "Eutanasia y ley", (páginas 178–179), editorial publicado en *El país* (Exprese su inconformidad con la legalización de la eutanasia.)
- "Energías", (página 195) de Pedro Ortego Saiz (Exprese su inconformidad con la energía nuclear.)

2. *Con otro/a estudiante, comente los datos a continuación sobre la pobreza juvenil en los Estados Unidos, tomados de un informe publicado por la UNICEF en 1996.*

Entre los países industrializados, EEUU tiene la tasa más alta de:

- niños (más de uno por cada cinco) que viven bajo el nivel de la pobreza ($12,674 por una familia de cuatro personas)
- niños que viven con un solo padre (con la mitad de adolescentes anglos y cuatro de cada cinco niños afroamericanos viviendo con un solo padre)
- madres adolescentes (64 de cada 100 nacimientos, comparado con el Japón, que tiene solo 4, e Italia, que tiene 9).

Con el/la mismo/a estudiante, escriba una carta al director de un periódico en la que exprese su opinión sobre la crisis juvenil. Cuando sea posible, use los datos de la UNICEF para reforzar su aserción.

La declaración de una posición

La polémica se ha vuelto popular en los medios de difusión. Por ello, es cada vez más frecuente encontrar en revistas y periódicos ensayos que enjuician los pros y contras de un tema discutible. En un escrito de este tipo, el autor declara su posición ante el tema y luego la defiende usando diferentes técnicas argumentativas.

Antes de leer *Anote su posición ante la educación mixta en las escuelas públicas y haga una lista de los argumentos que la apoyen. Luego intercambie listas con otro/a estudiante. Lea la lista del otro/de la otra estudiante y refute los argumentos en voz alta.*

En los textos modelo a continuación, se debate la educación mixta en España. Una profesora de filosofía y ética aboga por la separación de chicos y chicas en las escuelas, mientras que el presidente de la Confederación Española de Asociaciones de Padres de Alumnos escribe en contra de las aulas separadas. Al leer sus declaraciones, piense en cuál le parece más convincente y por qué.

⌧ TEXTOS MODELO

Sería beneficioso para todos

La creación de espacios autónomos de alumnos y alumnas es una forma de superar la actual escuela mixta, que no es válida porque sigue siendo sexista. En la escuela mixta actual, las niñas han pagado un precio muy alto. Han perdido en el uso del espacio (los chicos utilizan un mayor espacio porque se mueven más y causan más desperfectos), en el rendimiento° escolar (las chicas rinden más   provecho
porque su evolución intelectual es más rápida, pero tienen que adaptarse a ellos), hay relaciones de violencia (sobre todo, les pegan cuando son más pequeñas) y agresiones sexuales.[...]

2   Ante esta situación, defiendo los espacios "autónomos", como un recurso beneficioso para chicos y chicas. Lo que aporta el espacio mixto es que se normaliza el trato entre ellos, pero con esto no basta. Hay otros objetivos que no se cumplen. El espacio mixto es un instrumento que a veces es útil y a veces no. Por

Muchachas llevan a cabo experimentos en el laboratorio de un colegio unisex de España.

ejemplo, hay temas que no se pueden debatir en aulas mixtas, como cuando se habla de violaciones o agresiones en las clases de ética: las chicas les atacan sin dejarles dar explicaciones y ellos adoptan una postura irracional y defensiva.

3   Yo hice el experimento de separarles durante varios días y darles cuestionarios sobre el tema y otros recursos pedagógicos. Cuando les reuní de nuevo, todos llevaban otra postura, otro lenguaje, estaban mucho más receptivos y dispuestos al diálogo.[...]

4   El actual sistema de enseñanza no enseña a los chicos a ser autónomos en lo personal, del mismo modo que las chicas tienen que asimilar su papel en la vida pública. El tema a debatir no es espacios segregados o espacios mixtos, sino desde qué presupuestos° ideológicos los usamos y con qué finalidad. Si se separa a chicos y chicas y se les da la misma educación que ahora, seguimos teniendo el mismo problema. El objetivo es educar a cada niño y a cada niña en su individualidad, intentando desarrollar todas sus capacidades, al margen de los estereotipos masculino y femenino.

suposiciones

María José Urruzola, Cambio 16

No aportaría ningún beneficio

No creo que la separación por sexos en las aulas pueda tener algún beneficio. Estoy radicalmente opuesto a la situación de las aulas separadas. Eso sería una vuelta atrás, abandonar el leitmotiv° actual de que chicos y chicas tengan una igualdad de oportunidades y lo compartan todo, empezando por su educación.

idea central

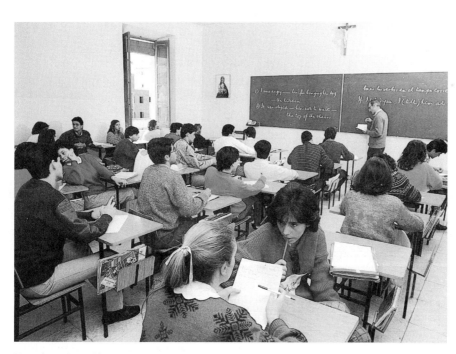

Una clase de inglés en un colegio mixto de Málaga, España.

2   El argumento de que hay experiencias que demuestran que los chicos y las chicas que estudian por separado sacan mejores notas, lo cual redunda positivamente en su desarrollo intelectual, no me sirve para nada: Nadie puede demostrar científicamente esa tesis.

3   Eso sí, es evidente que la educación todavía no es igualitaria para todos, aún compartiendo los espacios. Sigue siendo sexista, todavía hay diferencias en el trato a chicos y chicas y las familias no se implican lo suficiente. Lo que hay que superar es esa situación cultural y achicar esas barreras. Se trata de un problema puramente cultural, no genético.

4   En mi opinión, la mejor terapia es hacer que el hombre y la mujer comprendan que ambos han nacido para las mismas cosas. Desconfío de los que aprovechan cualquier excusa para reabrir el debate sobre la conveniencia o no de la educación mixta.

5   [...] Nosotros preferimos superar las barreras culturales, aunque los chicos no estén a pleno rendimiento; no queremos las mejores notas, sino que los chavales y las chavalas puedan conseguir las mismas cosas trabajando juntos.

6   Coincido en una cosa con María José Urruzola: cada estudiante necesita un tratamiento personalizado, pero no por ser hombre o mujer, sino porque cada uno tiene aptitudes diferentes, vive situaciones distintas y tiene su propia personalidad. Lo idóneo° es la educación comprensiva, que es la aplicación de la   adecuado
pedagogía más pura.

7   Me produce inquietud que vuelva a salir a la luz este debate en nuestro país, cuando se están dando los primeros pasos en el camino de una educación igualitaria para chicos y para chicas.

Francisco Delgado, Cambio 16

TÉCNICAS DE REDACCIÓN

La concesión

Es común que, al defender una posición, el autor reconozca el valor de ciertos argumentos que sustentan los opositores. La técnica que permite la admisión de contraargumentos se llama la concesión. Casi siempre se utiliza en combinación con la refutación: se concede uno o más puntos a la oposición, pero se refuta la aserción principal del adversario.

En el debate sobre la separación de los sexos en las escuelas, ambos autores se valen de la concesión, así como de la refutación. En la primera declaración, la autora mantiene que la educación mixta no vale porque es sexista. Luego cita argumentos que defienden esta opinión: las niñas sufren en la educación mixta porque los niños requieren más espacio, su rendimiento es más lento y son más agresivos. En el párrafo 2 la autora reconoce ciertos méritos de la coeducación, aunque termina condenándola por sus defectos.

Línea argumentativa: Declaración #1

Concesión: "Lo que aporta el espacio mixto es que se normaliza el trato entre ellos[...]"

Refutación: "[...]pero con esto no basta. Hay otros objetivos que no se cumplen".

Concesión: "El espacio mixto es un instrumento que a veces es útil[...]"

Refutación: "[...]y a veces no".

El segundo autor Francisco Delgado se opone a la educación separada porque teme que destruya la igualdad de oportunidades. La principal prueba en que se fundamenta, la falta de evidencia científica que demuestre la inferioridad de la educación mixta, se encuentra en el párrafo 2. A partir de este momento, el autor argumenta con base en una cadena de concesiones y refutaciones.

Línea argumentativa: Declaración #2

Concesión: Es cierto que la educación mixta es sexista.

Refutación: Sin embargo, es "un problema puramente cultural, no genético".

Concesión: Es posible que los chicos no rindan tanto en la educación mixta.

Refutación: No obstante, importa más que los chicos y las chicas aprendan a trabajar juntos.

Concesión: Está de acuerdo que el tratamiento personalizado es la mejor pedagogía.

Refutación: Pero la educación personalizada debe darse conforme a aptitudes, y no al sexo.

El empleo de la concesión, en combinación con la refutación, es más extenso en la segunda declaración que en la primera.

Actividad de análisis

Lea las dos declaraciones sobre la educación mixta a continuación.

Juntos, es lo natural

Desde el punto de vista de los resultados académicos no sé, pero desde el punto de vista de la formación integral, de las relaciones humanas y la vida social no tengo dudas: quienes van a estar juntos en todas las etapas de su existencia deben estar también juntos en la escuela. Eso es lo natural, lo otro no. Sin duda presenta problemas la enseñanza mixta, pero son más los conflictos que resuelve que los conflictos que genera.

Elena García Gutiérrez, *Cambio 16*

Hay un mundo, no dos

Quienes estudian en colegios separados pierden contacto con la realidad: no hay un mundo de hombres y otro de mujeres. Sólo hay un mundo. No hay que confundir instrucción, que es aprender determinadas habilidades, con educación, que es, entre otras cosas, aprender a ser un buen ciudadano. Es cierto que chicos y chicas tienen distintos estadios en su desarrollo intelectual y para aprender determinadas cosas puede ser mejor la separación, pero conocer al compañero social compensa sobradamente la falta de rendimiento académico. Lo contrario es un salto atrás retrógrado y propio de una sociedad puritana como la americana.

Agustín Menéndez Martínez, *Cambio 16*

Con otro/a estudiante, haga el siguiente análisis de ambos escritos.

1. *Subraye todos los ejemplos de refutación y concesión que encuentre.*
2. *Anote las pruebas que apoyen la aserción de cada escrito.*
3. *En su opinión, ¿qué declaración es más convincente? Justifique su respuesta dando ejemplos concretos.*

La anticipación de contraargumentos

En la argumentación, cuanto más previo conocimiento se tenga de los argumentos de la oposición, mejor puede uno defender su propia opinión. Un análisis de las declaraciones sobre la educación mixta demuestra este principio. El segundo autor le lleva la ventaja a la primera porque responde a la posición de ésta. La siguiente comparación revela cómo Delgado se aprovecha de los argumentos de Urruzola para atacar la posición separatista.

Urruzola	Delgado
Aserción: Está a favor de la separación porque la educación mixta es sexista.	Está en contra de la separación porque pondrá en peligro la igualdad de los sexos.

Argumentos: 1. Las niñas sufren más.
   a. Los niños requieren más espacio.
   b. Su rendimiento es más lento.
   c. Son más agresivos.
	1. No hay pruebas científicas que demuestren la inferioridad de la escuela mixta. (Refuta #1 y #3 de Urruzola.)

2. Aunque la educación mixta mejora las relaciones sociales, hay temas que pueden tratarse mejor en aulas separadas.	2. Es cierto que la educación mixta es sexista, pero es un problema cultural, no genético. (Concede la aserción de Urruzola.)
3. En la educación mixta, los niños no aprenden a ser autónomos en lo personal.	3. Los proponentes se aprovechan del tema para atacar la igualdad sexual.

4. Aunque los niños no rindan el máximo, importa más que aprendan a relacionarse bien con las niñas.
(Concede #1b de Urruzola.)
5. La educación debe ser dada conforme a aptitudes, no al sexo.

Conclusión:

Importa más individualizar la educación que se les dé, que separar a los chicos y chicas.

El ataque contra la educación mixta es un atentado contra la educación igualitaria.

La argumentación de Urruzola se basa casi exclusivamente en razones que apoyan la posición pro-separación. Hace una sola referencia a la oposición en el argumento 2, al conceder que la educación mixta mejora el trato entre chicos y chicas. La argumentación de Delgado, en cambio, se refiere repetidas veces a los contraargumentos. Es obvio que éste tiene previo conocimiento de los argumentos de su adversario (escribe, por ejemplo, "Coincido en una cosa con María José Urruzola".[...]). Así pues, Delgado fortalece su propia posición mediante la estrategia de anticipar y atacar los argumentos de la oposición.

Actividad de análisis

Vuelva a leer los párrafos 10 a 13 de "Más allá de Escobar" (página 160). Luego, con otro/a estudiante, haga el análisis a continuación.

1. *Anote una lista de los argumentos que apoyen la legalización de las drogas y otra de los contraagumentos.*
2. *Al comparar ambas listas, ¿qué línea argumentativa le convence más y por qué? ¿Qué otros argumentos podrían servir para defender o atacar las ideas del autor?*

Actividades de aplicación

1. *Vuelva a leer las cuatro declaraciones sobre la educación mixta. Luego escriba su propia declaración en la que exprese su opinión sobre el tema. Use algunas de las expresiones que se encuentran en la lista de Nexos de este capítulo para conceder y refutar las ideas contrarias a las suyas.*
2. *Con otro/a estudiante comente las tres fuentes de información u opinión sobre el consumo del tabaco que se muestran a continuación. (Tanto la caricatura como el fragmento del ensayo fueron publicados en España.) Luego dé también sus propias opiniones sobre el tema. En particular, ¿qué opina usted del consumo del tabaco en espacios públicos?*

Tabaco clandestino

En América quieren prohibirlo. Hablando en plata, pretenden crear unas mafias del tabaco y clandestinidad para fumarlo. Se trata de elevar el modesto e inocente tabaco a la categoría de droga dura y con la que está cayendo, eso mueve a risa y es totalmente grotesco. Es cierto que el tabaco hace daño a la salud, incluso puede provocar cáncer de pulmón o de otra cosa. Se recalca[1] que Melina Mercouri era una gran fumadora. Pero a los 69 años se puede morir de cualquier cosa. De hecho, Jacqueline Kennedy,* que odia y detesta el tabaco, lucha denodadamente[2] contra un cáncer linfático.* Por ejemplo.

Carmen Rico-Godoy, *Cambio 16*

[1]insiste en   [2]esforzadamente

*Jacqueline Kennedy murió de su aflicción poco después de la publicación de este ensayo.

Escriba una declaración a favor de o en contra de la prohibición del cigarrillo en espacios públicos. Use los textos y gráficas para apoyar, atacar, refutar o conceder. Después de redactar la declaración, déle un título adecuado.

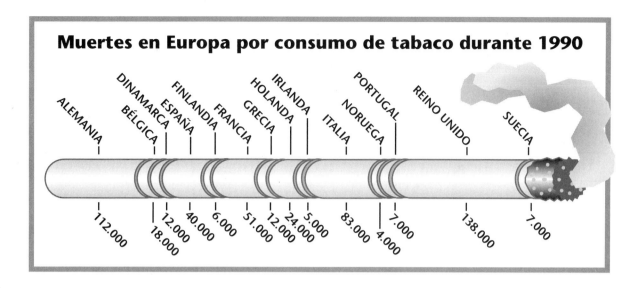

Muertes en Europa por consumo de tabaco durante 1990

ALEMANIA — 112.000
DINAMARCA — 18.000
BÉLGICA — 12.000
ESPAÑA — 40.000
FINLANDIA — 6.000
FRANCIA — 51.000
GRECIA — 12.000
HOLANDA — 24.000
IRLANDA — 5.000
ITALIA — 83.000
NORUEGA — 4.000
PORTUGAL — 7.000
REINO UNIDO — 138.000
SUECIA — 7.000

⊠ EL SEGUNDO BORRADOR DE LA ARGUMENTACIÓN

PASO 1   **La autoevaluación del primer borrador**   Responda al siguiente cuestionario sobre su primer borrador.

- ¿Cuál es el tema global?
- ¿Cuál es la aserción principal ante el tema?
- ¿Cuáles son los argumentos principales que apoyan la aserción?
- ¿Usa la argumentación directa o indirecta para apoyar la aserción?
- ¿Cómo le gustaría mejorar este borrador?

PASO 2   **La reacción del lector**   Déle su primer borrador a otro/a estudiante. Pídale que lo lea y que haga lo siguiente.

- que le escriba a usted una carta breve en la que exprese su reacción al borrador
- que indique si está de acuerdo con su opinión (¿por qué sí o por qué no?)
- que indique si le parece convincente la línea argumentativa
- que recomiende otros argumentos que defiendan o ataquen la aserción del ensayo

PASO 3   **La organización**   Haga un bosquejo del primer borrador siguiendo uno de los modelos a continuación.

Argumentación directa	Argumentación indirecta
Párrafo 1	**Párrafo 1**
Tema y aserción principal:	Introducción al tema:
Párrafo 2	**Párrafo 2**
Argumento:	Argumento:
Evidencia:	Evidencia:
Párrafo 3	**Párrafo 3**
Argumento:	Argumento:
Evidencia:	Evidencia:
Párrafo X	**Párrafo X**
Conclusión:	Aserción principal:

Luego analice el bosquejo usando el siguiente cuestionario.

- ¿Son fuertes y convincentes todos los argumentos? ¿Apoyan bien la aserción?
- ¿Hay suficiente evidencia para defender cada argumento?
- ¿Cuál es el orden de los argumentos? ¿Está el argumento más fuerte al principio o al final? Si se cambiara el orden, ¿tendría más fuerza el ensayo?
- ¿Concede algún argumento de la oposición?
- ¿Usa la refutación para atacar los contraargumentos?

PASO 4   **La imitación**   El fragmento a continuación es de un ensayo contra el capitalismo. Imite el párrafo para expresar la aserción y los argumentos principales de su propio ensayo. Al hacer la imitación, use como mínimo las palabras que aparecen en cursiva.

> *Estoy en el punto opuesto a todos esos señores que dicen que* hemos llegado al final de la historia[...], que la caída del Este demuestra que el capitalismo tiene razón y que es el sistema que va a existir hasta el fin de los tiempos.[...] *En este momento veo con más claridad que* el modelo capitalista es algo a extinguir y que, de hecho, está completamente agotado. El hundimiento del comunismo no demuestra nada de lo que tan machaconamente[1] se viene repitiendo, y ello *por dos razones: la primera es que* si en un duelo sucede que uno de los contendientes mata al otro, eso no implica que el matador tenga necesariamente razón[...]; *la segunda:* en el Este lo que se ha derrumbado[2] ha sido un capitalismo de Estado, no el socialismo ni el comunismo.
>
>   José Luis Sampedro, *Uno mismo*

[1]insistentemente   [2]destruido

PASO 5   **La concesión, la refutación y la anticipación de contraargumentos**   Con base en el primer borrador, haga las siguientes actividades.

- Use la lista de pros y contras que hizo en el Capítulo 7, además de algunas expresiones de *Nexos para refutar y conceder* para escribir de tres a cinco oraciones que concedan ciertos argumentos de la posición contraria a la suya. Luego escriba de tres a cinco oraciones que refuten argumentos de la oposición.

- Escriba un breve editorial en el que defienda la opinión contraria a la suya. Por más que le disguste esta posición, trate de redactar el editorial de la forma más convincente posible.

PASO 6   **El segundo borrador**   Use la información recopilada en los pasos anteriores para elaborar un bosquejo de ideas. Luego escriba un segundo borrador de aproximadamente tres páginas. El borrador tiene tres objetivos principales.

- el desarrollo de los argumentos
- el uso de técnicas de argumentación eficaces
- la organización lógica de las ideas

Además, empiece a buscar la expresión clara y convincente de sus ideas. En cuanto tenga el segundo borrador elaborado, páselo en limpio y déle un título provisional.

Maneras de fortalecer la argumentación

En los Capítulos 7 y 8 se vio que para argumentar persuasivamente el autor necesita identificar claramente su posición ante un tema controvertido. Asimismo, debe usar eficazmente las técnicas de argumentación—tales como el uso de evidencias, la concesión y la refutación—para defender su opinión. Este capítulo se centrará en tres elementos adicionales que contribuyen a la argumentación convincente. Primero, la elección de un punto de vista es importante porque influye en la creación del tono. Un punto de vista impersonal, por ejemplo, puede aportar un aire de solemnidad, mientras que una perspectiva personal puede inspirar una identificación entre el autor, el tema y el lector. Las soluciones propuestas por el autor al problema que plantea constituyen el segundo elemento, el ser capaz de recomendar cambios o soluciones muestra un alto grado de compromiso ante el tema y realza la autoridad del emisor. El tercer elemento es el estilo retórico; la elegancia y hasta los toques estilísticos personales con los que el autor expresa su opinión. Aunque la argumentación se basa principalmente en la lógica y apela al raciocinio, la retórica ayuda al lector a visualizar un tema abstracto o a enfocar los argumentos más sobresalientes.

⧉ GRAMÁTICA

El autor de una argumentación solo convence si muestra seguridad y confianza en su posición. Esto se logra mediante un grado aceptable de autoridad frente al lector y un enfoque preciso en el argumento. En esta sección se estudiará tanto el grado de autoridad al expresar una opinión como el uso de la voz gramatical—activa o pasiva—para delimitar el punto de vista.

Además de informar sobre un tema específico, la argumentación se caracteriza por incluir las opiniones del autor. Para expresar estas opiniones, es común emplear los siguientes tres tipos de estructuras, según el efecto que se quiere crear y conforme el grado de autoridad que se quiere ejercer.

La conjugación personal de los verbos

Con frecuencia se expresa autoridad u opinión mediante la conjugación personal de los verbos. Al autor le corresponde la primera persona (*yo*), aunque generalmente se recomienda en español evitar el uso del *yo* al principio de un artículo, ya que puede resultar presuntuoso o egocéntrico, a no ser que se trate de una carta de opinión u otro escrito muy personal. Sin embargo, su uso puede ser apropiado a mediados del texto o en su conclusión, en donde se acepta mejor la participación directa del autor para expresar su opinión. Debe recordarse que el conjugar el verbo sin el uso del pronombre, o posponer este último, puede reducir un poco ese tono presuntuoso. En el Capítulo 3 ya se vio que el uso del pronombre *yo* sólo se justifica en los casos en que se quiere enfatizar.

Estoy segura que ese procedimiento no es el más adecuado.

Por licencia gramatical el autor se puede valer no sólo de la primera persona singular, sino también de la plural. El uso de *nosotros* permite incluir al lector en una experiencia común; sobre todo sirve para involucrarlo en el proceso.

Sin una educación efectivamente renovada, es mejor que *olvidemos* la posibilidad de seguir siendo competitivos.

Esta primera persona plural puede ser eficaz en ciertos contextos, pero no se debe abusar de ella. No es recomendable emplear *nosotros* sólo para evitar ese tono petulante del *yo*, principalmente cuando lo que se quiere expresar es una acción de un sujeto singular.

Esta autoridad compartida se refleja no sólo en el uso del pronombre personal, sino también en los pronombres de objeto (*nos*) o los posesivos (*nuestro*).

Se debe poner término a la guerra interesada que *nos* han impuesto los países consumidores.

Las frases verbales obligatorias

La manera más frecuente con que se expresa obligación o responsabilidad en español es por medio de construcciones verbales con infinitivo. Al emplear estas frases, el autor manifiesta su autoridad presentando las ideas como una obligación indiscutible. Con ellas se logra involucrar al lector, provocando que el lector se sienta partícipe de la acción.

Las frases obligatorias más comunes son las siguientes.

$$\left. \begin{array}{l} \text{haber de} \\ \text{hay que} \\ \text{tener que} \\ \text{deber} \end{array} \right\} \quad + \quad \textit{infinitivo}$$

La construccción de la nueva estabilidad política *ha de incluir* necesariamente nuevos ingredientes.

Tenemos que participar de manera más activa en el futuro político de nuestro país.

Para lograrlo, *hay que ocurrir* a las urnas en forma masiva.

La forma impersonal

La forma impersonal es aquélla que, como su nombre lo indica, no identifica un sujeto en particular. Se usa principalmente cuando se quiere mantener un tono objetivo o neutro. Además, este tipo de construcción es muy requerido en español ya que, por medio de ella, se puede evitar la confrontación directa. Su uso sugiere una solicitud o reclamo discreto, cortés y muy acorde con el espíritu del hispanohablante.

Hay tres estructuras de impersonales diferentes.

Expresiones impersonales

Las construcciones más comunes de este tipo de expresión son las siguientes.

- *Verbo conjugado   +   infinitivo*

    Sobra decir que la deuda externa ha sido mal manejada.

Conviene reiterar la importancia del buen manejo del presupuesto.

Cabe señalar que nunca se solicitó el apoyo de los contribuyentes.

Huelga añadir que no somos los contribuyentes beneficiarios directos de esas medidas.

Basta citar un ejemplo.

- ***Es + adjetivo***

Es necesario hacer hincapié en las premisas anteriores.

Es importante identificar el problema central.

Es discutible que esa propuesta nos ofrezca soluciones.

Tercera persona plural de los verbos

Al identificar la acción con un plural indeterminado, esta construcción libera de responsabilidad al autor. Se emplea cuando el sujeto no tiene una participación importante en la acción. Por medio de esta construcción se favorece la generalización.

Dicen que la ciencia no es infalible.

Comentaron que la técnica nuclear compromete nuestro futuro.

Decidirán si son preferibles los espacios autónomos en las escuelas.

Se impersonal

Esta construcción expresa un hecho o acción general. Se emplea con frecuencia para referirse a un sujeto anteriormente citado. Su uso puede ser de gran utilidad para refutar las ideas contrarias; de esa manera se logra quitarle atención específica al sujeto omitiéndolo.

Se podrá argumentar que sólo las naciones industrializadas pueden dar pasos importantes hacia el desarme.

La construcción *se* impersonal es más común en español que las expresiones de sujeto indefinido (uno/a, la gente). Sólo con verbos reflexivos no se usa *se* impersonal, ya que no es posible repetir dos veces el pronombre *se*.

Uno se enorgullece de los logros de su país.

Se comporta *una* como ciudadana responsable.

Las formas impersonales aunque no identifican ningún sujeto determinado, casi siempre implican la participación del autor. Así, cuando se escribe: "*Es fácil* caer en el extremo opuesto", se entiende la oración como juicio de valor del autor: Yo creo/opino/pienso que...

Actividad

Imagine que se le ha pedido a usted escribir un artículo en contra de la legalización de las drogas. Para refutar los puntos de apoyo de la posición contraria, transcriba las ideas que se presentan a continuación, sustituyendo el sujeto por alguna de las estructuras señaladas en la sección anterior.

EJEMPLO: Gabriel García Márquez exige que los países consumidores se comprometan más en la búsqueda de soluciones para el problema del narcotráfico. → *Se exige* que los países consumidores se comprometan más en la búsqueda de soluciones...

1. El presidente de la policía pidió la legalización de todas las drogas.
2. Los suizos despenalizaron el consumo de drogas blandas en los años 70.
3. El gobierno necesita instrumentar planes de asistencia para los drogadictos.
4. Los intelectuales señalaron las ventajas de despenalizar la tenencia de drogas en pequeñas cantidades.
5. El máximo tribunal colombiano tuvo el valor de negociar con los narcotraficantes.

La voz activa y la voz pasiva

Se ha estudiado cómo el sentido de autoridad de las ideas presentadas en un texto está determinado no sólo por su contenido, sino también por las estructuras gramaticales empleadas. En esta sección se analiza cómo la relación que se establece entre el sujeto y la idea verbal modifica la percepción del hecho, o sea, los usos de la voz activa y la voz pasiva.

La voz activa

Al argumentar se utiliza con más frecuencia la voz activa, es decir, se enfoca la atención en el sujeto y se dice qué acción realiza el sujeto. El punto de vista se centra en los sujetos actuantes; de este modo el autor logra un tono convincente y claro al informar sobre el *quién* y el *qué*. El predominio de la voz activa está ejemplificado ampliamente en el fragmento a continuación.

La prohibición ha hecho más atractivo y fructífero el negocio de la droga, y fomenta la criminalidad y la corrupción a todos los niveles.

    Sin embargo, los Estados Unidos se comportan como si no lo supieran. Colombia, con sus escasos recursos y sus millares de muertos, ha exterminado numerosas bandas y sus cárceles están repletas de delincuentes de la droga.

Gabriel García Márquez, *Cambio 16*

Con el empleo de la voz activa, el autor logra un estilo ágil y directo, aun cuando los sujetos utilizados no sean seres animados.

Sujetos	Acciones
La prohibición	ha hecho.../fomenta...
Los Estados Unidos	se comportan...
Colombia	ha exterminado...

La voz pasiva

A pesar del predominio de la voz activa, hay ocasiones en que la pasiva resulta más adecuada. Se emplea en los casos en que el interés del autor se centra en el objeto que recibe la acción del verbo. Se ejemplifica su uso en "Más allá de Escobar".

Las vidas de civiles inocentes *fueron desperdiciadas* en una violencia indiscriminada[...]. El país entero *fue desafiado* por el poder económico y militar de grupos privados que se sintieron por encima de la ley.

[...]La muerte del líder del cartel de Medellín, Pablo Escobar, fue un triunfo para Colombia, no porque *fuera muerto*—hubiera preferido que *fuera arrestado*—sino porque nos da un incentivo para seguir adelante.

Gustavo de Greiff, *Visión*

La voz pasiva presenta la siguiente estructura.

concordancia

sujeto pasivo	+	verbo *ser*	+	participio	+	[por + agente]
El país		fue		*desafiado*		por el poder económico de grupos privados.

Compare la voz pasiva con la activa.

El poder económico de grupos privados desafió al país.

El uso de la voz pasiva depende del punto de vista que establezca el autor. En el ejemplo pasivo, el autor prefirió enfatizar *el país,* el sujeto pasivo que recibe la acción. Con ello deja en un segundo plano del argumento al sujeto que realiza la acción, *el poder económico.*

Hay que notar, sin embargo, que el uso de la voz pasiva no sólo modifica el tono del discurso, sino que le impone un ritmo más lento. Por ello, se recomienda limitar su uso.

Actividad

Los verbos en cursiva en el siguiente texto en inglés están escritos en la voz pasiva. Tradúzcalos, tratando de evitar el uso pasivo en español.

Over the continental divide: Sacajawea

Sacajawea was a Shoshone Indian woman who accompanied the Lewis and Clark expedition from the Missouri River over the Continental Divide and on to the Pacific coast in 1805. As the hundredth anniversary celebration of the expedition approached, *she was memorialized* (1) as the intrepid guide of Lewis and Clark, the person who revealed to them the way through the mountain passes. *She was made the heroine* (2) of a book about the expedition. *Mountains and lakes were named* (3) for her. *Statues of her were erected* (4), and paintings done. *Historical markers have been placed* (5) near her presumed birth and burial places, at the summit of the mountain pass she *is said* (6) to have led the men through, and on the spot where she *was believed* (7) to have been reunited with her own people.

Frances Karttunen, *Between Worlds: Interpreters, guides, and survivors*

1. _____

2. _____

Sacajawea guidando a Lewis y Clark durante la expedición de 1804–1806.

3. _____

4. _____

5. _____

6. _____

7. _____

Restricciones en el uso de la voz pasiva

El español, en comparación con el inglés y el francés, tiene una tendencia mayor a evitar el uso de la voz pasiva. Por ello, no se debe abusar de esta estructura al hacer traducciones. Además, se debe observar con atención las siguientes restricciones en el uso de la voz pasiva.

- **Transitividad** El objeto directo es el único elemento gramatical que puede servir como sujeto pasivo en español.

    Los narcotraficantes desperdiciaron *las vidas de civiles.* →
    Las vidas de civiles fueron desperdiciadas.

- **Tiempo verbal** Cuando se emplea la construcción pasiva en los tiempos simples de presente o imperfecto con un verbo cuyo significado implica una acción momentánea (*besar, abrir, mirar, saltar, cortar, disparar,* etc.) se limita un poco su sentido pasivo y se interpreta esencialmente como acción repetida.

Cada año *es detonada* una bomba en la estación del metro.

Los árboles *eran cortados* por los leñadores cada año.   (acciones repetidas)

Contraste esas oraciones con las siguientes de completo sentido pasivo.

De un momento a otro *será detonada* una bomba.

Los árboles *fueron cortados.*   (acciones pasivas)

- **Agente desconocido**   Generalmente se emplea la voz pasiva cuando el autor desconoce el sujeto que lleva a cabo la acción, cuando este sujeto es indiferente, o cuando al autor le conviene omitirlo.

  Las obras de García Márquez *han sido traducidas* a varios idiomas. (No importa quién hizo la acción.)

Sustituciones posibles de la voz pasiva

Al aplicar las restricciones citadas anteriormente se puede emplear varios recursos para sustituir la voz pasiva.

- **Cambio a la voz activa**   Esta sustitución es común cuando se hacen traducciones de algunas lenguas extranjeras al español.

  El problema *fue hecho* notar con precisión por la prensa. →
  La prensa *hizo notar* con precisión el problema.

- **Pasiva refleja**   Otra sustitución frecuente de la voz pasiva es la construcción pasiva refleja. Su uso es común cuando se refiere a un sujeto pasivo de cosa. La pasiva refleja se forma de la siguiente manera.

se   +   *verbo* (3ª persona singular o plural)   +   *objeto*

  Se ha fomentado la criminalidad.
  (La criminalidad *ha sido fomentada*.)

Actividad

Vuelva a escribir el siguiente texto sustituyendo las formas en voz pasiva (en cursiva) por las construcciones que crea más convenientes.

¿Un día sin tabaco?

El día mundial sin tabaco *será celebrado* por 14 millones de españoles con un pitillo en la boca. Y no lo harán con aires de desafío. La mayoría, seguramente habrá intentado alguna vez abandonar esta drogadicción.

La salud *es perjudicada* gravemente cuando se fuma. Por eso, fumar puede *ser considerado* como una estupidez por mucha gente. Y, sin embargo, los fumadores existen. La necesidad de fumar tiene sus explicaciones en la adicción física a la nicotina, pero también en mecanismos de dependencia psicológica. Un acto de voluntad *es requerido* para romper el hábito. De ahí la conveniencia de cargas fiscales sobre el consumo.

Pero tampoco se trata de criminalizar al fumador. Es lógico que el derecho del no fumador *sea salvaguardado* para evitar una convivencia indeseada, pero la lucha contra el tabaco no pasa por satanizar al fumador, sino porque éste desista. Una renuncia que será más sólida si lo es por convicción que por persecución.

Adaptado de "¿Un día sin tabaco?", *El País*

⊠ NEXOS PARA INTRODUCIR Y CONCLUIR

En la argumentación, como en la mayoría de los escritos, un inicio atractivo y una conclusión fuerte son elementos indispensables. Por eso es importante que estas secciones estén bien definidas; de esta manera el lector puede identificarlas sin dificultad, principalmente si se trata de textos largos.

La selección de nexos apropiados en la introducción y conclusión ayuda a enfocar la atención del lector en estas secciones. A continuación se ofrecen algunos de los nexos introductorios y conclusivos que se usan con más frecuencia.

Nexos para introducir

a propósito de, acerca de	*with regard to*
ante todo	*first, most important*
como punto de partida	*as a starting point*
desde hace algún tiempo	*for some time*
el primer...	*the first . . .*
el punto más importante	*the most important point*
en estos momentos	*at this time*
en principio	*to begin*
hoy en día	*today*
para empezar	*to begin*
primero, antes que nada	*first, first of all*

Nexos para concluir

así las cosas,...	*things being this way, . . .*
como último punto	*as a final point*
de lo anterior se puede concluir que...	*from the above, it may be concluded that . . .*
dicho lo anterior, sólo resta...	*all this having been said, it only remains to . . .*
en conclusión	*in conclusion*
en resumen	*in summary*
en resumidas cuentas	*in short*
finalmente, por último	*finally*
para terminar (concluir)	*to conclude*

La columna de opinión I

El estilo argumentativo que más predomina en los periódicos y las revistas es la columna de opinión. Por su peso y formalidad, la columna se parece al editorial, aunque a veces es más extensa y detallada. Tiene parecido también con la carta al director porque refleja la opinión de un individuo, no de varios. A diferencia de la carta, la columna de opinión generalmente es la labor de un experto o de un escritor profesional.

Antes de leer   *Piense en un tema relacionado con la educación sobre el cual tenga una opinión fuerte (por ejemplo, la educación bilingüe, la deserción escolar, la violencia en las escuelas públicas, etc.). Haga una lista de los problemas que plantea el tema y otra de posibles soluciones. Use ambas listas para comunicarle a otro/a estudiante los problemas, así como las soluciones.*

A continuación se presenta la segunda mitad de una columna escrita por un economista y educador chileno. La aserción del ensayo es: Para eliminar la pobreza, el gobierno chileno necesita garantizar que todos los ciudadanos tengan acceso a una buena educación. Al leer el fragmento, preste atención al punto de vista que asume el autor y a las soluciones que propone.

TEXTO MODELO

Pobreza, mercado y educación

Desgraciadamente, en Chile menos del 20% de la población escolar básica y media tiene acceso a una buena calidad de educación. Y, peor todavía, es aún menor el porcentaje de la población infantil que recibe educación preescolar, período en el cual mejor pueden desarrollarse las capacidades para aprender.

2   El tema de la educación tiene problemas diferentes, como son definir nuevos contenidos y metodologías, la formación, actualización° y remuneración del profesorado,[...] y el financiamiento, el más básico de los problemas, y que requiere acuerdo previo a todo lo demás.

> ° acción de hacer moderno o contemporáneo

3   Para determinar el orden de magnitud de las cifras necesarias, debe considerarse, primero que hoy el Ministerio de Educación gasta algo más de 600 millones de dólares en educación básica y media; segundo que la mayor parte del costo en un colegio corresponde al de remuneración del profesorado; tercero que con las rentas actuales es difícil pensar que los profesores tendrán el ánimo, incentivo, tiempo y dedicación para someterse al intenso entrenamiento que requerirá la revisión del contenido de la enseñanza y la adopción de nuevas metodologías; y, cuarto, que los establecimientos de educación gratuita requerirán inversiones de consideración para adaptarlos a los sistemas modernos de educación a que aspiramos.

Escuela rural chilena de bajos recursos.

4   De lo anterior es fácil concluir que el monto adicional requerido excede los 1.500 millones de dólares anuales.

5   Para la reforma educacional, que es indispensable llevar a cabo, no caben soluciones intermedias, pues el cambio tiene que ser radical, en los contenidos y metodologías, sin lugar para escuelas sin luz ni agua potable, ni para profesores que, [...] después de 30 años de trabajo, difícilmente se sentirán motivados para el esfuerzo que la modernización exigirá. Y, sin una educación efectivamente renovada, es mejor que olvidemos la posibilidad de seguir siendo competitivos en el mercado internacional[...].

6   Estas observaciones deberían llevarnos a concluir que, no habiendo nada más urgente y necesario que mejorar la educación para terminar con la pobreza, el Estado debería no sólo posponer inversiones° que puedan hacer otros, sino llegar hasta deshacerse de las existentes en el área productiva.

    gastos, empleo de capital en negocios

7   Esta es la más importante e inobjetable razón para que el Estado chileno venda todas sus inversiones empresariales, ya que hoy tiene un destino mucho más importante y urgente para esos capitales, lo cual es el de invertir en la gente.

Fernando Léniz C., Ercilla

 **TÉCNICAS DE REDACCIÓN**

El punto de vista

En la argumentación es importante que el autor asuma un punto de vista que esté de acuerdo con los intereses del lector. Para elegir una perspectiva adecuada hay que anticipar el contenido, la organización y el estilo que más llamarán la atención al lector. En "Pobreza, mercado y educación", el autor se dirige a un lector chileno, bien educado, al que le interesa la economía. Para convencerlo, se vale de una perspectiva que va desde lo técnico e impersonal hacia lo más argumentativo y personal.

lo técnico $\rightarrow$ lo argumentativo

lo impersonal $\rightarrow$ lo personal colectivo

El columnista inicia la segunda parte de su ensayo con un análisis del sistema educativo chileno. Este contenido encuadra con el género de la exposición, pues los datos y estadísticas por sí solos demuestran la necesidad de mejorar la educación. La organización de ideas coincide con el género analítico, también. En los párrafos 2 y 3, por ejemplo, se utiliza la enumeración para exponer los problemas que aquejan el sistema y, al mismo tiempo, para enfocar el ensayo en uno de ellos: el financiamiento. Pese al uso de calificativos como "desgraciadamente" y "peor todavía", el autor elige un punto de vista impersonal ("debe considerarse" y "es difícil pensar que") en los primeros párrafos del fragmento.

Aunque el columnista nunca abandona una postura lógica y analítica, en la conclusión se vuelve más argumentativo y personal. Este cambio de perspectiva se marca con la última palabra del párrafo 3: "aspiramos". En lugar de usar el *yo* para opinar, el autor busca la complicidad del lector acudiendo a la primera persona plural. La voz colectiva le sirve para exhortar al lector a unirse al autor para combatir el problema de la educación: "Estas observaciones deberían llevar*nos* a concluir que[...]". El autor fortalece el impacto del *nosotros* añadiendo varias frases enérgicas que hacen clara su propia opinión (por ejemplo, "no caben soluciones intermedias"). Usa adjetivos fuertes ("es indispensable", "es la más importante e inobjetable razón") para puntualizar sus ideas sin intervenir directamente. De esta manera, se destaca el doble propósito de apelar a la lógica, a la vez que anima al lector a actuar.

Actividad de análisis

Vuelva a leer los párrafos 8 a 10 (páginas 159–160) y 15 a 17 (páginas 160–161) de "Más allá de Escobar" y anote todos los usos que encuentre de la primera persona singular (yo, mi), la primera personal plural (nosotros, nuestro), y formas impersonales (se, ser + adjetivo, tercera personal plural, deber, etc.). Luego intente explicar por qué el autor ha elegido una perspectiva determinada en diferentes partes del ensayo.

La propuesta de soluciones

Un ensayo de opinión cobra más fuerza si el autor es capaz de recomendar un cambio o proponer una solución al problema. La estructura de "Pobreza, mercado y educación" es típica de la manera en que se suele identificar problemas y recomendar soluciones. Después de expresar la aserción en la primera parte de la columna, el autor delimita, y luego analiza, el problema que quiere acentuar: el financiamiento. Se traza este proceso en la gráfica a continuación.

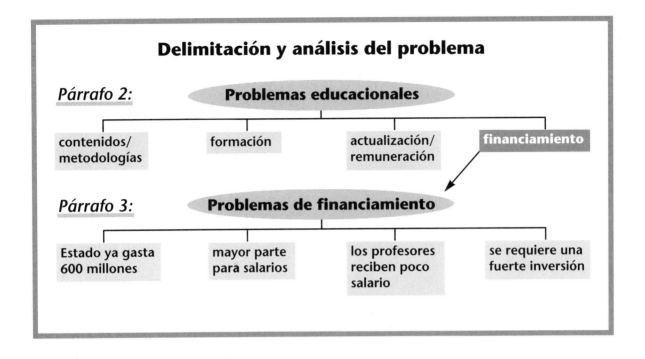

Delimitación y análisis del problema

Párrafo 2: **Problemas educacionales**

contenidos/
metodologías

formación

actualización/
remuneración

financiamiento

Párrafo 3: **Problemas de financiamiento**

Estado ya gasta
600 millones

mayor parte
para salarios

los profesores
reciben poco
salario

se requiere una
fuerte inversión

Se concluye en el párrafo 4 que hará falta una inversión de más de 1.500 millones de dólares anuales para resolver los problemas fiscales que enfrenta la educación. Hasta aquí, el autor ha identificado el problema. Los últimos párrafos de la columna sirven para proponer una manera de recaudar fondos y para alentar al lector a apoyar la propuesta.

Resumen de la propuesta de soluciones

Párrafo 5 **Repetición de la aserción:** Es indispensable llevar a cabo un cambio radical en el sistema chileno educativo.

Párrafo 6 **Solución:** El Estado debe tomar dos medidas.
1. Debe posponer inversiones que puedan hacer otros.
2. Debe deshacerse de las inversiones existentes en el área productiva.

Párrafo 7 **Repetición de la solución:** El Estado debe vender todas sus inversiones empresariales para poder invertir ese capital en la gente.

Actividad de análisis

El siguiente fragmento se extrae de una columna sobre el descontrol de aguas lluvias en Santiago de Chile debido a una infraestructura inadecuada. En la columna completa, la autora identifica los problemas ocasionados por el descontrol (inundaciones, parálisis de servicios públicos, contaminación de aguas, etc.) y luego propone varias soluciones. Haga el análisis a continuación basándose en el fragmento que presenta la solución que le parece más importante a la autora.

Más vale prevenir

[S]e requiere posibilitar más la participación privada en áreas como la provisión de servicios públicos.[...] En los últimos años se ha procedido a descentralizar dichas funciones y algunas de ellas han sido traspasadas al sector privado. Si se hace un diagnóstico de la gestión[1] del Estado en la provisión de ciertos servicios públicos como electricidad, telecomunicaciones, agua potable, servicios sanitarios y extracción de basura, vemos que en la mayoría de estas situaciones ha sido posible que el Estado traspase dichas obligaciones al sector privado y actúe[...] estableciendo ciertas regulaciones que permitan supervisar la labor del sector privado en esas materias. [...E]s necesaria la participación del sector privado en otras áreas, como la evacuación y tratamiento de aguas servidas y de las aguas lluvias.

María de la Luz Domper, *Hoy*

[1]participación

1. *Anote en sus propias palabras la solución propuesta.*
2. *En su opinión, ¿se presenta esta solución de manera convincente? Justifique su respuesta dando ejemplos específicos.*

Actividades de aplicación

1. *Imagine que usted es un/a joven universitario/a venezolano/a autor/a del siguiente manifiesto sobre la descriminalización de las drogas. Transcriba el texto reemplazando las formas impersonales con la primera persona singular o plural, cuando sea apropiado, para crear más complicidad entre el autor y el lector.*

Juventud y drogas

En América Latina se está viviendo la época de la democracia como régimen político estandarizado. Los representantes dicen que hay que defender la democracia en cualquier circunstancia, pero la democracia de ellos no toma en cuenta la opinión de la juventud para elaborar sus planes de gobierno. Dicho de otra manera, se tienen democracias representativas pero nada participativas.

Cabe señalar que los verdaderos enemigos de la juventud están escondidos. Ocultos tras las mentiras que los gobernantes relatan para mantener a los jóvenes tranquilos con un paternalismo que les ha hecho más daño que bien. El enemigo está en una sociedad de consumo que fabrica necesidades para obligar a los jóvenes a vivir en un estilo hedonista y alienado que garantice al mercado de los productos. Está en la televisión, que cada día muestra situaciones tan irreales que deforman irremediablemente la conciencia de los jóvenes.

Dado este intento de manipular a la juventud, aquí se mantiene que la única alternativa está en descriminalizar las drogas. Al mismo tiempo, se debe prevenir la existencia de las circunstancias que favorecen el consumo de estas sustancias.

Adaptado de Luis Umbría Acosta, *Nueva sociedad*

Dos jóvenes observando los aparadores en un centro comercial de Buenos Aires, Argentina.

2. *Vuelva a leer "Más vale prevenir" (página 223). En la versión completa de la columna, la autora propone soluciones además de la privatización de servicios públicos. A continuación aparece una lista de estas soluciones. Con otro/a estudiante, úsela para redactar un párrafo en el que se proponen soluciones al descontrol de aguas lluvias. Siga los pasos que aparecen después de la lista.*

Soluciones al problema del descontrol de aguas lluvias en Santiago

- crear programas de prevención que consideren las hojas de los árboles que caen durante el otoño y que dificultan el drenaje
- crear un plan de emergencia para efectuar los desvíos[1] de tránsito y las señalizaciones[2] que se requieran
- fortalecer el suministro de servicios públicos y evitar los cortes de ellos producidos por inundaciones
- desarrollar redes que permitan una mejor captación, colección y evacuación de las aguas lluvias
- exigir que las empresas constructoras elaboren un sistema adecuado de evacuación de las aguas lluvias

[1]caminos alternativos   [2]sistemas de señales

a. Ponga las soluciones en el orden que le parezca más convincente.
b. Elabore una oración temática relacionada con el problema.
c. Elija un punto de vista apropiado: *yo, nosotros,* formas impersonales, o una combinación de los tres.
d. Elabore las soluciones intentando relacionarlas bien con la oración temática.
e. Termine el párrafo con una oración que anime al lector a tomar alguna acción.
f. Luego de escribir el primer borrador, corríjalo, páselo en limpio y déle un título apropiado.

La columna de opinión II

La columna de opinión admite mayor libertad de expresión que otros modos. Como consecuencia, el columnista puede darse el lujo de elaborar un estilo que no sólo propicie el tema sino que, también, le permita reflejar su individualidad. Al desarrollar un estilo convincente, sin embargo, es imprescindible que el autor evite descuidos que destruyan la autoridad, tales como la expresión de ideas ofensivas o de aserciones infundadas.

Antes de leer *En su opinión, ¿hay una relación entre la violencia y los medios de difusión masivos? Anote su respuesta brevemente, citando los siguientes medios: la televisión, el cine, la música y la computadora. Use la lista para compartir su opinión con otro/a estudiante.*

En la columna de opinión a continuación, el novelista y ensayista venezolano Arturo Uslar Pietri critica la decadencia moral, planteando la relación entre los medios de difusión masivos y la violencia. Al leerla, intente percatarse de los recursos estilísticos que realzan el tema.

⚅ TEXTO MODELO

El fracaso moral de la civilización

Hace poco recorrió el mundo entero la noticia espeluznante° de que dos niños de no más de diez años, de la culta e histórica ciudad de Liverpool, habían planificado y realizado el secuestro y el asesinato de un niño de apenas dos años. Mucho más allá del horror del hecho mismo está su significación atroz como muestra y síntoma de la enfermedad moral que corroe a nuestra civilización.

horrible

2   Desde la Antigüedad y de las conmovedoras enseñanzas de los moralistas grecolatinos, desde el Decálogo de Moisés, al través de toda la poderosa influencia moral del Cristianismo, la civilización occidental había mantenido tenazmente un conjunto de reglas morales y de principios éticos que constituían la base misma de la educación y de la conducta civilizada.[...]

3   Lo que ha ocurrido desde la Primera Guerra Mundial hasta hoy equivale a una inmensa hecatombe° moral de nuestra civilización. Se ha ido estable-

desastre

Preocupan el número de horas que los niños pasan frente a la televisión y el nivel de violencia al que se exponen.

ciendo[...] un divorcio entre los principios éticos y las realidades de la vida social, con inmensas consecuencias destructivas del ideal mismo de una civilización digna de ese nombre. Lo más significativo de esa gigantesca crisis moral que todo lo abarca y lo degrada es que[...] es el resultado, acaso involuntario, del enorme papel y de la incontrastable influencia que los medios de comunicación de masas han alcanzado en nuestros días.

4   Hasta bien entrado nuestro siglo, la gran mayoría de los seres humanos llegaban a la edad adulta sin haber presenciado un asesinato, una violación o un brutal hecho de sangre.[...] Esto ha cambiado radicalmente y en esa negativa y peligrosa transformación tiene una inmensa responsabilidad la poderosa presencia actual de la televisión y su continuo recurso a la violencia y al sexo como medios infalibles para llegar al gran público.

5   Desde hace algún tiempo, en los grandes diarios de los Estados Unidos aparecen avisos de página entera, patrocinados° por la "American Family Association", que denuncian públicamente el abuso moral que realiza la televisión americana y los inmensos daños que ocasiona, pidiendo a las grandes empresas patrocinantes de esos programas que se abstengan de continuar dándoles su apoyo económico. En esos avisos se señalan ciertos hechos de suma gravedad, entre ellos la comprobación por Comisiones del Congreso de los Estados Unidos de que la televisión es el más significativo factor de violencia en América. Otro estudio ha señalado que la TV tiene alguna forma de influencia en la mitad de los 10.000 homicidios que ocurren en los Estados Unidos cada año. El hecho más significativo lo constituye el señalamiento de que, para la época de concluir la escuela primaria, los niños de los Estados Unidos han presenciado por esa vía 8.000 homicidios y más de 100.000 actos de violencia.[...]

                    pagados

6   Esta horrible banalización de la violencia, esta degradación continua de la relación entre el hombre y la mujer, han provocado una inmensa revolución moral de consecuencias incalculables, que diariamente se manifiesta en la proliferación de hechos criminales cometidos por los jóvenes y en una grave forma de menosprecio generalizado por los principios éticos.

7   Es compleja y difícil la cuestión porque es fácil caer en el extremo opuesto, en la gazmoñería° y en la deshumanización. Pero es evidente que la más grave amenaza que se cierne° hoy sobre el mundo la constituye la negación constante de los valores fundamentales de nuestra civilización, sobre los cuales fue creada a lo largo de muchos siglos.

                    hipocresía
                    amenaza

Arturo Uslar Pietri, El comercio

🏵 TÉCNICAS DE REDACCIÓN

El estilo convincente

Para cultivar la autoridad, es necesario conocer a fondo el tema, atenerse a las normas de la argumentación y desarrollar un estilo convincente. La columna de Uslar Pietri ejemplifica esta receta. Primero, el autor demuestra su profundo conocimiento del tema al citar ejemplos específicos (el asesinato del niño de dos años en Liverpool) y datos concretos (los niños norteamericanos han visto en la televisión más de 100.000 actos violentos), y al ubicar el tema en un amplio contexto histórico (desde la Antigüedad hasta el momento actual). Además, es obvio que el autor obedece a las normas de la redacción: expresa con claridad la aserción, mantiene una estructura lógica y organizada, sus oraciones son gramaticalmente correctas y el tono formal coincide con la gravedad del tema.

Pero lo que más contribuye a la autoridad de este ensayo es el estilo convincente. Al igual que un pintor que usa sus óleos para conmover al espectador, Uslar Pietri se vale de las palabras para persuadir al lector. La clave de su éxito reside en el empleo de toques personales que puntualizan las ideas más importantes. A continuación se exponen tres técnicas estilísticas que caracterizan el estilo.

- **Extensión**   Por costumbre, el autor escribe párrafos y oraciones largos y complejos. Para llamar la atención a las ideas más sobresalientes, sin embargo, varía la extensión. Por ejemplo, la aserción se expresa en una oración breve a principios del párrafo 3: "Lo que ha ocurrido desde la Primera Guerra Mundial hasta hoy equivale a una inmensa hecatombe moral de la civilización". En otro ejemplo, luego de una exposición detallada en el párrafo 5 (el más largo de la columna), el autor termina con dos párrafos cortos. La brevedad, pues, le sirve para enfatizar las ideas centrales.

- **Anáfora**   En general la redacción no permite mucha redundancia. No obstante, a veces la repetición bien medida puede usarse para destacar ideas clave. En "El fracaso moral de la civilización", el columnista emplea la anáfora de ciertas estructuras para causar una impresión. La siguiente oración del párrafo 2 ejemplifica esta técnica.

  Desde la Antigüedad y *de las conmovedoras enseñanzas de los moralistas grecolatinos, desde el Decálogo de Moisés*, al través de toda la *poderosa influencia moral del Cristianismo*, la civilización occidental había mantenido tenazmente un conjunto *de reglas morales* y *de principios éticos* que constituían la base misma *de la educación* y *de la conducta civilizada*.

  La repetición de frases preposicionales (en letra cursiva) acentúa la importancia no sólo de la educación moral, sino también de la cantidad de tiempo ("desde la Antigüedad") durante el cual ha reinado la moralidad.

- **Orden de palabras**   En el Capítulo 3, se estudió cómo es posible enfatizar diferentes elementos de una oración según el orden de palabras. El primer párrafo del texto modelo proporciona dos ejemplos de esta estrategia. Compare el orden de palabras típico con el orden seleccionado por el autor.

Oración 1

orden típico:	La noticia (sujeto)	recorrió (verbo)	el mundo. (objeto)
orden cambiado:	Recorrió (verbo)	el mundo (objeto)	la noticia. (sujeto)

Oración 2

orden típico:	Su significación (sujeto)	está (verbo)	más allá. (adverbio)
orden cambiado:	Más allá (adverbio)	está (verbo)	su significación. (sujeto)

Lo que justifica este cambio de sintaxis es el deseo de anticipar la aserción: los medios de comunicación son responsables por la decadencia moral. En la primera oración, el orden alterado subraya "recorrer el mundo entero", acción que señala el poder omnipresente de los medios de difusión. De igual modo, el cambio de palabras en la segunda oración pone énfasis en la frase cautivante que sigue la de "significación atroz": "síntoma de la enfermedad moral que corroe a nuestra civilización".

Actividad de análisis

Vuelva a leer los últimos dos párrafos de "El fracaso moral de la civilización". Al hacerlo, anote todos los ejemplos que encuentre de variedad de extensión, anáfora y cambio del orden de palabras típico. Luego intente explicar el efecto que producen estos recursos estilísticos. En su opinión, ¿sería tan convincente la conclusión sin ellos?

La elección de palabras

En cualquier escrito formal el léxico debe ser lo más preciso posible. El escritor debe evitar palabras vagas por dos razones: o registran un desconocimiento del vocabulario asociado con el tema, o pueden confundir y aun irritar al lector. La selección cuidadosa de vocabulario, en cambio, ayuda a describir una escena, narrar una anécdota o analizar un fenómeno científico. En la argumentación, las palabras bien escogidas pueden agilizar la expresión de ideas y opiniones. La columna de Uslar Pietri es ejemplo de ello: Pese a la ausencia del *yo*, el autor logra comunicar sus opiniones con facilidad mediante el léxico. El análisis a continuación ilustra cómo la elección de palabras en el párrafo 3 fortalece la aserción.

El léxico del párrafo 3

- **Sustantivos** Una lista de los principales sustantivos demuestra una polarización entre los dos fenómenos a continuación.

la civilización	la decadencia
civilización	hecatombe
principios éticos	divorcio
	realidades de la vida social
	consecuencias destructivas
	crisis moral
	medios de comunicación

Esta dicotomía representa los principios en pugna a lo largo de la columna. Asimismo, permite que se asocie el último sustantivo del párrafo, "medios de comunicación", con el valor negativo de la decadencia.

- **Modificadores** Un escritor puede persuadir conforme a los adjetivos que combina con *ser* (*es importante, urgente, imposible, indiscutible,* etc.). Otros modificadores pueden contribuir a la fuerza de un argumento si son cuidadosamente elegidos. Por ejemplo, los adjetivos principales del párrafo 3 son: *inmenso, destructivo, gigantesco* y *enorme*. El primero, *inmenso*, aparece dos veces en el párrafo 3, hace eco del mismo adjetivo usado en el párrafo 2, y rebota tres veces más en los párrafos 4, 5 y 6. En combinación con los otros adjetivos señalados, y con frases adjetivas como "que todo lo abarca y lo degrada", es fácil concluir que el conjunto de modificadores se refiere a los medios de comunicación "de masas".

En manos expertas, las palabras pueden usarse imaginativamente para producir distintos efectos. El escritor no profesional, sin embargo, debe tomar precauciones con el uso, sobreuso o abuso de ciertas palabras para que no caiga en la exageración o la repetición innecesaria.

Actividad de análisis

A continuación se presentan dos párrafos de otra columna de opinión escrita por Uslar Pietri. En ella, el autor critica la política de Venezuela hacia su principal recurso: el petróleo. Al leer los párrafos, subraye las palabras que, en su opinión, expresen el punto de vista del autor. Luego discuta con otro/a estudiante cómo las palabras apoyan la aserción.

El caso Venezuela

Por graves errores conceptuales, Venezuela se ha convertido cada vez más en un parásito del petróleo. En un país que hoy alcanza escasamente los veinte millones de habitantes, se han consumido en las últimas dos décadas inmensas sumas de dinero, que no guardan ninguna relación directa con el trabajo, la producción y el ahorro nacionales y que se cifran[1] en centenares de millares de millones de dólares. Este descomunal[2] flujo monetario ha desnaturalizado la economía y la administración del país y ha creado en muchos de sus habitantes, una mentalidad de enriquecimiento fácil y rápido, que admite y estimula muchas formas de corrupción.[...]

Plataformas petroleras en la costa de Venezuela.

Lo que está planteando ahora con carácter de inaplazable[3] urgencia es la necesidad de sincerar y hacer efectivo el sistema democrático, y la transformación de una economía totalmente subsidiada por otra que dependa más directamente del trabajo y la capacidad productiva de los venezolanos.

Arturo Uslar Pietri, *Visión*

[1]traducen   [2]muy grande   [3]definitiva

Actividades de aplicación

1. *En las oraciones a continuación hay descuidos estilísticos, tales como sintaxis confusa o uso de palabras vagas. Reescriba las oraciones para que sean más claras y precisas.*

a. Para cualquiera la necesidad es obvia de mantener el programa de Acción afirmativa en el área de trabajo.

b. Las minorías que ocupan posiciones de poder todavía no se comparan con personas de la mayoría que ocupan posiciones de poder también.

c. Los años que tiene de existencia el programa de Acción afirmativa todavía no repercuten para igualar las oportunidades sociales de minorías en comparación con los de la mayoría.

d. La suspensión de un programa social justo e indispensable no justifican los casos de discriminación aislados contra individuos anglosajones.

e. Se recomienda que el programa sea revisado y modificado en un período próximo, pero de ninguna manera eliminarlo.

f. Para evaluar un programa en su totalidad no es apropiado partir de casos aislados o errores en la aplicación de dicho programa; o sea, que si se quiere evaluar el programa de Acción afirmativa es necesario que se analicen todas las cosas que deben considerarse.

2. *En la reseña a continuación hay toda clase de descuidos estilísticos: redundancias, frases complejas y confusas, palabras imprecisas, etc. Con otro/a estudiante, corrija todos los descuidos que encuentre a fin de que la reseña sea más clara, precisa y sencilla.*

El viaje de los terrícolas: literatura de masas

Del escritor boliviano Anastasio Alvarez es la novela *El viaje de los terrícolas* que es la cuarta, después del éxito de ventas de su trilogía *Visita de los venusianos*, de su producción de otras obras. El hombre es conocido por la creación de guiones de telenovela para la televisión argentina, y ahora tiene las cuatro novelas de ciencia ficción.

En el libro hay dos protagonistas: Aris y Sena, una pareja de amantes. Como pilotos están en el espacio en una nave espacial más allá de la Galaxia, y van en dirección a un planeta del que se dice que sus personas son inmortales. Las aventuras que tienen son interminables con los protagonistas perdiéndose y reencontrándose, a manos de personas malignas sufriendo encarcelamientos y siendo liberados por ayudantes de la nada salidos.

No es ni en la trama, ni puede en la creación de aventuras y personajes original el autor de esta novela. Lo más que hace para hacernos un libro un tanto interesante es mezclar cosas de diferentes géneros de narrativa popular. Naturalmente hay un final feliz y la ausencia total de ningún tipo de reflexiones.

El libro es para mí de ese tipo de literatura de masas, que no tiene contenido profundo, que no tiene conexión con cosas reales y que tiene muchos clichés y situaciones artificiales. No daría mi recomendación a la lectura de *El viaje de los terrícolas* a personas que tienen un coeficiente de inteligencia mayor del que tiene un niño de cinco años.

LA VERSIÓN FINAL DE LA ARGUMENTACIÓN

PASO 1 **La reacción del lector** Déle a otro/a estudiante su segundo borrador y pídale que responda brevemente a las siguientes preguntas globales.

- ¿Qué aspecto del ensayo le gusta más?
- ¿Le parece convincente el ensayo? Justifique su respuesta.

Use un lápiz para hacer estas actividades sobre el estilo.

- **Claridad**   Ponga corchetes ([ ]) alrededor de cualquier párrafo, oración, frase o palabra que no entienda bien.
- **Transición**   Escriba TRAN entre cualquier secuencia de párrafos u oraciones que, en su opinión, no tenga suficiente transición. De ser posible, recomiende una transición adecuada.
- **Redundancia**   Haga más precisa una oración redundante tachando palabras repetitivas o innecesarias.
- **Palabras vagas**   Tache dos o tres palabras abstractas o vagas. Sustitúyalas con palabras más concretas.

PASO 2   El lector ideal   Hay básicamente tres tipos de lectores que podrían leer su argumentación:

- el que comparte su opinión
- el que apoya la opinión contraria a la suya
- el que todavía no ha formulado una opinión

Responda al siguiente cuestionario con base en el segundo borrador de su argumentación.

- ¿Cuál de los tres tipos de lector piensa usted que va a leer el ensayo?
- ¿Ha suministrado los argumentos y la evidencia necesarios para apelar a este lector ideal?
- ¿Será posible convencer a este lector o sólo espera hacerle respetar su opinión?

PASO 3   El punto de vista   Lea el segundo borrador prestando atención al punto de vista. Ponga un círculo alrededor de los siguientes elementos: usos de la primera persona singular (*yo, mi*), usos de la primera persona colectiva (*nosotros, nuestro*), usos de la forma impersonal (*se, ser* + *adjetivo, deber,* etc.). Ponga un círculo también alrededor de las palabras que comunican su opinión. ¿Ha asumido un punto de vista convincente? ¿Ha elegido palabras que trasmiten eficazmente su opinión? ¿Cómo podría mejorar la perspectiva para ser más persuasivo?

PASO 4   Soluciones o recomendaciones   Vuelva a leer la última parte de su borrador, y luego responda al siguiente cuestionario.

- ¿Propone soluciones o recomienda cambios para los problemas planteados?
- Si no propone nada, ¿sería más convincente el ensayo si incluyera una o más recomendaciones?
- Si propone algo, ¿aparecen las recomendaciones en el orden más impactante? ¿Son viables las soluciones?

Use las respuestas a este cuestionario para mejorar la última parte de su ensayo.

PASO 5   **El estilo convincente**   Someta el segundo borrador al siguiente análisis para mejorar el estilo.

- **Párrafos**   ¿Tienen los párrafos suficiente unidad de pensamiento? ¿Puede el lector identificar fácilmente la idea principal de cada párrafo? ¿Hay suficiente relación entre los argumentos y la aserción?
- **Oraciones**   ¿Ha coordinado y subordinado bien las ideas dentro de las oraciones? ¿Ha marcado bien la relación entre los elementos de las oraciones y sus referentes? ¿Ha variado eficazmente la extensión de las oraciones? ¿Es siempre clara la sintaxis dentro de las oraciones?
- **Palabras**   ¿Repite palabras innecesariamente? ¿Utiliza sustantivos y modificadores precisos? (Consulte un diccionario o un libro de sinónimos para ampliar y variar el vocabulario.)

PASO 6   **La gramática**   Antes de pasar en limpio la última versión de su argumentación, cuide de los siguientes aspectos mecánicos: la gramática, la ortografía, la acentuación y la puntuación. Recuerde que el lector no confiará en su autoridad si la composición tiene errores mecánicos.

PASO 7   **La versión final**   Use la información anterior para ayudarse a escribir la versión final de su argumentación. Debe constar de tres a cuatro páginas escritas a máquina a doble espacio. Recuerde los siguientes cuatro objetivos principales.

- el uso de un punto de vista adecuado
- la propuesta de soluciones o recomendaciones en la conclusión
- el uso de un estilo convincente
- el uso correcto de la gramática y de los aspectos mecánicos

Tenga cuidado al pasar en limpio la versión final. Revísela bien buscando errores, repeticiones u omisiones. No olvide darle un título definitivo.

APÉNDICE 1:
LAS PREPOSICIONES

Las preposiciones en español

a	*to, at, in*	entre	*between, among*
ante	*before, in front of*	hacia	*towards*
bajo	*under*	hasta	*until*
con	*with*	para	*for, in order to*
contra	*against*	por	*by, through, per, for*
de	*of, from*	sin	*without*
desde	*since, from*	sobre	*on, upon*
en	*in, on*	tras	*after*

La función de las preposiciones es unir un elemento sintáctico cualquiera con un complemento sustantivo.

> la lucha *contra* las drogas
> la obra *de* Frida Kahlo

Como su nombre lo indica, las preposiciones se colocan siempre antes de su término.

> ¿*Contra* qué están luchando?

Las preposiciones *a, de, en, con, por* y *para* se usan con mucha frecuencia. Esto se debe a que su sentido es múltiple, poco determinado.

Usos de *a*

- para indicar dirección o término a que se encamina alguna persona o cosa

  > cohete a la luna

- con verbos de movimiento

  > Voy a la plaza.
  > Acércate a la meta.

- en oposición a *de* en indicaciones de distancia, tiempo o diferencia

  > de Herodes a Pilatos
  > de las once a las doce
  > Del dicho al hecho hay mucho trecho.

- para indicar el modo de hacer alguna cosa

    a pie
    a mano
    a golpes
    a semejanza (diferencia) de esto
    a la fuerza
    a la medida

- para designar el precio

    a dos pesos

- para indicar ubicación de persona o cosa

    a la izquierda
    al Oriente

- para expresar la idea de costumbre o usanza

    a la mexicana
    a la moda

- en la construcción verbal de futuro: *ir* + *a* + infinitivo

    Vamos a entregarlo mañana.

- para expresar la hora o el momento en que se lleva a cabo una acción

    Se acuestan a las diez de la noche.
    Al principio tuve miedo.

- antes de un complemento directo de persona o cualquier tipo de complemento indirecto

    Entrevistó a Rigoberta Menchú.
    Le regalé el libro a mi mejor amiga.

Modismos con *a*

a bordo de	*on board*
a cada momento	*all the time, at any time*
a causa de	*on account of*
a ciencia cierta	*firmly, for certain, for a fact*
a continuación	*then, following, as follows*
a costa / expensas de	*at the expense of*
a diferencia de	*unlike*
a excepción de	*with the exception of*
a fin de cuentas	*after all, all things considered*
a fondo	*thoroughly*
a la larga	*in the long run*
a la ligera	*lightly, not seriously*
a la primera	*first time*
a lo largo de	*along, alongside of*

a medias	*halfway*
a medida que	*while, as*
a menudo	*often*
a propósito de	*with regard to*
a través de	*through, across*
a veces	*sometimes, at times*
al alcance de	*within reach of*
al contrario	*on the contrary*
al fin y al cabo	*after all*
al parecer	*apparently*
al por mayor	*wholesale*
al por menor	*retail*
anterior a	*prior to*
gracias a	*thanks to*
respecto a	*concerning, with regard to*

Verbos usados con *a*

acercarse a	*to approach, to come near*
acudir a	*to come to, to resort to*
aprender a	*to learn to*
arriesgarse a	*to risk*
atreverse a	*to dare to*
ayudar a	*to help to*
comenzar a	*to begin to*
contribuir a	*to contribute to*
decidirse a	*to decide to*
detenerse a	*to stop to*
empezar a	*to begin to*
enseñar a	*to teach to*
llegar a	*to arrive at, to become, to succeed in*
negarse a	*to refuse to*
referirse a	*to refer to*
renunciar a	*to renounce*
saber a	*to taste like*
ser aficionado a	*to be fond of*
volver a	*to do again, to return to*
unirse a	*to join*

Usos de *de*

- para indicar posesión o pertenencia

  el libro de mi hermano
  las casas del barrio

- para expresar origen o procedencia

  La maestra es de Costa Rica.
  Tiene una familia de noble linaje.

- para indicar causa

    Tiembla de miedo.

- para indicar modo

    de lado
    de pie

- para designar material o propósito

    un parche de nicotina
    una clase de español

- para referirse a la naturaleza, condición o carácter de una persona

    Tiene un corazón de oro.
    Es una mujer de hierro.

Modismos con *de*

aparte de	*besides*
cansado de	*tired of*
cubierto de	*covered with*
de ahora / aquí en adelante	*from now / here on*
de antemano	*beforehand, in advance*
de cuando en cuando	*from time to time, now and then*
de golpe	*all at once, suddenly*
de hoy en adelante	*from now on*
de manera / (modo) que	*so that*
de momento	*at the moment*
de ninguna manera (ningún modo)	*by no means*
de palabra	*orally*
de prisa	*rapidly*
de repente	*suddenly*
de tal forma (manera) que	*in such a way that*
de todos modos	*at any rate, anyway*
de una forma u otra	*in one way or another*
de vez en cuando	*from time to time, once in a while*
digno de	*worthy of*
enamorado de	*in love with*
encantado de	*pleased to*
es hora de	*it is time to*
harto de	*satiated with, tired of*
lejos de	*far from*
muerto de	*very, extremely, dying of*
satisfecho de	*satisfied with*

Verbos usados con *de*

abstenerse de	*to abstain from*
acabar de	*to have just*

acordarse de	*to remember to*
alegrarse de	*to be glad to*
cesar de	*to stop, to cease*
componerse de	*to consist of*
culpar de	*to blame for*
darse cuenta de	*to realize that*
deber de	*must (expressing conjecture)*
dejar de	*to stop*
desistir de	*to desist from, to stop, to give up*
disfrutar de	*to enjoy*
encargarse de	*to take charge of*
estar a punto de	*to be about to*
oír hablar de	*to hear about*
olvidarse de	*to forget to*
pasarse de	*to exceed, to be too*
persuadir de	*to persuade (someone) of*
reírse de	*to laugh about*
salir de	*to leave from*
servir de	*to act as, to serve as*
servirse de	*to serve oneself, to help oneself*
tener cara de	*to seem*
tener el deber de	*to have the duty to*
tener el derecho de	*to have the right to*
tener el gusto de	*to have the pleasure of*
tener el permiso de	*to have (the) permission to*
tener el propósito de	*to have in mind to, to plan*
tener el valor de	*to have the courage to*
tratar de	*to try to*
tratarse de	*to concern, to be a question of*

Usos de *en*

- para indicar ubicación, situación

    en la plaza
    en la oficina

- para referirse a un medio de transporte

    Fuimos en barco.
    Viajaron en carro.

- para indicar el tiempo durante el cual ocurre la acción

    Lo conocí en 1920.
    Estás en tu mejor época.

- para expresar modo

    No hablarás en serio, ¿verdad?
    lavado en seco

Modismos con *en*

en breve	*shortly, in a little while*
en cambio	*on the other hand*
en cuanto a	*as far as, as to*
en efecto	*in fact, truthfully, as a matter of fact*
en el fondo	*basically*
en el peor de los casos	*assuming the worst*
el fin	*finally, at last, in short*
en la actualidad	*at the present time*
en lugar (vez) de	*instead of*
en particular	*particularly*
en principio	*in principle*
en realidad	*really, actually*
en resumidas cuentas	*in short, briefly*
en torno a	*about, in connection with*
en vano	*in vain, vainly*

Verbos usados con *en*

consentir en	*to consent to*
consistir en	*to consist of*
convenir en	*to agree to*
empeñarse en	*to persist in, to be bent on*
entrar en	*to enter*
esforzarse en	*to strive for, to make an effort to*
fijarse en	*to notice*
insistir en	*to insist on*
pensar en	*to think about*
quedar en	*to agree to*
tardar en	*to be long in, to delay in*
vacilar en	*to hesitate to*

Usos de *con*

- para expresar instrumento

    Lo corta con las tijeras.
    Partió el tronco con la sierra eléctrica.

- para indicar una agrupación de personas o cosas

    Estuvimos con unos amigos.
    arroz con pollo

- para expresiones de modo

    con corrección
    con delicadeza

Modismos con *con*

con cariño	*fondly, affectionately, kindly*
con cuidado	*carefully*
con el objeto de	*aiming to*
con frecuencia	*frequently*
con muchas ganas	*gladly, enthusiastically*
con mucho gusto	*with great pleasure, gladly*
con permiso	*excuse me*
con respecto a	*with regard to*
con tiempo	*in time, in good time*

Verbos usados con *con*

acabar con	*to put an end to*
casarse con	*to marry*
conformarse con	*to content oneself with, to resign oneself to*
contar con	*to rely on, to count on*
contentarse con	*to content oneself with*
cumplir con	*to carry out*
soñar con	*to dream of*
tropezar con	*to stumble over, to run across*

Usos de *por*

- para introducir el agente de la voz pasiva

  La novela fue traducida por López García.

- para designar duración

  Por tres años he estudiado español.

- en expresiones temporales indefinidas

  por la noche
  por la mañana

- para expresar el medio o la manera

  por correo electrónico
  por televisión

- para indicar intercambio o sustitución

  Por tres pesos más obtuve un mejor asiento en el teatro.
  Juan vino a dar la clase por la maestra.

- para expresar la razón o motivo

  Protestaron por el uso continuo del fluoruro de carbono.

Modismos con *por*

por casualidad	*by accident, by chance*
por causa de	*on account of, owing to*
por cierto	*indeed, certainly*
por consiguiente	*consequently, therefore*
por desgracia	*unfortunately*
por lo común	*usually*
por lo general	*generally*
por lo menos	*at least*
por lo pronto	*for the time being*
por lo tanto	*consequently, therefore*
por lo visto	*apparently*
por más que	*no matter how much*

Verbos usados con *por*

acabar por	*to finish by, to end up by*
comenzar por	*to start by, to begin by*
decidirse por	*to decide on*
empezar por	*to start by, to begin by*
estar por (hacer)	*to remain to (be done)*
felicitar por	*to congratulate on*
pasar por alto	*to overlook, to omit*
preguntar por	*to inquire about*

Usos de *para*

- para indicar propósito o finalidad

    Aprende español para hacer una investigación en Centro América.
    Está ahorrando dinero para su boda.

- para indicar el uso de un objeto o lugar

    un diccionario para estudiantes avanzados
    área para juegos

- para designar dirección o destino

    Iban para el sur.
    Lo compraron para el niño.

Modismos con *para*

para abajo	*downward(s)*
para arriba	*upward(s)*
para atrás	*backward(s), behind*
para concluir	*in conclusion*
para mí	*in my opinion*
para siempre	*forever*

Verbos usados con *para*

estar listo para	*to be ready to*
prepararse para	*to get ready to*
trabajar para	*to work to (for)*

APÉNDICE 2:
DICCIONARIOS
RECOMENDADOS

- Batchelor, R.E. *Using Spanish Synonyms*. Cambridge University Press, 1994.
- Canfield, Lincoln. *The University of Chicago Spanish Dictionary*. Spanish/English. English/Spanish. 4 ed. University of Chicago Press, 1987.
- *Collins Spanish Dictionary*. Spanish/English. English/Spanish. Harper-Collins Publishers, 1993.
- *Diccionario enciclopédico Espasa,* 1. 2a ed. Madrid: Espasa-Calpe, 1985.
- García-Pelayo y Gross, Ramón. *Pequeño Larousse ilustrado,* 1993. México: Ediciones Larousse, 1992.
- Moliner, María. *Diccionario de uso del español*. 2 vols. Madrid: Gredos, 1966–1967.
- Real Academia Española. *Diccionario de la lengua española*. 21 ed. Madrid: Espasa-Calpe, 1992.
- Sánchez, Aquilino, et al. *Diccionario de uso. Gran diccionario de la lengua española*. Madrid: SGEL, 1985.
- Seco, Manuel. *Diccionario de dudas y dificultades de la lengua española*. 9a. ed. Madrid: Espasa-Calpe, 1986.
- *The American Heritage Larousse Spanish Dictionary*. Spanish/English. English/Spanish. Boston: Houghton Mifflin, 1986.
- *Vox. Diccionario escolar de la lengua española*. National Textbook Company, 1995.

APÉNDICE 3: LOS SIGNOS DE PUNTUACIÓN Y LAS MAYÚSCULAS

Los signos de puntuación

Se usan los signos de puntuación fundamentalmente para clarificar la estructura de la oración y evitar malos entendidos. Además, estos signos ayudan al autor a especificar la manera en que quiere que se lea su trabajo; de allí que las reglas relacionadas con el tema tiendan a ser flexibles. El español y el inglés emplean los signos de puntuación de manera semejante. En este apéndice se presentan los signos de puntuación de uso más común.

Usos del punto

- El punto se emplea para indicar el final de una oración.
- Se requiere el punto después de las abreviaturas.

> Sra. Ing. Margarita Molina
> Profra. de la Fac. de Ciencias Químicas

Usos de la coma

- La coma implica una pausa breve en la lectura. Se utiliza principalmente para enumerar elementos análogos de una serie, sean palabras, frases u oraciones, excepto la última si ésta va precedida por alguna de las conjunciones siguientes: *y (e), o (u), ni.*

Enumeración de palabras

> El contenido de su pintura fue esencialmente cara y busto, donde aparece esbelta, sobria, clamada, firme, refinada.

Enumeración de frases

> El saber y poder expresar ideas libremente, la facultad de votar, de elegir una profesión, de trabajar, son algunas de las tantas cosas que la mujer de hoy en día puede realizar libremente.

Enumeración de oraciones

> Si la capa de ozono no existiera, estos rayos acabarían con la vegetación y los ciclos alimenticios, lo que, a fin de cuentas, conduciría a la desaparición de la vida sobre la superficie del planeta.

- La coma también se emplea para indicar la aclaración o interpolación de elementos en una oración.

Antes y después de palabras, frases u oraciones incidentales o explicativas que interrumpen el sentido

En agosto de 1984 un incendio en el dormitorio, producido por un cortocircuito, ocasionó a Dalí diversas quemaduras.

La antigua cocinera, que ahora está al cuidado de la casa, asegura que este requisito no se cumplió.

- Se utiliza la coma para enmarcar la palabra o palabras que se emplean al dirigirse directamente a una persona (vocativo), o para determinar o aclarar el sustantivo (aposición).

Vocativo

Escucha, Jorge Luis, ésta es tu última oportunidad.

Aposición

Gabriel García Márquez, escritor colombiano, fue nominado para el Premio Nóbel de literatura.

- Se usa la coma también para indicar la omisión de algún elemento en la oración. Este elemento omitido generalmente es el verbo o una conjunción implícita.

Yo no tengo dinero; Mario, tampoco. (La coma aquí significa *no tiene.*)

- Por último, las expresiones que indican consecuencia, enlace u oposición, puede usarse entre comas. Ejemplos de estas expresiones son las siguientes.

además	o sea
así	pero
de este modo	por ejemplo
en efecto	por esta razón
es decir	por (lo) tanto
esto es	por último
finalmente	pues
hasta cierto punto	quizás
no obstante	sin embargo

La persona con sonambulismo se acuesta a dormir de la manera usual, sin embargo, en el transcurso de las primeras horas de sueño...

Usos de los dos puntos

- Se usan los dos puntos cuando la oración siguiente es una explicación, resumen o consecuencia de la anterior.

Los estudios también revelan una verdad aterradora: los más afectados con el agujero en el manto son los países ecuatoriales.

- Se usan los dos puntos antes de citar textualmente o en documentos oficiales después de palabras introductorias como *establece, expone, suplica, falla, ordena.*

El primer artículo de la Constitución establece: todo ciudadano debe...

- Se usan también después de encabezados de notas, cartas, solicitudes, etc.

    Señor director:

- Y antes de una lista de elementos (enumeración) se utilizan los dos puntos.

    El resultado de este accidente para ella, sería: fractura de la tercera y cuarta vértebras lumbares, tres de la pelvis, once en el pie derecho, luxación del codo izquierdo, herida profunda en el abdomen.

Usos del punto y coma

- Se usa el punto y coma para separar dos o más partes de oraciones o frases largas y complejas.

    En el debate sobre el problema de la droga se han discutido diversas salidas: la represión pura y dura, abocada hasta ahora al fracaso; la sustitución del cultivo de coca, opio o hachís, mediatizada por intereses económicos que ahogan las débiles economías de los países productores; las campañas de prevención, realizadas con relativo éxito allí donde se han tomado en serio; la legalización, en fin, del tráfico y consumo de estupefacientes.

- Entre oraciones cuyo sentido tiene proximidad también se usa el punto y coma.

    Frida pintó un cuadro titulado "Mis abuelos, mis padres y yo", cuadro genealógico; diez años después haría otro de su familia.

Uso de las mayúsculas

- Se usa mayúscula en la primera palabra de una oración.

    En nuestras manos está la decisión.

- Se usa mayúscula con nombres propios de personas, animales, la primera palabra de un título, compañías, instituciones, países, ciudades, ríos, montañas y otros lugares geográficos.

    Los padres de Estela tienen una cabaña en México, cerca del río Balsas.
    Trabajaba en la Comisión federal de electricidad de Venezuela.

- También se usa mayúscula con abreviaturas.

    Ud., Dra., Sr., Srta.

- No se usa mayúscula con los días de la semana, meses o nombres de lenguas.

    Tendré cita con mi profesor de español todos los lunes durante el mes de abril.

- Tampoco se usa mayúscula para nombrar nacionalidades, religiones o miembros de grupos políticos.

   Mi compañero de clase cree que la mayoría de los argentinos son peronistas y católicos.

- No se usa mayúscula en la primera palabra de una pregunta o admiración si ésta ocurre dentro de otra oración.

   Se queda a comer, ¿verdad?

CREDITS

Text and Realia

11 Rosalba Alonso, "Frida Kahlo: une historia, una epoca" from LA NACION, June 11 1990, pp. 23–24. Used by permission of LA NACION, México. **50** Maria Echevarría, "Salvador Dalí: En el meridiano de Port Lligat" CASA VOGUE, September 1991, p. 136. **70** From Martín Luis Guzmán, "El águila y la serpiente." By permission of Editorial Espasa–Calpe, Madrid. **72** Luis Llorens Torres, "Bolívar" from ALTURAS DE AMÉRICA: COL. LOS GRANDES ESCRITORES DE PUERTO RICO, Editorial Cordillera, Inc., 1968, p. 47. Reprinted by permission. **83** Gustavo Gómez Córdoba, "El ozono: de capa caída," CROMOS, July 16, 1990, 28–29. **95** Morris Strauch, "La enciclopedia electronica," INFORMACION CIENTÍFICA Y TECHNOLOGICA, (Vol. XVI, No. 213), June 1994, p. 32. **100** "3000 proyectos en la historia del WWF," de J. Gabriel Pallarés. © Diario El País 1990. Reprinted by permission. **105** Adapted from "Su Dolor de Cabeza," BOHEMIA, August 20–26, 1990, pp. 50–51. **119** "Secretarias y Técnicos" CAMBIO 16, No. 1.178, June 20, 1994, pp. 96–97. **124** "Petróleo Blaco," CAMBIO 16, No. 1.168, April 11, 1994, p. 84. **131** From VISION, February 1–15, 1993, p. 7. Reprinted by permission of Vision: La Revista Latinoamericana. **141** Javier Olivares, "Aaaah... chús!" CAMBIO 16, 1.168, March 28, 1994, p. 102. **147** Arnoldo Téllez y Pablo Valdez, "Sonambulismo," CIENCIA Y DESARROLLO (Vol. XVII, No. 97), March–April 1991, pp. 47, 57. **151** Copyright 1989, Los Angeles Times. Reprinted by permission. **157** Gustavo de Greiff, "Mas alla de Escobar," from VISION, July 1–15, 1994. Excerpted by permission of Vision: La Revista Latinoamericana. **165** From Gabriel García Márquez, "Manifesto Cambio 16 en favor de la legalizacion se las drogas," CAMBIO 16, June 12, 1993, p. 6. **173** From Italo Passalacqua C., "En película de Bille August: Penan 'Los Espiritus'," ERCILLA, April 15, 1994, pp. 38–39. Reprinted by permission. **175** "Prokófiev/Chaikovski" de G. Badines. © Diario El País 23/01/93. Reprinted by permission. **176** From *Sombras ocultas* hoy en concierto," LA REPUBLICA, 19 de noviembre de 1994, p. 27. **178** "Eutanasia y ley", © Diario El País 1994. Reprinted by permission. **180** From "Evidente falta de civismo," EL COMERCIO, December 27, 1993. Used by permission of Empresa Editora El comercia S.A. **194** José María González Mazón, "Téchnic nuclear," *Diario El País*, 23/6/93, p. 11. **195** Pedro Ortego Saiz, "Energías," *Diario El Paí* , 8/2/93, p. 11. **198** Sergio Arredondo, "Le realidad social de Chiapas," LA OPINION, May 9, 1995, p. 7A. **200** María José Urruzola, "Seria Beneficioso para Todos," CAMBIO 16, November 7, 1994. **201** Francisco Delgado, "No Aportaría ningún Beneficio," CAMBIO 16, November 7, 1994. **203** Elena Garcia Gutierrez, "Juntos, es lo natural," CAMBIO 16, November 7, 1994. **204** Agustin Menéndez Martínez, "Hay un mundo, no dos" CAMBIO 16, November 7, 1994. **207** From CAMBIO 16, November 14, 1993, p.13. **214** Gabriel García Márquez, "Manifesto Cambio 16 en favor de la legalizacion se las drogas", CAMBIO 16, 12/6/93, p. 6. **219** From Fernando Léniz C., "Pobreza, mercado y educacíon," ERCILLA, March 25, 1994, p. 10, Reprinted by permission. **223** María de la Luz Domper, "Más vale prevenir" from HOY, 30/5/94–5/6/94, p. 49. Used by permission of Hoy. **226** Arturo Uslar Pietri, "El fracaso moral de la civilización," EL COMERCIO, December 31, 1993. Used by permission of Empresa Editora El comercia S.A.

Photographs

10 The Granger Collection; **11** Schalkwijk/Art Resource, NY; **14** Frida Kahlo (Mexican, 1907–1954) *Self Portrait Dedicated to Leon Trotsky,* 1937. The National Museum of Women in the Arts; **21** Corbis -Bettmann; **24** Spencer Grant/Photo Researchers, Inc.; **37** Zillioux/Gamma Liaison; **44** Corbis-Bettmann; **47** Marvin Collins/Impact Visuals; **49** Corbis-Bettmann; **49** Raphael Wollman/Gamma Liaison; **51** John Bryson/TIME Inc.; **54** Alinari/Art Resource, NY; **64** Keystone/Sygma; **68** Corbis-Bettmann; **71(upper left-hand corner)** The Granger Collection; **71 (upper right-hand corner)** Robert Frerck/ Odyssey/ Chicago; **71 (bottom)** Corbis-Bettmann; **80** David Powers/Stock Boston; **81** NASA; **96** Owen Franken/Stock Boston; **101** Bill Lyons/Gamma Liaison; **102** Guy Gillette/Science Source/Photo Researchers, Inc; **106** Peter Southwick/Stock Boston; **120** Mihojac Studios/Liason International; **127** Crandall/The Image Works; **142** W. Hill, Jr./ The Image Works; **144** Denise Zmekhol/DDB Stock Photo; **148** © Teri Leigh Stratford/Photo Researchers, Inc.; **156** Reuters/ Corbis-Bettmann; **174** Photofest; **181** Robert Fried/DDB Stock Photo; **183** Patrice Flesch/Stock Boston; **198** Sean Sprague/Impact Visuals; **200** Frerck/Odyssey/ Chicago; **201** Frerck/Odyssey/Chicago; **216** The Granger Collection; **220** Nicholas Sapieha/Stock Boston; **224** Peter Menzel/Stock Boston; **226** Ulrike Welsch/Photo Researchers, Inc; **231** D. Goldberg/Sygma